第四部

显微镜下的全唐史

女皇则天

北溟玉 著

中国文史出版社
CHINA CULTURAL AND HISTORICAL PRESS

太宗有马名狮子骢,肥逸无能调驭者。朕为宫女侍侧,言于太宗曰:"妾能制之,然须三物,一铁鞭,二铁楇,三匕首。铁鞭击之不服,则以楇挝其首,又不服,则以匕首断其喉。"太宗壮朕之志。

——武则天

## 第一章　女主武王

01. 鼓励告密　　　/ 002
02. 酷吏时代　　　/ 005
03. 政治试探　　　/ 007
04. 面首薛怀义　　/ 011
05. 宗室举兵　　　/ 015
06. 成语达人狄仁杰　/ 020
07. 拜洛受图　　　/ 025
08. 血腥清洗　　　/ 028
09. 阎王来俊臣　　/ 033
10. 弥勒下凡　　　/ 037
11. 武周革命　　　/ 040

## 第二章　武周政治

01. 大力崇佛　　　/ 048
02. 发展科举　　　/ 052
03. 虚心纳谏　　　/ 060
04.《罗织经》　　　/ 064
05. 女皇本色　　　/ 066

## 第三章　皇嗣危机

01. 第一次危机　　　　/074
02. 第二次危机　　　　/081
03. 来李同被贬　　　　/088
04. 薛怀义之死　　　　/091

## 第四章　东征西战

01. 唐人坟之战　　　　/098
02. 野狐河之会　　　　/102
03. 两战碛石谷　　　　/106
04. 戡平两番　　　　　/112

## 第五章　更易储君

01. 好冤家，一生一起走!　　/120
02. 到底该选谁?　　　　/125
03. 李显回京　　　　　/130
04. 李旦让兄　　　　　/133

## 第六章　神龙革命

01. 珠英学士　　　　　/140
02. 刘知几和《史通》　　/147
03. 噶尔氏覆灭　　　　/156

04. 狄仁杰去世　　　/ 160

05. 魏元忠三贬　　　/ 168

06. 倒张行动　　　　/ 173

07. 神龙政变　　　　/ 177

08. 李唐复辟　　　　/ 183

### 第七章　武氏余孽

01. 韦武合流　　　　/ 188

02. 册拜五王　　　　/ 193

03. 女皇驾崩　　　　/ 198

04. 功臣惨死　　　　/ 204

05. 李重俊之乱　　　/ 209

### 第八章　韦氏乱政

01. 冻杀乌质勒　　　/ 218

02. 拉一突遏一突　　/ 221

03. 奇葩皇家　　　　/ 225

04. 韦氏集团　　　　/ 228

05. 金城出降　　　　/ 233

06. 中宗暴毙　　　　/ 236

## 第九章　隆基开元

01. 唐隆政变　　/242
02. 李旦复帝　　/246
03. 李重福之乱　　/251
04. 姑侄过招　　/255
05. 隆基践祚　　/258
06. 冷陉之战　　/262
07. 决战在即　　/264
08. 先天政变　　/269

## 附　录

附录一　唐朝十四世二十一帝（含武则天）概况　　/276
附录二　唐朝世系表　　/281
附录三　六大强敌世系表　　/282

## 参考文献　　/286

第一章

女主武王

## 01. 鼓励告密

徐敬业之乱令武太后非常恼火，几个不入流的中下级官员在地方振臂一呼，居然有十来万人响应，而且朝中还有三个宰相带头逼宫，可见反对派还是很多的。怎么办呢？杀呗，快刀如雪，且看天下头颅几许，杀，杀，杀，谁反对就杀谁，谁有反对的嫌疑也杀，杀到尔等不敢反对为止。

武太后做人的原则一贯很分明：我不需要你们爱我、服我、拥护我，我只要你们恨我、怕我、服从我。多年波诡云谲的政治斗争已经教给了她这样一个道理：很多时候，恐惧是比爱戴更可靠的情感。

三州之乱平息后，她公然在朝堂上对文武百官撂了狠话："朕事先帝二十余年，忧天下至矣！公卿富贵，皆朕与之；天下安乐，朕长养之。及先帝弃弄群臣，以天下托顾于朕，不爱身而爱百姓。今为戎首，皆出于将相，群臣何负朕之深也！且卿辈有受遗老臣，倔强难制过裴炎者乎？有将门贵种，能纠合亡命过徐敬业者乎？有握兵宿将，攻战必胜过程务挺者乎？此三人者，人望也，不利于朕，朕能戮之。卿等有能过此三者，当即为之；不然，须革心事朕，无为天笑。"

朕服侍先帝二十多年，为天下万民操碎了心！你们的荣华富贵是朕给的，百姓的幸福快乐也是朕给的。先帝驾崩前把天下托付给了朕，朕连自己都不爱，只爱着天下万民。可这次叛乱的头头儿们不是宰相就是大将，你们也太辜负朕了吧?！你们当中如果有谁觉得自己比裴炎、徐敬业、程务挺还厉害，尽管站出来和我作对。如果自觉比不上这三人，你们就把尾巴夹好了！

以她的性格，这番话绝不是空讲的。可谁的脑门上也不会写着"忠"或"不忠"，人心隔肚皮，人家不说，你也不知道他怎么想的。武太后就想了，耳目还是太少，听不到太多的信息，要想揭发、铲除奸党，应当鼓励检举告密。

其实，她已经在这么做了。废旧立新后，有飞骑禁军十余人在一间酒肆内小聚。酒至半酣，当中有一人发牢骚："向知别无勋赏，不若奉庐陵。"早知没有封赏，咱们还不如仍旧拥护庐陵王呢！其中一人借口有事告退，出来后便直奔玄武门禁军总部告密。这边酒席还没散呢，抓捕的人马就到了，在座诸人全部被拿下。最终，发牢骚的那名飞骑被判斩首，其他人均以"知反不告"的罪名被处绞刑，而告密者则被授予五品散官。打从这件事起，告密之风就逐渐养成了。

但武太后觉得这种临时性的告密奖赏作用有限，应该对告密检举加以制度上的保障。于是，她下敕规定，只要有人说他要进京面圣告密，地方政府不得阻拦，各级官吏也不得过问，途经各处驿站都要主动、无偿地提供驿马，并按接待五品官员的标准保障食宿。如果所告属实，无须门荫或科举，直接让你平民变官员；即便是诬告也没关系，放心，不追究你的责任，打哪儿来回哪儿去，相当于免费旅游了，还包食宿。

告状居然成了无本万利又无风险的事情，那何乐而不为呢?

武太后还让有司在宫门外设置了登闻鼓①和肺石②，并采纳鱼承晔儿子鱼保家的创意，铸造了一个特制的铜箱子，置于洛阳宫城门前，以受天下文表。

这个名叫铜匦③的玩意儿和今天的投票箱差不多，内部分四个格，可以从外面对应的孔洞投进文书，除非有钥匙，否则不能取出。想要献赋颂、求仕进，可以投东边名叫"延恩"的格子。上书讨论朝政得失，可以投南边的"招谏"。觉得有冤屈、想告状，可以投西边的"伸冤"。讲天象灾变和军机秘计，可以投北边的"通玄"。

其实这四类业务都是有专职部门管的。武太后另设铜匦，摆明了就是不信任有关部门和大臣们。往常遇到有人上书，有司会出面受理，按程序逐级报批。分管大臣视事情轻重、大小、缓急酌情处理。有些文表可能就被压了下来，不会出现在武太后的案头。现在好了，铜匦一出，告密者可以绕过有司和分管大臣，直达圣听。

这些制度措施一经推出，"四方告密者蜂起，人皆重足屏息"，白色恐怖的氛围就造起来了！

秘密是反映上来了，但没有摆平的人也不行，这就得用到酷吏了。酷吏指执法严苛的官吏，崇尚法制，尤喜刑讯。与酷吏相对的是循吏，注重道德教化，反对严刑拷问。酷吏和循吏的名称是汉朝时出现的，简言之，一个是法家，一个是儒家，互相看不上。

如果让酷吏自我介绍，他们会这么说：你问我酷吏算什么东西？我现在告诉你，你们循吏不敢管的事，我们酷吏管。你们循吏不敢杀

---

① 影视剧中常见的百姓在衙门口击鼓鸣冤，所击的大鼓就是登闻鼓。登闻鼓源于魏晋南北朝时期，是一种古代直诉制度。

② 肺石是古时设于朝廷门外的红色石头，因形如肺叶而得名。老百姓如果想告状，可以直接去敲击肺石。

③ 匦，音轨。

的人,我们酷吏杀。一句话,循吏能管的我们要管,循吏不能管的我们更要管。先斩后奏,皇权特许,这就是酷吏!

酷吏本身是个中性词,既有好的酷吏,铁面无私,秉公执法,如西汉的"苍鹰"郅都、张汤等;也有坏的酷吏,刑讯逼供,屈打成招。但武太后用的酷吏却都是一些坏得不能再坏的小人。

## 02. 酷吏时代

武氏主政时代的酷吏政治在中国历史上是出了名的。唐史中有名有姓的酷吏就有索元礼、周兴、来俊臣、万国俊、王弘义、皇甫文备、侯思止、刘光业、王德寿、鲍思恭、王大贞、屈贞筠等人。

其中,最著名的当数"四大阎王"——索元礼、周兴、来俊臣和侯思止。这个名号是我给起的。为啥叫阎王呢?因为他们拥有阎王一般的本事,想叫谁死,谁就得死;想叫谁几时死,谁就得几时死;想叫谁以什么罪名死,谁就得以什么罪名死。

"四大阎王"第一个出场的是索元礼。此人并非中土人士,而是西域胡人,具备中亚人的体貌特征,高鼻深目,满脸胡须。但他在大唐生活了很多年,汉语说得很溜,是个大唐通。《新唐书》上说索元礼是薛仁贵的养子,还说他是太后面首薛怀义的义父。索元礼生性残暴,在严刑拷问上很有一套。经薛怀义举荐,他受到了武太后的接见。索元礼把武太后的心思琢磨得透透的,徐敬业余党很多,您别看这些大臣表面上对您毕恭毕敬的,其实他们当中的很多人都是两面派,得除掉他们啊!武太后大喜,当即擢升索元礼为游击将军,替她游击奸党。

索元礼办的第一件案子是鱼保家案。鱼保家其实并不冤，他的确和徐敬业有来往。但鱼保家又很冤，他为武太后设计了告密神器——铜匦，不承想有仇家用他的神器，投了一份检举他教叛军制作兵器的密奏，真是搬起石头砸了自己的脚。

武太后让索元礼去审鱼保家。鱼保家当然不承认。没关系，索元礼有办法，他大呼一声："来呀，取我的铁笼子！"不一会儿，就有人递过来一个铁笼子。索元礼非常耐心地给鱼保家讲解了使用原理：将铁笼子套在犯人头上，逐次揳入木楔，如果招了呢，就不揳了；如果不招呢，就一直揳，一根两根三四根，五根六根七八根，九根十根无数根，揳入脑瓜都不见，直到脑袋被挤爆，脑浆迸射而出。对了，这个铁笼子还有个非常霸气且极具内涵的名字，叫作"天崩地裂"。听完讲解的鱼保家吓得面无人色，人固有一死，早死晚死都是个死，但绝不能天崩地裂而死，当即招供，随即被判死刑。

"天崩地裂"是索元礼最喜欢的刑讯手段。"来呀，取我的铁笼子！"更是他的口头禅。除此之外，他还有很多手段，名字都很好听，有的甚至听着还很诗意。比如"凤凰晒翅"，就是用横木限制住犯人的手足，然后左右转动；"仙人献果"，让犯人双手捧枷，在枷上层层垒砖。

武太后最得意索元礼的倒也不是这些花哨的刑具，她欣赏的是索元礼办大案的能力。这个胡人深知小案办一百件也不如办大案一件，但大案又很少，怎么办呢？他就想方设法把小案办成大案，逮住一个人做突破口，让他牵连其他人，不牵扯上个几百口子决不罢休。

索元礼的套路其实很简单，就是严刑逼供、屈打成招、大肆株连，没什么技术含量。因此，模仿他的人就越来越多了。

第二个出场的大阎王是周兴。和索元礼不同，周兴原本就是朝廷里的，在尚书省任都事。受索元礼启发，他通过指控左史江融与徐敬业通谋而进入了武太后的视野。

索元礼的特点是由小变大，把小线索搞成大线索，起码还讲个线索；周兴更厉害，直接无中生有，只要是太后想除掉的人，即便没罪，他千方百计也要设计陷害人家。比如，武太后想搞广州都督冯元常。周兴红口白牙非说人家谋反，致使冯元常被杀。武太后很高兴，将周兴一路提拔至秋官侍郎。在第三阎王出现以前，他是酷吏中品阶最高的。

周兴这么凶狠残暴，恨他的人自然少不了。但面对汹涌的舆论，周兴微微一笑，根本不在乎，还在门前贴了十六个字明志："被告之人，问皆称枉。斩决之后，咸悉无言。"被告的人都说自己冤枉，但被处决后就不出声了。言下之意，甭跟我扯那些有的没的，我杀了你，你就不冤枉了。

## 03. 政治试探

酷吏自出现之日起，就成了武太后的一把刀。武太后通过侄子武承嗣和武三思指挥这把刀，说砍谁就砍谁。朝内酷吏云集，血雨腥风顷刻而至。

看着武太后的所作所为，已经身为宰相的刘祎之十分后悔。他的信念崩塌了，万万没想到，跟了十几年的人居然是窃国贼，而且还是一个女贼！那自己这十多年来的努力和奉献该算什么呢？是为虎作伥吗？是很认真很努力地干了坏事吗？是开了历史的倒车吗？他私底下对心腹凤阁舍人贾大隐发牢骚："太后既然觉得自己废掉庐陵王、拥立豫王是废昏立明，那何必要临朝称制呢？不如还政于皇帝，以安天下之心。"

不承想贾大隐马上就去武太后那里打了小报告。武太后很不高兴："好你个刘祎之，如果不是朕重用你，你哪有今天，居然敢背叛我?！"

很快，有人就检举刘祎之收受了契丹归诚州刺史孙万荣的贿赂，还和已故宰相许敬宗的小妾有私情。武太后顺理成章地命肃州刺史王本立调查审问。王本立宣读了武太后的敕书。刘祎之一听就火了，当场硬怼："不经凤阁鸾台，何名为敕！"

凤阁就是当年的中书省，鸾台是门下省。刘祎之的意思是：只有经过两省背书生效的文书才能叫敕，武老娘们儿你是个什么东西，怎么能宣敕呢?！这算是触及武太后的逆鳞了，而且触及得很彻底。

皇帝李旦亲自出面为刘祎之申冤。亲朋好友都赶来祝贺刘祎之，有皇帝求情，您肯定安然无恙。刘祎之却神色黯然地说道："经乃所以速吾死也。"是啊，旧主李旦不求情的话，他或许还有一线生机，李旦出面求情了，那他必死无疑。

临朝四年五月，刘祎之被赐死于家中。

转年四月，前宰相郝处俊的孙子——太子通事舍人郝象贤以谋反被杀。郝处俊和武太后的过节大家都知道。武太后想收拾郝家也不是一天两天了。郝家的一个奴才诬告郝象贤谋反，太后命周兴审讯。周兴出马，使命必达，认定谋反属实，判郝氏一族族灭。郝象贤在被押赴刑场路上破口大骂武太后，还抢过集市上的木柴棒追打行刑人，被当场乱刀砍死。武太后大怒，命人肢解了郝象贤的尸体，还刨了郝家的祖坟，将郝处俊挖出来挫骨扬灰。从此以后，大唐的法场上就多了一个不成文的规矩：每次执行死刑前，法官都会命人用木丸塞住犯人的嘴，以防犯人辱骂朝廷和太后。

郝象贤的表现是不是很痛快、很拉风？但这里我们探讨一个问题：到底有没有必要去激怒残暴的对手？郝象贤如果俯首就戮，首先自己不会被肢解，其次祖坟也不会被刨，爷爷也不至于被人家从坟墓里挖出来挫骨扬灰。

明朝的方孝孺反对燕王朱棣，他坚持原则是对的，绝对是个大大的忠臣，可他不该硬撅朱棣，尤其当朱棣威胁要诛他九族时，他千不该万不该回了一句："诛我十族又如何？"结果，他就成了中国历史上唯一一个被诛十族的人，连带着他的学生们人头落地。我们要不要给方孝孺点赞？应该的！可是有人考虑过他的学生们的感受吗？

郝象贤也是如此，完全没必要，咱下去以后天天到武老太太梦里找她唠嗑不好嘛？！

刘祎之、郝象贤都是大官，他们之下的官员被收拾的就更多了。当时，正直的大臣们每次入朝前都会与家人诀别："不知道还能不能再见面了，多保重啊！"白色恐怖之巨，可见一斑。

有个年轻人看不下去了，上疏太后，希望能停止告密和酷刑逼供。这个年轻人就是以《登幽州台歌》而闻名于世的大诗人陈子昂。

和天生诗才的"初唐四杰"不同，四川遂宁射洪人陈子昂年轻时是个街溜子，都十七八岁了还没上学，后来因为使剑伤人，才弃武从文，走上了文艺道路。

这次转行还真就转对了，转出了一个诗歌界的旷世奇才。陈子昂科举及第后，得到了武太后的赏识，被授为正九品下麟台正字。

文人嘛，有点学问，又能写文章，遇事爱秀个见解。陈子昂虽然官职卑微，却经常上疏发表对国家大事的看法。他的大部分奏章都能得到武太后的赏识，因为武太后的文化水平和政治觉悟也是很高的。但这一次就是他不开眼了，他以为武太后只是被酷吏蒙蔽而已，殊不知这是人家有意为之的结果。所以，武太后没有搭理他。

在通过酷吏剪除反对派的同时，武太后开始在政治上进行试探。临朝三年（686年）正月，她忽然下诏说要还政于皇帝。这一招儿还是很具迷惑性的，让一些人以为她并非迷恋权位，只是为了稳定江山社稷，暂时摄政而已。但聪明人还是有的，她说要还，谁要是真敢接，只怕又是一番腥风血雨了。李旦就是其中之一，一再上表辞让。他的姿态让武太后很满意，旦儿比显儿上道多了，一番推托之后，又"勉为其难"地继续临朝称制了。

接下来，如果不是一个男人的阻挡，只怕武太后称帝的时间还要提前几年。谁敢阻挡她呢？后突厥可汗阿史那骨咄禄。

本来，到高宗去世前，后突厥已经被压制住了，轻易不敢入寇。朝中名将迭出，走了裴行俭、薛仁贵，还有程务挺、王方翼，突厥人不敢造次。但当武太后借着交好徐敬业的由头，杀程务挺、流王方翼之后，形势就变了。

临朝二年（685年）二月，骨咄禄率军寇边，四月于山西忻州打死唐军五千余人。打这以后，突厥袭扰不断，边境警报不止。突厥人甚至还去黑齿常之据守的河陇一线试探过。临朝四年（687年）二月，骨咄禄率军进犯昌平（今北京昌平）。武太后无奈，只得把威震西陲、屡破吐蕃的黑齿常之从河陇调来。黑齿常之联手李多祚，于七月在今山西朔州山阴县北的黄花堆大破骨咄禄，追奔四十余里。

能把突厥人赶走就不错了，但武太后内战内行、外战外行，也不懂什么军事，听信右监门卫中郎将爨宝璧的建议，非要继续追击骨咄禄。说好要与黑齿常之两路并进、互为声援，但爨宝璧觉得突厥人已成惊弓之鸟，想独吞功劳，没有等黑齿常之的部队，自引精兵一万三千人出击，深入塞上两千余里。

突厥人刚刚在黄花堆吃了败仗，正是人心惶惶的时候。如果爨宝璧能打个出其不意，估计生擒骨咄禄也是有可能的。但这家伙不知怎么想的，十月时好不容易追上突厥主力，他却派人先行告知突厥人，说朝廷天军已到，要骨咄禄速速投降。骨咄禄怒了，在我的地盘上得听我的，集结部众，一战打得唐军全军覆没，爨宝璧轻骑逃归。

黄花堆一战的胜利果实被完全抵消了。武太后大怒，斩了爨宝璧，并置气般地下诏将骨咄禄的名字改成不卒禄。这里的"不卒"不是不死，而是无法寿终正寝的意思。说到底她终归是个女人，骨子里还有女人的小性子，就跟女人生气了骂男人猪头似的，给骨咄禄改了这么个名字。但这有什么用呢？骨咄禄依旧吃嘛嘛香，笑口常开。

先胜后输。唐廷这边拿突厥没办法，突厥那边也没再入侵，双方暂时消停了几年。

硝烟过后，武太后又开始了新的试探。临朝五年（688年）正月初五，她决定在神都洛阳为高祖、太宗、高宗建庙祭祀，但同时要兴建祭祀武氏祖先的崇先庙。这其实就是拉李渊、李世民、李治出来为武家列祖列宗搭桥啦。武太后命有司讨论崇先庙的室数。有人建议设七室，并将唐太庙的室数减为五个。尊崇如帝王，祠庙的室数居然不及臣子，武太后想干啥已经是秃子头上的虱子——明摆着的了。但反对的意见依旧很大，最终武太后批准崇先庙只设五室。

## 04. 面首薛怀义

七室没设成，她又想立明堂了。

明堂是中国封建王朝最重要的礼制建筑，专用于朝会诸侯、发布政令、大享祭天、配祀宗祖等国家顶顶重要的大事。这个建筑历朝历代几乎都有，隋朝的明堂位于洛阳城南，唐朝至今还没有。太宗和高宗生前都想建来着，但有关明堂规制的争论很大，最后都没搞成。

现在，武太后又提起了这个事。儒家学者们认为，大唐的明堂也应该和隋朝的一样，建于城南郊外三里之外、七里以内。武太后不同意，这个明堂她是有大用的，离皇宫不能太远。干脆撇开学者们，单独与北门学士研究磋商。最终决定，呼应天上心宿，"法紫微以居中，拟明堂而布政"，将明堂建造在洛阳宫城太初宫内的乾元殿之上。

那么，这个工程交给谁来做呢？武太后心中早有所属——男宠薛怀义。

哪里来的男宠呢？是高祖李渊第十八女千金公主送的。这位千金公主和侄女高阳公主差不多，也是个风流浪荡女，到处勾搭男人。薛怀义就是其中一个，只不过那时他还叫作冯小宝。

他是京兆鄠县（今陕西西安鄠邑区）人，生于高宗十三年（662年）。幼年的冯小宝肯定想不到，在不久的将来，他这个平头百姓居然能将皇帝的老婆、皇帝的娘还有皇帝本人拥入怀中。

成年后，冯小宝跑到帝都洛阳，以卖药为生。古时候卖药的都要耍把式，秀秀拳脚功夫，证明吃了他的药就跟吃了大力丸似的，龙精虎猛得要要的。既然会点儿拳脚功夫，身材自然是不错的，浑身疙疙瘩瘩，各种线都有。所以，我们想见的冯小宝应该是一个肌肉猛男，外貌看着颇有男子气概。

千金公主怎么搭上冯小宝的呢？有两种说法。一说是她的侍女搭上了冯小宝，将情郎引到府中幽会，被公主发现了。另一说是公主自个儿在街上看到了耍把式的冯小宝，一见倾心。总之，公主试用后很满意，给了五星好评。

武太后专权，想着法儿地收拾李唐宗室，搞得宗室们人心惶惶。

千金公主为了保住荣华富贵，成天琢磨着怎么取悦武太后。要不说还是女人最懂女人呢！千金公主知道武太后最缺什么。缺啥？缺性！高宗是个病秧子，估计房事也很不理想。武太后实质性禁欲多年。公主想起了汉朝平阳公主进献卫子夫给汉武帝以固宠的故事，主动把冯小宝献给了闺密。

武太后第一眼见冯小宝就很喜欢，这才是真男人啊，也没客气，直接留在了宫中。这是临朝二年的事，距离高宗去世还不到一年。亡夫尸骨未寒，武太后就让别的男人上了床，你们说她对李治有没有爱呢？

一个健全的男人入宫一次两次还说得过去，但成天往宫里跑就说不过去了，闲言碎语就来了。怎么办呢？武太后想了个法子，让冯小宝削发为僧，取法号为怀义。出家人六根清净、不近女色，出入宫廷，可以对外宣称是讲解佛法。实际上，能出入唐宫的僧人多半是面首。她又怕别人调查冯小宝的来历，就让他冒姓为薛，硬塞给太平公主的驸马薛绍当叔叔。

历史总是惊人的相似，而且往往环球同此凉热。公元 7 世纪的中国大唐出了一个妖僧怀义，无独有偶，20 世纪的沙俄罗曼诺夫王朝也出了一个妖僧拉斯普廷。感兴趣的朋友可以搜一下，这两人太像了，我一度以为是怀义投胎到俄罗斯了呢！

既然是个和尚，住在千金公主府就不合适了，而且武太后也怕闺密偷偷用他，就想着给怀义找座庙。怀义自己也很上心，他胃口倒是不小，盯上了洛阳城中的千年古刹白马寺。白马寺是佛教传入中国后所建的第一座寺院，有中国佛教的"祖庭"和"释源"之称。怀义提出重修白马寺。武太后当然同意，斥重金将白马寺修缮一新，随即让怀义任了住持。

虽然是僧人，天天入宫讲经也不可能啊！武太后又说怀义还是个建筑奇才，他入宫是来指导宫中营造事宜的。怀义不是入宫讲经，就是入宫指导营造，反正天天都有理由。这纯属拿大臣们当傻子啊！还真有看不下去的耿直之臣，补阙王求礼上表："贞观年间有个会弹琵琶的男优叫罗黑黑。太宗想让他教授宫人弹琵琶，先把他给阉了，以免他秽乱宫廷。太后如果想让怀义入宫指导营造也可以，请先阉了他，以免将来宫中闹出丑事。"奏表呈上来以后，武太后直接装没看见。

怀义在佛学界相当于横空出世，忽然冒出来这么一个不知名的野僧，忽然就成了佛教第一古刹白马寺的住持。正直的僧人不屑于与这种人为伍。偏偏那时的佛界也不纯洁，洛阳东魏国寺僧人法明、处一、云宣等数人反而紧紧贴上了怀义，想通过怀义打通太后这个关节，进一步抬高佛教的地位。

为什么不让怀义出家为道士，而是当和尚呢？反正都是出家人，有什么分别呢？武太后大有深意，她要在思想领域标新立异，李唐国教是道教，她要革唐朝的命，就不能穿新鞋走老路了，所以要抬高佛教。她不仅要用怀义当情人，还要将怀义培养成她撬动佛教乃至大唐的杠杆。在她的扶植下，怀义一跃成为佛教乃至大唐的红人。

怀义出入太初宫，骑乘的是皇家的御马，服侍他的是宫中的宦官。宗室诸王和文武百官尊称他为"薛师"，路上见了薛师，不仅得下马，还得趴着行礼。不要脸的武承嗣和武三思为了讨姑妈的欢心，甚至对怀义"执僮仆之礼"，还给怀义牵马坠镫。可怀义看他们俩就跟看空气似的。怀义还从洛阳街头招募了一批好勇斗狠的古惑仔，组建了一支一千余人的僧兵卫队。每次他出行时，百姓撞见他的车队马队，只恨爹妈少生了两条腿，四散奔逃。跑得慢的就惨了，会当场遭到僧兵的暴打：国师的队伍你也敢近前?！白马寺僧人牛气冲天，仗势横行，多为不法，人莫敢言。他们遇到道士就打，还剃光人家的须发。弘首观观主侯尊是道教的头面人物，有次在街上碰到怀义，竟被他强掳入白马寺中剃度为僧，备受凌辱。直到怀义死后，侯尊才重见天日，蓄发当回了道士。

武太后很会利用人，对甘于为她所利用的人，她一定会把他的能量和作用发挥到极致。现在要建明堂了，她就把这项任务交给了面首怀义。临朝五年（688年）二月，怀义出任监造明堂使，征调数万民工，拆毁乾元殿，开始营建明堂。

## 05. 宗室举兵

酷吏除政敌，怀义控思想，武氏子弟则负责搞策划。

武承嗣想着先给姑妈加个"皇"字，让人在一块白色石头上凿上"圣母临人，永昌帝业"八个大字，用紫色药物填平，然后指使人上表献石，声称这石头是从洛水中捞出来的。

大家还记得吧，传国玉玺上也是八个字，"受命于天，既寿永昌"。对比这两块石头，字数一模一样，表达方式也一模一样，还都有"永昌"二字，只不过武承嗣这块石头的指向性更明确：有个圣母要当皇帝了！

武太后大喜，我这侄儿太给力了，当即宣布将这块破石头命名为"宝图"，又于临朝五年五月昭告天下：她要在入冬后举行拜洛受图大典。

根据官方公开的计划，整个大典包括三个环节：首先，太后将亲临洛水祭拜洛神，并接受"宝图"。其次，拜洛受图后，太后将前往南郊祭祀昊天上帝。最后，祭天结束后，太后将在新落成的明堂接受群臣朝见，限各州都督、刺史以及皇族、外戚在典礼开始十日前抵达神都。

计划公布没几天，十八日，迫不及待的武太后正式加尊号①为"圣母神皇"。这片土地上从古至今只有人皇，现在却有了一个凌驾于人皇之上的神皇。

但明堂集会的命令却让李唐宗室的神经高度紧张起来。有消息说武太后打算借明堂大飨之际，将所有李唐宗室一体诛杀。宗室们十分恐慌，这老娘儿们已经加"皇"了，下一步肯定要加"帝"了，她视李氏子孙为受禅前的绊脚石，必欲除之而后快，咱要是不给她搞黄了，咱们就得黄。

宗室中又以六王最为惶恐不安，武太后真要诛杀宗室的话，他们六个肯定首当其冲。因此，六王也最为蠢蠢欲动，想着奋力一搏、绝地反击。但冲在最前面的不是六王，而是两个年轻人：一个是韩王李元嘉的儿子黄国公李撰，一个是越王李贞的儿子琅琊王李冲。顺便说一句，李贞的母亲就是燕德妃。当年武氏进宫，燕德妃可是出了大力气的。二圣东封泰山时，燕德妃还以越国太妃的身份终献。

黄国公李撰搞了两个动作。第一个动作是写信给堂兄越王李贞。信上说的似乎是家长里短，我老婆的病越来越重，我得抓紧请人治疗，否则拖到冬天，恐怕就要成为顽症了。其实，李撰信里的老婆就是指大唐，他是暗示李贞要在入冬前起兵，晚了就来不及了。李撰的第二个动作是用伪造的李旦玺印写了一道假密诏，发给琅琊王李冲。诏书说："朕已经遭到了太后的软禁，请宗室诸王速速发兵救朕！"李冲马上将假诏书秘密照会诸王："老娘们儿要窃据咱们李家的江山了！"同时，鲁王李灵夔的儿子范阳王李蔼也致信李贞、李冲父子："咱们这些王遍布全国，如果同时举兵，大事一定能成！"

---

① 尊号是指古代尊崇皇帝、皇后的称号。皇帝的称号有四种：尊号（徽号）、谥号、庙号、年号。

显然，宗室们想推越王李贞父子打头阵。为什么要推李贞呢？因为他是太宗健存的儿子中年龄最长、身份最尊的一个，号召力最强。高祖的儿子们毕竟已经隔了一代，不是李世民这一支的，号召力不及李贞。李贞父子也很积极，就做了带头人，与各地诸王书信往来，协商起兵的时间。

最终，六王中除了高祖第十八子舒王李元名和太宗第十子纪王李慎两个怂包外，其余四个都参与了进来。总计参与的宗室有九个，分别是：绛州（今山西运城新绛县）刺史、韩王李元嘉和他的儿子·通州（今四川达州）刺史、黄国公李撰，青州（今山东潍坊青州市）刺史、霍王李元轨和儿子金州（今陕西安康）刺史、江都王李绪，邢州（今河北邢台）刺史、鲁王李灵夔和儿子范阳（今河北保定涿州市）王李蔼，豫州（今河南驻马店汝南县）刺史、越王李贞和儿子博州（今山东淄博）刺史、琅琊王李冲，此外还有高祖第十五子虢王李凤的儿子申州（今河南信阳）刺史、东莞公李融。

看看这些人的任职地，有山西的、四川的、山东的、陕西的、河北的，还有河南的，一旦同时举事，确实够武太后喝一壶的。

此时的武太后又在忙啥呢？她正在为拜洛受图营造氛围呢！七月初一，朝廷宣布大赦天下，改"宝图"为"天授圣图"，洛水为永昌洛水，封洛水神为显圣侯，禁止在洛水打鱼垂钓，将"天授圣图"出现的地点命名为圣图泉，于圣图泉所在地特设永昌县；同时，改嵩山为神岳，封嵩山神为天中王，禁止百姓在嵩山上打柴放牧。

到底是年轻人，琅琊王李冲坐不住了，募兵五千余人，于八月十七日在博州宣布起兵，随后飞书诸王，让他们速速起兵，向洛阳进军。

李冲谋反的消息传至神都，武太后十分震惊，后悔没把这些宗室早早铲除，才有了今日的祸患。她立即任命丘神勣为清平道行军大总管，率军讨伐李冲。

李冲起兵的消息不仅打了武太后一个措手不及，也打了诸王们一个措手不及。因为一同举兵的时间还没敲定，大家也没准备妥当，甚至连李贞都不知道儿子举兵的消息。

但李冲觉得，大家都不愿意做出头鸟，那就我来吧，只要我这边打响了第一枪，别人就会群起响应了。

他的计划挺好，想北渡黄河夺取济州（今山东聊城东阿县）。没想到首战就在武水县（今山东聊城东昌府区）遭到了激烈抵抗。他的大将董玄寂对人说："琅琊王与官军作对，这可是造反啊！"李冲听说后，将董玄寂斩首示众。这下好了，五千余人顿时作鸟兽散。李冲身边只剩下几十人，仓皇逃回博州，却被守军反杀。

他闹的这出持续了多久呢？从起兵到被杀，满打满算才七天，失败得太快了，以致当他身首异处的时候，很多王公还没收到他举兵的消息呢！

河南的李贞听说儿子兵败被杀的消息后，一度吓破了胆，本想捆绑自己到皇宫前请罪，正遇上他麾下的新蔡县令傅延庆招募到勇士两千余人，李贞的胆子又大了起来，立即宣布起兵。

他也积极地联络诸王、公主及驸马。但大多数宗室已经被吓破了胆，不敢响应。同在河南的申州刺史、东莞公李融倒是想动，但他的部下不同意，逼着他将李贞的使者执送神都。只有常乐长公主和驸马寿州（今安徽六安）刺史赵瑰响应李贞。公主夫妇之所以响应李贞，既是为了匡复社稷，也是为了报私仇。别忘了，他们的女儿正是被武太后活活饿死的中宗发妻赵氏。

李贞那个无奈啊，说好大家一起往前迈一步的，结果你们却都后撤了一步，就我傻乎乎地上前了一步，但箭在弦上不得不发，他只得硬着头皮单干了，派兵攻陷上蔡（今河南驻马店上蔡县）。

九月初一，武太后任命左豹韬大将军麴崇裕（前高昌王麴文泰的孙子）为中军大总管，宰相岑长倩（岑文本的侄子）为后军大总管，张光辅为诸军节度，领兵十万人讨伐李贞；同时，从皇族名册中删除李贞父子的名字，改姓虺①氏。

麹崇裕大军一战就击溃了李贞的部队，兵围豫州城。走投无路的李贞一家自杀，其首级随即被送往神都，与李冲的首级一道被挂在太初宫阙楼下示众。李贞从起兵到败亡总计十七日，仅比他儿子李冲多坚持了十天而已。

李贞一死，其余诸王更不敢动了。他们本想搞个大海啸，结果只是掀起两朵小浪花而已。这些人还对武太后抱有幻想，觉得自己没有谋反，应该问题不大。

但武太后却越发认定，这帮家伙不杀是不行了。她打算借着李贞父子谋反这事，把其他诸王都牵扯进来，一网打尽，就让监察御史苏珦②清查他们密谋的情况。苏珦是个忠于李唐的直臣，坚决认定诸王参与谋反证据不足。武太后大怒，把他打发到河西监军去了，改让周兴等人接手。周兴是害人的天才，别说诸王确实参与了谋反，即便没有参与，他也有本事让他们"被参与"。

结果，韩王李元嘉、鲁王李灵夔、黄国公李撰、常乐公主等人及其家人亲信全部被捕，被迫自杀。武太后将他们全都踢出了宗室族谱，改姓虺氏。东莞公李融本以为自己躲过了，却为亲属牵连，被处死于街市。霍王李元轨被废，死于流放重庆途中。他的儿子江都王李绪、亲信殿中监裴承先（裴寂的孙子）均被弃市。

李贞父子还牵连了太平公主的驸马薛绍。薛绍的兄弟薛顗③、薛绪

---

① 虺，音毁，意为毒蛇。
② 珦，音向。
③ 顗，音倚。

在李贞起兵后，曾秘密制作兵器，准备响应。岂料李贞败得太快，二薛只得杀了录事参军高纂以灭口。现在被查了出来，二薛被杀。薛绍因为是太平公主的驸马，且他母亲是李治的亲妹妹城阳公主（就是嫁给杜如晦之子杜荷的那位），杖一百，饿死于狱中。

　　武太后为了安慰女儿，打破唐公主食封不过三百五十户的惯例，将太平公主的封户破例加到一千二百户。她还想让公主嫁给武承嗣，因武承嗣生病作罢。老太太不甘心，又想让堂侄武攸暨娶太平公主，但武攸暨以已有妻室为由拒绝。武老太太竟然处死了武攸暨的妻子，强行把太平公主塞给他当了老婆。说句实在的，别说李家人了，在武太后手底下，连武家人都感觉人生真是太艰难了！

　　李唐宗室的反抗就此归于沉寂。说到底，他们能力不行，眼光也不行。当年徐敬业起兵时，如果他们能群起响应，说不定真没武太后什么事了。不过，换个角度讲，他们没成功或许也是好事。如果他们真成了，说不定西晋时的"八王之乱"就要重演了。

## 06. 成语达人狄仁杰

　　豫州是李贞的老巢，叛后重建至关重要，急需可靠得力的人坐镇。武太后在心中扒拉来扒拉去，最终选中了一个人。此人是山西太原人氏，姓狄，名仁杰，字怀英。没错，大名鼎鼎的狄仁杰他来了！

　　很多人并不知道，"中国福尔摩斯"狄仁杰其实不是汉人，而是羌人。

　　狄仁杰的曾祖父名叫狄湛，是北朝的大臣，历仕北魏、东魏、北齐，官至车骑将军。2000年7月，在山西太原迎泽区王家峰村出土了他的墓志。墓志追溯狄氏源流，称："其先汉丞相狄方进之后。"其实，这里的狄方进是汉成帝丞相翟方进讹传而成。狄氏一族为了攀附宗族，就挂靠到了狄方进名下。进入唐代，狄氏文化水平提高了，意识到之前挂靠错了，闹了大笑话，于是改口称："狄氏出自姬姓。周成王母弟孝伯封于狄城，因以为氏。"还从孔子的弟子中寻找出一个狄黑作为祖先。如此，他们就成周朝姬姓之后了，妥妥的名门贵胄。

狄氏之所以疯狂挂靠，是因为他们甚至都不是汉人，而是居住于甘肃天水的东羌豪族。狄湛的祖先①是北魏的略阳公伏阿奴，这显然不是汉人名字。伏阿奴的后代狄伯支（正史记载的狄仁杰烈祖）仕后秦。狄伯支的孙子狄恭移居太原。狄恭正是狄湛的父亲、狄仁杰的高祖。

狄仁杰的祖父狄孝绪仕唐，曾任尚书左丞、散骑常侍、沣汴二州刺史。父亲狄知逊曾任夔州长史。所以，狄仁杰其实也是官宦子弟。

世人皆知狄仁杰是有唐一代贤相。到底有多贤呢？有三个成语基本上可以说明他的含贤量。

第一个，沧海遗珠。狄仁杰年轻时明经及第，在河南道汴州（今河南开封）任参军。大画家阎立本以河南道黜陟使的身份赴河南道考察官员，因事邂逅狄仁杰。狄仁杰虽然职位低微，但面对省台领导阎立本进退有度、不卑不亢，极为沉着冷静。阎立本大为惊诧，刻意长时间凝视狄仁杰，但狄仁杰始终神色自如。阎立本当场夸赞道："仲尼云：'观过知仁矣。'足下可谓海曲之明珠、东南之遗宝。"后人从中总结出成语"沧海遗珠"。"沧海遗珠"的字面意思是指被采珠者遗漏的海中珍珠，隐喻被埋没的人才。阎立本还对狄仁杰说："我是一个画家，在我心中自有想画之人与不想画之人。想画的人物中，见其第一

---

① 一说曾祖父。

眼便有下笔冲动的人更是少之又少。而你就是那极少数人之一，是我非画不可之人。"亲近不解，事后问阎立本为何给此人如此高的评价。阎立本解释道："被我凝视而毫不动容的人，我实在从未见过。"

第二个，白云亲舍。在阎立本的提携下，狄仁杰离开生活工作多年的河南，调回老家任并州都督府法曹。他的父母仍旧留居河南道河阳（今河南焦作孟州市）。狄仁杰异地为官，十分思念双亲。一次，他登上太行山向南遥望，只见天边飘着一朵孤独的白云。狄仁杰满怀深情地对左右说："吾亲所居，在此云下。"我爸妈就住在那朵云下。直到云移走了，他才恋恋不舍地下了山。后世就发明了成语"白云亲舍"，喻指客居他乡、思念父母。

第三个，斗南一人。领导安排狄仁杰的同僚郑崇质到很远的地方出差。郑崇质挂念年老多病的母亲，不想去，但又不得不去，很是惆怅。狄仁杰得知后主动对他说："令堂重病在身，你却要出远门，怎么能让老人家为远在万里之遥的你担心呢？"然后，他跑去找并州长史蔺仁基，说要替郑崇质出这个远差。蔺仁基当时正和司马李孝廉搞权斗呢，斗得一塌糊涂，听了狄仁杰的话，他既震惊又惭愧。看看人家狄仁杰，主动为同僚担这苦差事，而他却和李孝廉为了一点小小的利益闹得不可开交，上峰的心胸气度竟连下级都不如，真是令人汗颜！蔺仁基随后改弦更张，主动与李孝廉和解。此后，他逢人便称赞狄仁杰："狄公之贤，北斗以南，一人而已。"北斗星以南，就数狄仁杰最贤良了。后世就用"斗南一人"比喻天下绝无仅有的人才。

通过以上三个成语，我们基本可以概括出：狄仁杰是一个有才华、有品德、有境界、有情义的人。

一次，左威卫大将军权善才和右监门中郎将范怀义失手砍坏了一棵柏树。砍棵树其实没啥，至少在古代没啥，但也要看你砍的是哪里的树。这两人砍伤的是高宗他爹太宗昭陵中的树，那这个事儿定性就很严重了。

大理寺给出的处理建议是将二人免职为民。高宗很不满意，大发雷霆："善才斫陵上树，是使我不孝，必须杀之。"可狄仁杰坚持主张按大理寺的意见办。高宗很不高兴，脸拉得老长，勒令他退下。

好个狄仁杰，根本不惧："犯颜直谏，自古以为难。臣以为遇桀、纣则难，遇尧、舜则易。今法不至死而陛下特杀之，是法不信于人也，人何所措其手足！且张释之①有言：'设有盗长陵一抔土，陛下何以处之？'今以一株柏杀二将军，后代谓陛下为何如矣？臣不敢奉诏者，恐陷陛下于不道，且羞见释之于地下故也。"

列位，这就是狄仁杰会说话了。同样的话，不同的人用不同的词说出来，就有不同的效果。狄仁杰的这番话暗含机妙。一上来就站在了道德的高地，我这是犯颜直谏，陛下如果不听，那您就是昏君了。然后讲规定，权善才和范怀义罪不至死，陛下您没有依法办事。最后讲情理，陛下，我这可是为您好呀，您如果因为一棵树就杀了两个将军，后世人不得戳您脊梁骨啊?!

高宗能不听吗？不仅听了，心里还很高兴，几天后就将狄仁杰提拔为侍御史。

狄仁杰从此转入监察系统，依旧不改初衷，刚直不阿，铁面无私。

左司郎中王本立仗着高宗宠信，骄横跋扈。狄仁杰弹劾王本立，高宗却下诏宽宥。狄仁杰不干了："国家虽然缺乏人才，但也不缺少王本立这种人。陛下为何因爱惜此人而亏损王法呢？如果陛下一定要宽赦王本立，就请先把臣放逐到无人之地，给后世忠臣们当个警戒吧！"这话又把高宗给拿住了，只得下诏将王本立定罪。

自魏征以后，大唐臣子中狄仁杰要算第二个直言敢谏的。当臣子

---

① 张释之，汉文帝时的著名法官。

的，如果你真的行得正、坐得端，连皇帝都会敬你三分。说到底，皇帝需要这样的人，朝廷需要这样的人。

高宗三十年（679年），狄仁杰改任度支郎中，并加朝散大夫。一次，他随高宗巡幸汾阳宫（在今山西忻州）。并州长史李冲玄上奏，说皇帝巡游的路线要经过一座妒女祠，民间相传这座妒女祠很邪性，谁要是穿着华丽地从祠前经过，必会引来风雨雷电之灾，所以他已征发民夫数万，准备另开一条新路绕过妒女祠。狄仁杰听了嗤之以鼻："天子之行，千乘万骑，风伯清尘，雨师洒道，何妒女之害耶？"堂堂大唐天子还能怕这么一个邪神，马上把这劳民伤财的工程停了。高宗听说后由衷叹道："真大丈夫也！"

如果高宗不死，估计狄仁杰早用起来了。可惜高宗说没就没了，中宗上台，龙椅还没焐热乎呢，就被老娘武太后给扒拉了下来。

临朝三年（686年），狄仁杰被外放为宁州（今甘肃庆阳宁县）刺史。据我分析，他很可能是遭到了诸武的排挤。但狄仁杰丝毫没有因为被外放而怠慢公事，依旧勤政爱民，颇有政声。宁州百姓甚至为他立了功德碑。时值监察御史郭翰巡察陇右，弹劾了一大批怠政、恶政的州县官吏。但当郭翰进入宁州境内，却不断听到当地百姓称颂刺史，所以他回朝后就推荐了狄仁杰。不久，狄仁杰被征入朝中任冬官侍郎。

临朝五年（688年），狄仁杰奉命巡抚江南。彼时，江南之地遍布淫祠。这里的淫祠并不是你们理解的唐式街边按摩房，而是指民间自行设立的、祭祀对象不在国家祀典名单内的祠庙。狄仁杰觉得这可不是个小事，偶像问题关乎道德风尚，不能想拜谁就拜谁，于是报请朝廷同意，焚毁淫祠一千七百余所，只留下供奉夏禹①、太伯②、季札③、伍员④四人的祠庙。事后，狄仁杰改任文昌右丞。

## 07. 拜洛受图

李冲之乱后，武太后让丘神勣坐镇博州。丘神勣生性残酷，在当地大肆株连，连坐的居然有一千多家，搞得民怨沸腾。这显然不利于稳定大局。武太后就想，稳定豫州要吸取博州的教训，选一个正直能干的刺史，于是就选中了狄仁杰。

狄仁杰到任时，豫州正在进行整肃，穷追李贞余党，仅被判罪的就有六七百家，籍没为奴的多达五千余人。朝廷催着执行，赶紧把这些人办了，好具表请功。狄仁杰觉得追究乱党不宜扩大化，拒不执行，并向太后上密奏说："这些乱党其实都是被牵连的，本身并无罪行。臣本来想公开上奏的，但给人感觉好像臣的屁股坐到了乱党那边。可我如果缄口不言，又有违陛下宽仁体恤的治国方针。所以，我只好上密奏了。"

武太后诏准，将这些人的处罚改为流放丰州（今内蒙古巴彦淖尔

---

① 夏禹即大禹。
② 太伯即吴太伯，吴国第一代君主。孔子称赞他："太伯可谓至德矣，三以天下让，民无得而称焉。"
③ 季札，吴太伯十九世孙，三次让国，广交贤士，周游列国，提倡礼乐，宣扬儒家思想。
④ 员，音云。伍员即春秋末期吴国大夫、军事家伍子胥。

市五原县）。流人路过宁州时，受到了当地父老的热情款待。宁州人都问他们："是我们狄使君救活你们的吧？"流人感怀狄仁杰的恩德，在功德碑下放声痛哭，斋戒三天后才继续赶路。

但豫州的事还没完呢，张光辅和他的部下还在豫州，他们自觉平叛有功，肆意勒索当地官民。给钱，就说和李贞没关系，是良民；不给钱，就说你是乱党。狄仁杰一概不予理睬。

被挡了财路的张光辅跑来找碴："你这小小的刺史居然敢轻视本帅！"

狄仁杰悠悠地说了一句话："乱河南者，一越王贞耳，今一贞死，万贞生！"扰乱河南的原本只有李贞一人，现在一个李贞死了，一万个李贞又冒出来了。

张光辅责问这话是什么意思。

狄仁杰就怒了："将军你统兵三十万，所要杀的只限于李贞一人。城中百姓听说官军来了，纷纷越城出降，四郊的野草都被踩出路来了，可见豫州人心向朝廷、忠贞不渝。但你却放纵士兵抢掠，杀良冒功，以至于鲜血染红了郊外的野草。这不是又激起了一万个李贞吗？你个蠢货，我恨不得用天子的尚方斩马剑砍了你。即便难逃一死，我也甘之如饴！"

张光辅被噎得鼻子不是鼻子、眼睛不是眼睛，回朝后一通搬弄是非，致使狄仁杰被降职为复州（今湖北仙桃）刺史。但武太后舍不得这么个人才，不久又起复狄仁杰为洛州司马。

杀了一大批李唐宗室，武太后的心总算踏实了。

十二月二十五日，虹开玉照，凤引金声，拜洛受图大典如期举行。仪式非常奢华隆重，皇帝李旦、皇太子李成器、内外文武百官、蛮夷酋长全部出席，珍禽、奇兽、杂宝列于坛前，史称"文物卤簿之盛，唐兴以来未之有也"。当天，武太后就撤除了紫帐，开始直面群臣问政了。这一天她已经等得太久了。

两天后，明堂宣告落成。不得不说，怀义搞建筑还真有两把刷子。由于不计成本，明堂盖得极为富丽堂皇。据史书记载，明堂高294尺。很多现代资料说明堂高约98米，这是错误的，因为唐代的尺略小于现代尺，一尺合今30.7厘米，一丈合今3.07米。所以，明堂的真实高度应为90米略多，相当于今天的33层楼那么高，周长300尺约92米。上下一共三层，下层四面对应春、夏、秋、冬四季；中层十二面对应子、丑、寅、卯、辰、巳、午、未、申、酉、戌、亥十二时辰，上为圆顶，由九条龙捧起；上层二十四面对应二十四节气，也是圆顶，顶上安置铁凤，高一丈，用黄金装饰；中间有十人合抱那么粗的大木，上下贯通。武太后钦定明堂名为"万象神宫"，大宴群臣，大赦天下，准许百姓入内参观。

与明堂同步落成的，还有位于它北面的天堂。怀义采用麻布夹纻技术①制作了一尊大佛像。光佛像的小指就能容纳几十人，佛像之大不可想象。天堂就是用来存放、供奉这尊佛像的，一共五层，比明堂还高两层。天堂初造时曾经被风吹倒，怀义又征发民夫一万人加工赶造，花费数以亿计。

这活儿不白干，武太后以怀义主持修造明堂和天堂有功为由，升他为左威卫大将军，封梁国公。薛怀义是唐朝第一个当国公的出家人。当年房玄龄、杜如晦、尉迟敬德等人为大唐呕心沥血、鞠躬尽瘁，才换来国公的封号。怀义仅仅因为把武太后伺候舒服了、盖了两

---

① 所谓"夹纻"，是一种古老的中国手工技艺。其制作过程是：先将泥塑成胎，然后用漆把麻布贴在泥胎外面；待漆干后，再反复涂多次，使最外层的麻布定型；最后，把里面的泥胎取空，便制成了夹纻。所以，有人又称夹纻为"脱空像"。用这种方法塑像，不但柔和逼真，而且质地很轻，便于搬运，因此又被称为"行像"。

所大房子，就轻轻松松得了个国公。

临朝六年（689年）二月，武太后又追尊父亲武士彟为周忠孝太皇、母亲杨牡丹为周忠孝太后。已经给父母加上太皇、太后了，还用问她下一步要干啥吗?!

很多帝王的皇冠都是带血的，而武氏的皇冠直接就是用血做成的。连着两场叛乱，一场是由忠于李唐的大臣们发动的，一场是由李唐皇室子孙发动的。杀了那么多的叛党，差不多该封刀了吧？不，武太后认为还不够，马上就要称帝了，她还要再杀一批立立威，有证据的要杀，没证据但有嫌疑的也要杀，杀到无人敢反。

新一轮的大清洗又来了……

## 08. 血腥清洗

宗室方面，废太子李贤长子李光顺、许王李素节等34人被杀。纪王李慎死于流放途中。泽王李上金自杀。以上36人的男性子嗣也相继被杀。至此，高祖的儿子就一个舒王李元名了，太宗的儿子都死绝了，高宗的儿子只剩下囚禁于房州的李显和傀儡皇帝李旦了。其余的宗室男丁死罪可免，活罪难逃，大多被流放绝域，或死于途中，或死于当地。

曾几何时，他们以龙子龙孙的身份骄傲并傲娇着，吃好的，穿好的，用好的，社会地位又高，享尽人间之福，但现在他们只恨自己为啥姓李?!这是继房遗爱谋反案后李唐宗室的第二场劫难。别急，这样的劫难以后还有很多！

当然，例外总是有的，有些和武太后走得比较近的宗室成员，非但没有遭殃，还攀上了人生的巅峰。代表人物有两个：

一个是送面首有功的千金公主。公主虽然比武太后要小，但也小不了几岁，为了取悦武太后，她倒真能豁得出去，居然提出认太后为干娘。武太后都惊着了，我拿你当妈妈桑，你却拿我当妈妈，好啊！她以夭折长女的封号改封千金公主为安定公主，并赐姓武氏。安定公主出入宫中跟回家似的，"不限早晚，见则尽欢"。武太后还让她的儿子娶了武承嗣的女儿。

另一个是吴王李恪的长子李千里，本名李琳，字仁，所以有些史料也管他叫李仁。

李恪惨死后，他的四个儿子——老大李琳、老二李玮、老三李琨、老四李璄——当时还未成年，全被流放岭表。四兄弟虽说是被流放的罪人，但毕竟是皇室子孙，况且大唐当家的又是他们的叔叔，精神和肉体吃些苦头是有的，但物质方面始终很充裕。

作为大哥的李琳并未沉沦放弃，从抵达岭南的第一天起，就在琢磨如何带领家族翻身。他费尽心思搜集岭南珍品、特产，时不时就发上几车到洛阳，进献给叔叔高宗和婶婶武后。皇帝皇后也喜欢收礼呀，觉得这孩子很懂事。

高宗十年长孙无忌死后，高宗即追封三哥李恪为郁林郡王，并立庙祭祀，但同时又封李孝恭的孙子李荣为郁林县侯，作为李恪的法定继承人。显然，高宗已经认识到自己的错误了，但还是遮遮掩掩的不肯承认，所以并未赦免李琳四兄弟。但李琳不在意，只要父亲能正名，他们兄弟翻身就只是时间问题。

中宗即位当年，郁林县侯李荣因事获罪。李琳的长期投资，叔叔没有认，但婶婶认了。武太后亲自出面为李琳兄弟做中宗的工作。中宗随即取消了李荣作为李恪继承人的资格，同时赦免李琳四兄弟，并让李琳当回了李恪的继承人。

中宗在位55天即被废黜,睿宗上台,武太后临朝称制。李琳越发卖力地讨好婶婶,经常进献祥瑞。有人可能要骂他软骨头了,身为皇家子弟居然讨好武氏!但大家要知道,害死李恪的不是武后,而是长孙无忌,并且后来干掉长孙无忌的正是武后。所以,于李琳兄弟而言,婶婶其实是报了他们杀父之仇的大恩人,他们对这位婶婶满怀感激。

临朝六年(689年),李琳的投资迎来了第二次分红。武太后赦免了李恪的谋反之罪,并授任李琳为襄州(今湖北襄阳)刺史。武太后还专程派人到襄州勉励李琳:"儿,吾家千里驹!"你小子可是我家的千里良驹啊!李琳感激涕零,千恩万谢,随即申请更名为李千里。武太后十分开心,当然同意。

李千里上任后把一切政务都甩给长史处理,自己则专心搜集珍品、祥瑞,继续进献给婶婶。有人因此指责他"不知州事",懒政怠政。要我说李千里绝对是个聪明人,武太后要谋朝篡位,图谋剪除李唐宗室,李千里越是积极作为,处境就越危险。所以,他一方面无为而治,以示自己在政治上绝无野心,另一方面则在情感上亦步亦趋,紧紧追随婶婶。

果然,武太后大杀宗室,李千里四兄弟则安然无恙。

除了宗室,大臣也没少杀。光部级以上就有宰相魏玄同、韦方质、范履冰、裴居道,夏官①侍郎崔詧,尚书左丞张行廉等。其余大臣或死或贬,不计其数。其中,最大的案子当数徐敬真案。

徐敬真是徐敬业的幼弟,受兄长牵连被流放远州。临朝六年七月,他偷偷逃回内地,打算越境逃亡突厥。途经神都洛阳时,洛州司

---

① 武则天时代的"夏官",其实就是兵部。

马弓嗣业和洛阳县令张嗣明给了他一些盘缠。但徐敬真运气不太好，走到河北定州时被当地官府抓获。消息传来，弓嗣业当即自杀。张嗣明与徐敬真一同下狱。负责断案的周兴借机大做文章。酷刑之下，张嗣明和徐敬真为了能立功免死，胡乱指认了一大批朝野名士。

然后，又是一连串的人头落地和一系列的罢官贬官。当年在豫州疯狂捕杀叛党、诬陷狄仁杰的张光辅，从逻些背回父亲刘审礼遗体的刘易从等人均被处死。洛阳县令魏元忠、秋官尚书张楚金、陕州刺史郭正一、凤阁侍郎元万顷等人也被贬官外放。

被杀的人中有一人极为可惜，便是名将黑齿常之。一来，黑齿常之的确是被冤枉的；二来，杀他也杀得不是时候。因为就在两个月前，唐蕃两国干戈再起，唐朝又吃了一场大大的败仗。

武太后临朝称制的这几年里，吐蕃政局发生了深刻变化。

我在《日月星辰》里讲过，高宗二十七年，吐蕃赞普芒松芒赞英年早逝。他的妃子没庐·赤玛伦冒着与专权的噶尔家族闹崩的危险，将年幼的儿子杜松芒波杰①推上赞普宝座。没庐妃执政的核心思想非常清晰，就是铲除噶尔家族，让大政重回王室之手。可噶尔家族两世经营，把持吐蕃军政大权，就凭他们孤儿寡母，想扳倒人家势比登天。

但没庐妃万万没想到，看似铁板一块的噶尔家族内部也有裂痕，而且还不小。临朝二年（685年），逻些政变，大论赞悉若居然被族亲噶尔·芒辗达乍布所杀，其党羽也遭到残酷清洗。没庐妃趁机拱火，马上让芒辗达乍布担任了大论，想坐观芒辗达乍布与钦陵二虎相斗。果不其然，不久钦陵偷偷从青海回师，奔袭千里，取放牧小路直入逻些，将芒辗达乍布势力尽数屠灭。

不到一年的时间内，逻些的政治势力遭到两次血腥清洗。这两场

---

① 杜松芒波杰，又名赤都松赞，吐蕃王朝第35任赞普，676—704年在位。

仇杀不但让噶尔家族元气大伤，也让吐蕃贵族人人自危。这种局面正是没庐妃所乐见的，顺水推舟又让钦陵出任了大论。

钦陵倒是想长留逻些，但唐人不答应啊！自阿史那都支叛乱后，吐蕃和后突厥都向西域渗透，昆陵和濛池两大都护府已经被蚕食得只剩个空壳了。趁着吐蕃内讧、钦陵回军逻些的机会，武太后又重新恢复了两个都护府的建制，以阿史那弥射之子阿史那元庆为兴昔亡可汗、阿史那步真之子阿史那斛瑟罗为继往绝可汗，分统十箭两厢。

钦陵肯定坐不住，立刻返回青海整军备战，准备把西域从唐人手中夺回来。

临朝四年（687年），钦陵率军入侵西域。武太后派宰相韦待价（初唐名臣韦挺之子、诗人韦庄七世祖）率兵出击，但不知为何没有成行。临朝六年（689年），韦待价倒是真出击了，可他并无统御之才，于七月在今新疆伊犁霍城以西的寅识迦河畔被钦陵一战击溃，"士卒冻馁，死亡甚众"。武太后勃然大怒，将韦待价除名流放，杀安西大都护阎温古，以副都护唐休璟为西州都督。

韦待价是真冤，他一个文臣，偏要派他去打仗。武太后也真是，当年已经在李敬玄身上吃过亏了，这次还是记吃不记打，非逼着韦待价步了李敬玄的后尘！

眼看着吐蕃人又要兴风作浪，周兴却构陷朝中最会防吐蕃人的黑齿常之谋反。黑齿常之不是姓黑齿嘛，周兴让他变无齿，一颗一颗地拔光了他的牙。黑齿常之不堪受辱，上吊自杀。当年程务挺之死便宜了突厥，现在黑齿常之之死便宜了吐蕃，武太后自毁长城，干了敌人想办而办不到的事情。

四个月后，武太后无奈放弃安西四镇，将镇军全部撤回西州，固守北疆伊、西、庭三州和河西走廊①。这是一个大大的昏招。唐朝撤出四镇驻军后,四镇酋长迅速倒向吐蕃,有的干脆当了带路党。吐蕃军队在安西站稳了脚跟,并沿着沙漠边缘一路向东,兵锋直指敦煌,威胁河陇。

## 09. 阎王来俊臣

在这轮大清洗中,"四大阎王"中的后两个也粉墨登场了。要不说长江后浪推前浪呢,后面这两位是青出于蓝而胜于蓝,更下作,也更残忍。

这两人,一个叫来俊臣,一个叫侯思止。来索周侯,四大阎王。

来俊臣的父亲来操是雍州万年(在今陕西西安市东北武屯街道东)十里八乡出了名的赌徒。他和朋友蔡本的老婆私通在前,后来又从蔡本手上赢下其妻,于高宗二年生下了来俊臣。这样的家庭当然不可能给到孩子正常的教育,来俊臣长大后"凶险不事生产,反覆残害,举无与比"。来操顶多就是个浑蛋,来俊臣却是天生的坏人!

索元礼、周兴、侯思止都为武太后办了实事,替她铲除了眼中钉,才得以成为爪牙。唯独来俊臣,一出手就敢骗武太后,而且居然骗成了。

---

① 河西走廊地处甘肃省西北部、黄河以西、祁连山和巴丹吉林沙漠中间,主要涉及甘肃省武威、金昌、张掖、酒泉、嘉峪关等城市,是一个呈北西—南东走向的狭长地带。因位于黄河以西,又形如走廊,故名河西走廊。河西走廊自古以来便是沟通中国中原地区与西域的交通要道。

来俊臣客居和州（今安徽马鞍山和县）时因犯奸盗入狱，被时任和州刺史的东平王李续（纪王李慎的儿子）打了一百大板。在本轮清洗中，李续被杀。来俊臣瞅准机会上书告密，得到武太后召见，红口白牙非说他曾向李续告发李冲图谋不轨事，却被李续按了下来。这档子事儿有没有不好说，因为李冲、李续都已经死了，死无对证。但武太后却认为来俊臣很忠诚，破格录用为朝廷官员，并很快提拔为侍御史、朝散大夫。

要不说武老太太独具慧眼呢！这个来俊臣简直就是酷吏界的奇才。他的特长是"罗织"。如今的我们都知道这个词的含义是虚构罪名，对无辜者加以诬陷，殊不知这个词的创造者就是来俊臣。来俊臣当上侍御史后，陆续引荐了王弘义、郭霸、李仁敬、康暐①、卫遂忠等人，并暗中在全国各地网罗无赖之徒一百余人。

这些人都是一些坏得不能再坏的人了。有多坏呢？我们就以王弘义为例。王弘义是河北衡水人，游历赵州、贝州时，他见当地人聚众做佛事活动，便诬告他们谋反，直接导致两百余人被杀。这些人的鲜血将王弘义推上了游击将军的宝座。有人密告胜州（今内蒙古鄂尔多斯市准格尔旗二十连城乡一带）都督王安仁谋反，武太后派王弘义去调查。王弘义见了王安仁，二话没说，直接挥刀砍下他的脑袋，又杀了王安仁的儿子，用盒子装着他们父子的首级返回洛阳。途经汾州时，司马毛公好心请他吃饭。酒过三巡，王弘义突然翻了脸，又当场砍下毛公首级。进入洛阳时，他一手拿着装有王安仁父子首级的盒子，一手执枪扛于肩上，枪尖上挑着毛公的首级。看见的人无不恐惧颤抖。

来俊臣养这些人干吗呢？每次诬陷一个人的时候，他就让这些无

---

① 暐，音伟。

赖在全国各地同时告发，以形成"民愤极大"的声势。所以，他一办就是大案、铁案，能用一件事引出一堆事，用一个人牵扯出一批人。当时朝野公认，不管遇到任何案子，"请付来俊臣推勘，必获实情"。就这种工作作风和工作能力，武太后能不喜欢吗？！诏令在神都丽景门特设推事院，作为来俊臣等人的办案场所。王弘义戏称丽景门为"例竟门"，意思是入此门的人照例要命尽，非死不出。

来俊臣还创设了臭名昭著的"十号大枷"，名字分别叫作定百脉、喘不得、突地吼、著即承、失魂胆、实同反、反是实、死猪愁、求即死、求破家。听听，用刑到一定程度，连死猪都会犯愁，甚至于囚犯竟会主动哀求赶快死、赶快被族灭，十号大枷之残酷可想而知。

每次大赦令下达后，别的酷吏都是照章办事，将所有符合赦免条件的犯人统统释放，而来俊臣拿到大赦令后却暂不执行，而是先把重犯杀光，然后才宣布诏令。其实这个举动才更符合武太后的意图，她认为来俊臣等人很忠诚，越发宠爱他们。史载，"中外畏此数人，甚于虎狼，相见莫敢交言，道路以目"。

来俊臣迅速上位，一跃而成为武太后心目中超越索元礼、周兴等人的存在。他一个后来的，居然与酷吏的元老索元礼并驾齐驱，并称"来索"。周兴引他为知己，两人经常一起研究用什么惨无人道的方式拷问，受刑人最痛苦、会招供。这也是我为什么一定要将来俊臣列为"四大阎王"之首的原因。

"四大阎王"的第四人是陕西咸阳礼泉人侯思止。此人原本也是市井之徒，以卖饼为业，后来给另一个酷吏——游击将军高元礼当小弟，被推荐为判司使。侯思止上位靠的是除掉了六王的最后一王——舒王李元名。临朝七年（690年），他和丘神勣检举李元名与李贞同谋，致使李元名被族灭。侯思止因此功被提拔为游击将军。

眼见当年的小跟班红了，高元礼害怕了，转而向侯思止献媚，不敢再称侯思止"小侯"了，尊称"侯大"。他还给侯思止出谋划策："眼下朝廷用人不看资历、能力。如果有人说你不识字，你可以上奏朝廷说：'獬豸①还不识字呢，但却能用它的独角辨别忠奸善恶。'"不久，武太后果然召见侯思止："朕想任你为御史，可有人说你不认识字。"侯思止就用高元礼教他的话作答。武太后听了很高兴，当即任命侯思止为侍御史。

　　清除六王是武太后的"明智之举"。高祖和太宗的儿子被杀光了，高宗其他的儿子也都被干掉了，就剩李显和李旦了。因此，甭管选谁，都是武太后的儿子，不管谁上台都不可能骂她，更不可能不祭祀她。我们再往远说一点，如果不是把这些宗室都杀了，将来李隆基能不能上位还不一定呢！

　　这波对宗室和大臣的清洗一直延续到临朝七年八月。

　　中间临朝六年十一月，武太后还抽空改了下月份和名字。先是改永昌元年十一月为载初元年正月，以十二月为腊月，正月为一月。在此之前，一年的十二个月依次叫作正月、一月、二月、三月、四月、五月、六月、七月、八月、九月、十月、十一月、十二月。打从这儿起，就变成了一月、二月、三月、四月、五月、六月、七月、八月、九月、十月、正月、腊月。所以，临朝六年其实出现了两个正月，换言之，那一年的老百姓要过两次年。

　　然后就是改名了。武太后的外甥、凤阁侍郎宗秦客为了向姨妈献媚，将"天、地、日、月、星、君、臣、初、载、年、正"进行了改造，并生创了一个"曌"字，一共12个，进献给武太后。武太后接受了，并以"曌"作为自己的新名字，这就是"武曌"的由来。"曌"

---

① 獬豸，音谢至。獬豸是中国古代神话传说中的独角神兽。相传，獬豸能辨是非曲直，能识善恶忠奸，发现奸邪的官员，就用角把他触倒，然后吃下肚子。

这个字的内涵很明了，日月临空，普照大地。为什么会叫这个名字呢？据说武氏的闺名叫武照，照耀的照，并且她在感业寺出家时的法号叫明空，两相一中和，就成了曌字。这12个字被后世统称为"则天文字"。迄今唯一在用的只有"曌"字。

## 10. 弥勒下凡

很多看似不可能解决的困难都解决了，但武曌还有一个最大的困难：如何让人们接受女人当皇帝？从古至今都是男人当皇帝，哪儿见过女人当皇帝的？当年汉朝的吕后权力都那么大了，也不敢有这个想法。

但武曌的脑洞就很大，凭什么女人就不能当皇帝？看看诸番邦，女主并不少见。新罗有善德、真德两位女王。倭国有推古①、齐明②两位女天皇。林邑国素来贱男而贵女，当家的也是女王③。川西有个东女国④，不仅国王是女人，而且全社会都讲究女尊男卑。再说国内，太宗

---

① 推古，日本第一位女天皇，隋文帝开皇十三年至唐太宗贞观二年期间在位。她是东亚地区最早的女性君主。
② 齐明，日本第二位女天皇，曾两次登基，第一次在位时称皇极天皇，第二次在位时称齐明天皇。
③《资治通鉴》高宗永徽四年载："初，林邑王范头利卒，子真龙立，大臣伽独弑之，尽灭范氏。伽独自立，国人弗从，乃立头利之婿婆罗门为王。国人咸思范氏，复罢婆罗门，立头利之女为王。"
④ 东女国国土包括了今四川阿坝茂汶以西，甘孜州的巴塘、理塘以北及整个昌都地区，范围十分广大。

时造反的那个睦州女子陈硕贞不也自称皇帝吗?！她们可以，我怎么就不可以?

但个人的想法归个人的想法，世俗的观念归世俗的观念，改变人们的思想是最难的。

东方的思想是不可能了。儒家素来重男轻女，反对女人当家。《尚书》说："牝鸡司晨，惟家之索。"母鸡在清晨打鸣，这个家庭就要破败，比喻女性掌权，颠倒阴阳，会导致家破国亡。《诗经》也说："妇无公事，休其蚕织。"妇人不该过问公事，将养蚕女红全抛开。至于道教，那可是李唐国教，更不可能拥护她当家。

那怎么办呢？

她将寻找理论依据的任务又交给了面首怀义。我准备当皇帝了，一个女人当皇帝，你看看佛经里有没有什么出处，想法子做点文章。

怀义就带着法明、处一、云宣等人去做文章了。没想到，还真被他们给做成了。他们从浩如烟海的佛经中找到了一部非常边缘的《大云经》。有历史研究者认为《大云经》是怀义等人编造的。其实此经早已存在，由天竺经于阗传入汉地，并由天竺僧人昙无谶于公元422年左右在敦煌译出。

《大云经》中讲述了这样一个故事：说是有个叫净光天女的女神，曾听同性灯佛讲授过《大般涅槃经》。净光天女投胎人间后，得到佛祖释迦牟尼的教授和启发，领悟了佛法的精髓奥义。后来，她得到了转轮王所统领的四分之一疆土，成为一国君王，并终生致力于教化百姓，广做菩萨事业，最终修炼成佛。

这个故事是有点"女主为王"的意思了，但还是不够直接有力。毕竟，净光天女可以，不代表武曌就可以，更何况净光天女只是个传说。怎么把《大云经》和武曌扯上关系，怎么得出武曌就该革唐命、就该当皇帝的结论，这才是关键所在。

怀义这次确实立大功了，他并没有就此止步，带着法明、处一、云宣等人抓耳挠腮、搜肠刮肚，以注释为名，结合民间流传的弥勒佛信仰，对《大云经》进行了篡改和丰富，形成了一套四卷本的《大方等大云经》。新版《大云经》的核心思想很明确，声称太后前世是弥勒佛，如今秉承佛旨投胎下凡，就是要代唐为阎浮提主。

根据大乘佛教理论，弥勒佛是世尊释迦牟尼佛的继任者，未来将在娑婆世界降生修道。唐朝时弥勒佛的名号远不如今日这么响亮，他是未来佛，是当时佛教诸佛中一个很边缘的存在，很少有人拜他。但未来寄托着期许、象征着美好，所以有关弥勒佛的传说深受中国大乘佛教大师支谦、道安、玄奘等人的推崇，在民间的影响力与日俱增。

古天竺神话传说中有"三千大千世界"的说法，一千个一小世界称为一小千世界，一千个小千世界称为一中千世界，一千个中千世界称为一大千世界。这个说法被佛教继承，并作了进一步的丰富。位于一小千世界中央的山叫作须弥山。须弥山在佛教传说中的地位，类似于蓬莱、瀛洲在道教传说中的位置。须弥山为大海所环绕，海上有四大部洲和八小部洲。所谓四大部洲，就是吴承恩《西游记》中所记载的东胜神洲、西牛贺洲、南赡部洲和北俱芦洲。东南西北其实是方位，四大部洲的正确读法应该是：东，胜神洲；西，牛贺洲；南，赡部洲；北，俱芦洲。其中，南边的赡部洲翻译成梵语，就是阎浮提。

怀义等人创新举动的实质，就是抬高了《大云经》和弥勒佛的地位，清楚明白地指出，圣母神皇是弥勒佛转世，她是来革唐朝的命的，理应当南赡部洲的洲长。

他们还借经书之名恐吓世人："经云：'女既承正，威伏天下，所有国土，悉来承奉，无拒违者。'此明当今大臣及百姓等，尽忠赤者，即得子孙昌炽……如有背叛作逆者，纵使国家不诛，上天降罚并自灭。"《大云经》说了，女主顺应天道，威加海内，普天之下都要听她的话，不得违背她的旨意。凡是顺从她的，子孙都会昌隆；凡是违背她的，即便朝廷不杀你，上天也会灭了你。

临朝七年（690年）七月，法明等人将撰好的新版《大云经》献上，要求圣母神皇尽快颁行天下，并完成革故鼎新的天授使命。武曌开心得要要的，当即"制颁于天下"。

《大云经》出，天地变色。中央地方各级官员迅速响应，争先恐后地请回《大云经》，并纷纷表请圣母神皇顺应佛旨，改朝换代，拯救苍生。于是，《大云经》像雪片一样从神都洛阳飞向四面八方。神都城中的善男信女和佛门僧众掀起了抄写《大云经》的热潮。一时间，洛阳纸贵，纸肆店铺罄其所存，仍满足不了市场需求。很快，舆论就造起来了，女主武皇进入了倒计时。

为什么会出现这样的情形呢？我想原因主要有两个：第一个，临朝称制期间，武太后之心已是路人皆知。经过连番的镇反和清洗，忠于李唐的人已被剪除殆尽，剩下的也不敢再作声了。第二个，武曌在下层民众中的口碑很好，很受拥护。她当年向高宗进献的《建言十二事》基本上都落实到位了，百姓得了实惠。反对她的主要是上层权贵。普通老百姓只关心能不能过好日子，至于皇帝姓李姓武姓猪姓狗、是男是女是人是鬼，他们其实并不那么介意。

## 11. 武周革命

贴心的圣母神皇又给了全国百姓两个月的思想成长期。到九月时，《大云经》已经风靡大唐，尽人皆知，没有人公开反对圣母神皇改朝换代，公开反对的都死绝了，全国上下一个口径：是她，是她，就是她，我们的"祖宗"武媚娘。

武氏取代李氏的时机成熟了！

怀义推出了《大云经》，劝进的事他就不好出面了。放心，有的是人来做。劝进的总策划、总导演是侍御史傅游艺。这又是一个大器晚成的典型，只不过是反面的。

根据出土的《傅交益墓志》，傅游艺字交益，原本只是个地方小吏，三任县尉，两历主簿，仕途可谓相当不顺，临朝六年（689年）时，已经61岁的他才不过是一个小小的合宫县（在今河南洛阳市西郊）主簿而已。前不久，因为守孝道，他刚被提升为从七品上侍御史。此人是个官迷，虽然一大把年纪了，仕进的心思仍然非常强烈，见圣母神皇一心想革唐命，就想着能不能迎合圣母神皇的需要，搞点事情，搞点儿大事情。《大云经》一出，他眼前一亮，天降富贵于老傅也！

九月初三，傅游艺率关中百姓九百余人直接跑到太初宫，叩宫门上表。在表中，他大谈自武曌临朝称制以来的种种符瑞，请求圣母神皇应《大云经》所指，以武周朝取代李唐朝。为什么要改成周朝呢？傅游艺说了，武氏出自建立周王朝的姬姓，周平王最小的儿子出生时手掌中有一个"武"字，故被平王赐姓武，而圣母神皇的祖先即为此子，所以理应定国号为"周"。另外，圣母神皇的父亲武士彠曾在高宗显庆年间被追赠为周国公，据此也应改唐为周。

但圣母神皇并未接受，怎么可能一下子就接受呢?！不过，她也没有批驳傅游艺，反而将他由从七品上侍御史提升为正五品上给事中。

傅游艺是个明白人，一面积极串联各界人士，一面散布各种祥瑞，说有一大群凤凰夜里落在了圣母神皇的寝宫上，还说有一只朱雀飞入朝堂，这些祥瑞都是武周代唐的征兆。不得不佩服傅游艺的人脉和组织能力，三天之后，他居然成功串联了文武百官、帝室宗戚、远近百姓、四夷酋长、佛教沙门等共六万余人，再次表请圣母神皇应天顺人。太初宫外，劝进的人排山倒海，山呼万岁，终日不散。瞅着是民心所向，其实全是组织发动。

大才子陈子昂也不甘寂寞，连上了《大周受命颂》《神凤颂》，鼓吹拥护武周代唐，并称："臣草野愚陋，生长休明，亲逢圣人，又睹昌运，舜禹之政，河洛之图，悉皆目见，幸亦多矣。"我本是一个愚昧粗鄙的草根，却在有生之年得见圣人，还见证了大唐不断上升的国运，像尧舜那样的德政，像河图洛书这样的宝贝，我居然都看到了，我真是一个幸运的家伙呀！

事到如今，就差大唐皇帝李旦表态了。李旦很识相，也不敢不识相，亲自起草了三道禅让诏书，衷心拥护母亲为帝，衷心拥护武周代唐。我甚至相信，他起草诏书时内心不仅不难过，反而无比轻松，终于可以不当这个劳什子皇帝了！

九月九日是秋高气爽的重阳佳节，碧空如洗，万里无云。已届67岁的武曌也在这一天登高了。她在万众的欢呼声中，登上则天门楼，用慷慨激昂的声音向万民宣布，她今日应天顺人，登基称帝，移除唐祚，建大周朝，改载初二年为天授元年。说是天授，其实都是人为！随后，在朝臣们的簇拥下，她气宇轩昂地来到明堂，登上了梦寐以求的皇帝宝座。

这个自称用铁鞭、铁檛①、匕首驯服野马的女人终于站上了中国历史的C位。这已经不是政变夺权了，而是改朝换代，所以史书上称这一事件为"武周革命"。从这一刻起，李唐王朝因经营不善被天交所停牌退市了。骆宾王曾经自信满满地问天下人：请看今日之域中，竟

---

① 檛，音抓。

是谁家之天下？现在有答案了，不好意思，今日之域中还真是武家之天下。

　　三天后，女皇武曌昭告天下，以唐帝李旦为皇嗣，唐太子李成器为皇孙，并赐武姓。皇嗣系武曌独创，顾名而难思义，到底是指皇帝的子嗣，还是指皇帝的接班人，傻傻分不清楚，真是不伦不类。不过从李旦退居东宫来看，这个皇嗣实际等同于太子。李旦也因此又创了一个纪录：中国历史上唯一的一个皇嗣。李旦的三个亲哥虽然没有定名权，被父母改了又改，起码还能保有姓氏。而李旦呢，不仅名字保不住，连姓也保不住了。

　　十三日，女皇于神都洛阳立武氏七庙，这一次再也没有人聒噪了。武家的七代祖全部晋升皇帝，其妻子全部晋升皇后。女皇同时册封侄子武承嗣为魏王、武三思为梁王，其余堂侄堂孙，如武攸宁、武攸归、武攸宜、武攸望、武攸绪、武攸止、武攸暨、武重规、武载德、武懿宗、武嗣宗等均封为郡王。不仅他们这个武家沾了光，全天下姓武的都沾了光，女皇下诏免除了当年所有姓武之人的租庸调。姓李的里头，唯一受益的人是当年替女皇顶雷的李君羡，沉冤得雪，追复官爵。

　　当然，功臣是不能忘的。给事中傅游艺、宰相岑长倩、右玉铃卫大将军张虔勖、左金吾大将军丘神勣、侍御史来子珣①并赐姓武。傅游艺和史务滋、宗秦客还成为了宰相。傅游艺在短短一年之内，身上的官服换了四种颜色，从八品的青色一路换到三品的紫色，江湖人称"四时仕宦"。

　　称帝成功后，马上又是一拨人头落地。但这一次武曌杀的不是反对派，而是那些助她登基称帝的小人。

---

① 珣，音旬。

宗秦客的宰相当了还不到一个月，就因为贪污，与弟弟宗楚客、宗晋卿一道被贬官外放，一年后他死在了流放地。这就算不错了，毕竟他们还是女皇的外甥嘛！其他人可就没这份好运了。第二年，史务滋、丘神勣、索元礼、傅游艺相继以谋反被杀。史务滋是历史上在位时间最短的宰相之一，从拜相到自尽总共不到五个月。傅游艺梦见自己登上了太初宫湛露殿。湛露殿是什么地方？那可是皇帝召见大臣问政的地方。傅游艺私下里向亲信说起此事，却遭到亲信检举，下狱被迫自杀。岑长倩和张虔勖被武承嗣、来俊臣陷害致死。来子珣稍微久一点，挺了两年，坐事流死越南。

"四大阎王"中的周兴和索元礼也死了，而且死得非常具有戏剧性。

有人告发周兴与丘神勣通谋。女皇让来俊臣抓捕他。来俊臣请尚不知情的周兴吃饭，吃到兴头上还请教周兴："很多囚犯都不肯认罪，老哥你有什么好方法？"

一听要害人，周兴来劲了，扬扬得意地给来俊臣支招儿："这有何难？取来一个大瓮放在火炭上，把囚犯扔进去，甭管他骨头有多硬，都会认罪的！"

来俊臣连呼"高招"，当即命人准备大瓮，架起柴火，烤得滚烫，然后对周兴做了一个请的手势："实不相瞒，有人检举老哥你谋反，请入瓮吧！"

周兴听了，吓得魂飞魄散，他用此法折磨过不少人，唯独没想到有一天自己竟会被人依样画葫芦，当即伏法认罪。

女皇没有杀他，改为流放。但周兴得罪的人太多了，在流放途中为仇人所杀。

索元礼因受贿下狱。面对官吏的审问，他嘴硬得很，死活不肯认罪。审讯官没辙了，大呼一声："来呀，把索公的铁笼子取来！"索元礼也知道自己大杀器的厉害，秒怂，立即认罪，死于狱中。

女皇之所以诛杀丘神勣、索元礼、周兴三名酷吏，主要是出于政治考量，新朝要施仁政，告密和酷刑那套不能用了，养那么多酷吏也就没什么用了。再说了，真有脏活儿，有来俊臣一个就够用了。

武曌用的年号和高宗一样多，虽然总量不及老公李治，但她在位16年，仅为高宗的一半，是当仁不让的更换年号频率最高的皇帝。"长安"达到了四年，"天授""长寿""圣历"用了两年多，其余的均在一年以下，最短的"天册万岁"仅用了不到三个月。至于改元的理由，更是任性到了极致，心情好要改，心情不好也要改，病了要改，病好了也要改，牙齿掉了又长出来要改，长了八字重眉改，加尊号改，封禅改，盖了宫殿改，平定契丹改，回长安改，成州有佛迹出现还要改。她还使用了三个四字年号：天册万岁、万岁登封和万岁通天。

为了方便大家，我们同样采用"北溟纪年"，将其在位年份统一改为"武周××年"①。

---

① 武周元年＝载初二年、天授元年（690年），武周二年＝天授二年（691年），武周三年＝天授三年、如意元年、长寿元年（692年），武周四年＝长寿二年（693年），武周五年＝长寿三年、延载元年（694年），武周六年＝证圣元年、天册万岁元年（695年），武周七年＝万岁登封元年、万岁通天元年（696年），武周八年＝万岁通天二年、神功元年（697年），武周九年＝圣历元年（698年），武周十年＝圣历二年（699年），武周十一年＝圣历三年、久视元年（700年），武周十二年＝大足元年、长安元年（701年），武周十三年＝长安二年（702年），武周十四年＝长安三年（703年），武周十五年＝长安四年（704年），武周十六年＝神龙元年（705年）。

# 第二章 武周政治

## 01. 大力崇佛

大周朝政治有三大特点：一是女人当家，二是酷吏当朝，三是佛教至上。

佛教在武曌称帝之路上扮演了关键角色，发挥了关键作用。如果没有《大云经》提供理论依据，武曌的称帝之路肯定还得多走几年。但《大云经》一出，迅速完成了全民意识形态的重构，普罗大众都能接受女人当家了。

武曌原本就是佛门的信徒，称帝后更是不遗余力地照顾和推崇佛教。唐朝佛教的发展，第一波高潮是玄奘造就的，第二波高潮则是武曌推动的，并且她推动的这波浪头远超玄奘。

早在即位当年十月，女皇就敕命两京及全国所有州府都要兴建一所大云寺，每所寺庙都要收藏《大云经》，并安排高僧大德升座讲解；同时，允许各地大云寺自行度僧，每所寺庙几十个名额，全国总计度僧一千余人。一时间，大云寺如雨后春笋一般涌现，凡大周国土覆盖，东起渤海，西止葱岭，南抵交趾（今越南北部），北迄大漠，都有大云寺和《大云经》的踪迹。进献新版《大云经》的法明、处一、云宣等九名僧人被赐爵县公，并各赐紫色袈裟一领。紫色在唐朝意味着什么，你们懂的。

这还不算完，女皇又以法令的形式明确佛教为国教，褫夺了道教的国教地位。武周二年，她又下旨规定，凡在行进的行列中，道士只能排最后，僧尼要走在最前头。

武曌对佛教的痴迷几乎到了入魔的地步，曾发布禁屠令，禁止天下官民捕杀牲畜和鱼虾。结果那一年江淮地区暴发了旱灾，老百姓没粮食吃，又不敢捕杀鱼虾，只能吃海苔，饿死了很多人。为了几条鱼虾，饿死百姓无数，佛祖就是这么教导你的?！屠禁一直延续到武周十一年（700年）底，社会舆论实在太汹涌了，女皇应大臣之请，才心不甘情不愿地取消了禁令。

她还不止一次地想给佛祖释迦牟尼造大像，并要求天下僧尼每人每天捐一文钱，襄赞盛举，但都被大臣们给拦住了。

此外，女皇还与义净、法藏、实叉难陀、神秀等佛教知名大咖往来密切。

义净在佛教史上的名气和贡献相当之高，与鸠摩罗什[①]、真谛[②]、玄奘并称四大译经家[③]。其人也几乎就是玄奘的2.0版本，同样是幼年出家，同样是天纵奇才，而且义净的偶像就是玄奘，他还干了和玄奘一样的事情——赴天竺取经。略有不同的是，玄奘走的是陆路，义净走的是水路。高宗二十二年（671年），义净由广州搭乘波斯商船，经苏门答腊抵达天竺。他先是在玄奘去过的那烂陀寺勤学十年，后来又到苏门答腊游学七年。武周六年（695年），义净由海路归国，带回了梵

---

[①] 鸠摩罗什（343—413），天竺贵族，生于龟兹，后成为东晋十六国中后秦的国师。他的译经总数说法不一，据《出三藏记集》为35部294卷、《开元释教录》为74部384卷。鸠摩罗什所译经文文义圆通、内容信实、字句流畅，在中国译经史上有划时代的意义。

[②] 真谛（499—569），天竺僧人，在南北朝梁武帝时，携带大量梵文经典，乘船来到梁都建康。真谛及其弟子共译出佛典48部232卷。

[③] 四大译经家有两说，鸠摩罗什、真谛、玄奘三人不变，一说为义净，一说为不空。

本经论约四百部、舍利三百粒。武曌亲率文武大臣到洛阳上东门外迎接,并赐予义净"三藏"之号。所以,唐三藏其实不止一人。玄奘当年首开先河,太宗李世民都没有出门迎接他,还让他到洛阳朝见。武曌亲自迎接义净,其对佛教的重视、对义净本人的尊重显而易见。回国后,义净同样潜心于译经工作,一直译到武曌下线、李显上线又下线、李旦二次上线,译出佛经56部230卷。玄奘有《大唐西域记》的游记,义净也有,叫《南海寄归内法传》。

法藏是华严宗三祖,师从云华寺智俨大师。当时还是皇后的武曌命京城十大德为他授具足戒,并赐以"贤首"之名,所以世人又称法藏为"贤首国师"。法藏早年曾经参加过玄奘的译经事业,但因为见解不同而中途退出。这也难怪,玄奘开创了法相宗,法藏实际开创了华严宗①,都是一派宗师,见解自然不同。武曌本人对《华严经》极为推崇,听说于阗有完备的《华严经》梵本,便动了重译《华严经》的念头,邀请于阗高僧实叉难陀带着《华严经》梵本来洛阳。武周六年,实叉难陀抵达洛阳,住在宫中的大遍空寺。武曌组织了一批高僧大德翻译《华严经》,据说最初的时候她本人还参加来着。这些高僧大德中,发挥作用最大的就是专注于研究《华严经》的贤首国师法藏。四年后,新译《华严经》告成。武曌又诏令法藏在洛阳佛授记寺开展系列宣讲活动。

武曌虽然沉迷于佛学,但并不在各宗间厚此薄彼,除了法相宗的玄奘、华严宗的法藏,她对北宗禅的创始人神秀大师也青睐有加。

禅宗的故事想必很多读者都是知道一些的。神秀与著名的慧能都是禅宗五祖弘忍的弟子。相传弘忍为付衣法,命弟子们各作一偈②以

---

① 华严宗亦因他而被称为"贤首宗"。
② 偈,音记。

呈。神秀作偈云："身是菩提树，心如明镜台。时时勤拂拭，勿使惹尘埃。"而慧能则在神秀的基础上作了拔高："菩提本无树，明镜亦非台。本来无一物，何处惹尘埃。"弘忍圆寂后，神秀和慧能争夺衣钵。慧能失利，被迫南下，开创了禅宗南宗。神秀一系为北宗。

但根据胡适等人的研究，《六祖坛经》里"五祖弘忍传慧能法衣"的故事很有可能是假的，是慧能的弟子为了和北宗争夺皇室供养所编造的谎言。武周时期，禅宗就是以北宗神秀为最高。武周十一年（700年），女皇专程遣使至湖北当阳山玉泉寺，迎接神秀至洛阳宣讲佛法。而且，她还为神秀在道场当阳山和家乡河南开封尉氏各建了一座寺庙。

武曌如此痴迷于佛教，自然而然地，她身边就云集了一批出家人。这里面就良莠不齐了，有义净、法藏、神秀这样的高僧，也有一些冒用佛教名义、谋求个人私利的假僧人。其代表除了怀义，还有韦什方、河内老尼和西域老胡。

这三个人都是怀义推荐给女皇的。河内老尼的"河内"并非今越南河内，而是指隋末唐初的河内郡，也就是今河南沁阳。老尼自称"净光如来佛"，能预言未来，在洛阳麟趾寺居留。她说自己是吃素的，并且白天吃一粒芝麻、一颗米就够了。人们看到的也确实如此。但每到晚上，寺门一关，老尼就带着女弟子一百多人大口吃肉、大碗喝酒。从史载的"淫秽靡所不为"来推测，不排除有同性百合的事情发生。

韦什方最初是老尼的助手，这家伙更能吹，说他生于三国时代，现在已经四百多岁了。

但他还不是最能吹的，最能吹的是一个来自西域的老胡人，自称五百岁，还说二百年前就认识薛师。

不过，三人中武曌最欣赏的却是韦什方，赐韦什方武姓，还让他当了宰相。出家人当宰相，武什方是头一个。明朝的姚广孝素有"黑衣宰相"的美誉，但姚广孝有宰相之实、无宰相之名，韦什方却是正经八百的宰相。

武曌对佛教的推崇，对唐朝的影响很大。玄奘再厉害，说到底也只是一个高僧而已，起到的推动作用终究有限。而武曌是国家最高统治者，经她之手，佛教一跃而成为国教。并且，在她的影响带动下，后来的唐朝皇帝大多推崇佛教，以至于出现了"六迎二送"佛骨这种空前绝后的盛典。

我在《日月星辰》里讲过，高宗举办了唐朝第一次迎奉佛骨的盛典。武周十五年（704年），女皇派法藏到法门寺迎奉佛骨，这是第二次。景龙二年（708年），中宗将佛骨送回法门寺，这是一送。上元元年（760年），肃宗第三次迎奉佛骨。贞元六年（790年），德宗第四次迎奉佛骨。元和十四年（819年），宪宗第五次迎奉佛骨。咸通十四年（873年），懿宗第六次迎奉佛骨。当年底，僖宗二送佛骨回法门寺。以上统称"六迎二送"。

## 02. 发展科举

牝鸡司晨，女人当家，这和儒家的伦理道德是相违背的。所以，广大士人大多不愿为武曌所用，旧贵族就更别提了，不反她就不错了！但总得有人干活儿吧？怎么办呢？武曌有办法，大力发展科举制度，从有才学的寒士中选拔人才。

我们知道，科举制度始创于隋朝，但隋朝的科举制度只是初具雏形而已，还不完善，而且只是当时选官的一种非主流途径而已，所占比例不高。隋朝的绝大多数官员，特别是六品以上的，基本上都是通过门荫入仕，比如初唐宰相裴寂。此外，隋朝的科举限制很多。比如，不是谁都有资格去考的，你在家闷头学习，到时候直接去参加考试，这是压根儿不可能的。想参考，首先得拿到地方政府的介绍信。官府的介绍信是随便什么人就能拿到的吗？当然不是！不难想象，绝大多数的介绍信都被朝中权贵和当地乡绅的子弟拿走了。另外，隋朝科举的科目也很少，就是秀才、明经、进士三科。

唐朝继承了隋朝的科举制。高祖李渊首创了乡试，而且删除了必须由官府推荐这个卡脖子的条件，广大学子可以直接报名参考。太宗李世民则增加了科举考试的频次和录取人数。到高宗李治时，基本奠定了唐朝科举制的基础。

当时的科考分两大类。

一类是常科，就是定期考试。

先在本地考一次乡试，乡试的第一名叫解元。乡试通过后，到长安尚书省再考一次，这叫省试。省试考六科，秀才、明经、进士、明法、明书、明算。唐朝的秀才科难度太大，报考人数持续走低，所以高宗后来就把秀才科取消了。明法科主要考法律知识，目的是选拔精通法律的官员，算是专业考试。明书科考试内容以文字学为主，兼及书法，在当时不受重视。明算科用于选拔精通数学的专门人才，更不受重视。所以，主要的还是明经和进士两大科。

明经就是考儒家经典"四书""五经"什么的，应考人数和录取人数都最多。为啥呢？因为考试内容是固定的，就那么几本书，而且题型就两种——填空题和问答题，只要都记住了，考试时"之乎者也"一写就OK了。

进士科是最难的，因为要考策问，比如国家想消灭东突厥，考试时就问你有何良策。你要是没能力、没水平，只会死记硬背，肯定不行。

我们大致可以这么认为，其余五科考的是知识，进士科考的是能力。正因为难度极大，所以进士科的录取人数只有明经科的十分之一。时人有"三十老明经、五十少进士"的说法，意思是说，30岁考中明经已经算慢的了，而50岁考中进士还算快的。皓首穷经，进士科之难可想而知。

但正因为最难，所以进士科也最为尊贵。进士及第称"登龙门"，第一名叫状元。当时有个不成文的规矩，考上进士后，同榜考生要凑份子举行庆祝活动：先是派同榜考生两人到花苑采花，俗称"探花使"，"探花"就是这么来的；然后大家集体到杏园聚餐庆祝，称为"探花宴"；聚餐后，集体到慈恩寺大雁塔下题名以显示荣耀，所以唐人又把进士及第称为"雁塔题名"。

考没考上进士，差别极大。

德宗贞元十二年（796年），46岁的大诗人孟郊①终于考中了进士，他按捺不住喜悦的心情，赋诗道：

昔日龌龊不足夸，今朝放荡思无涯。
春风得意马蹄疾，一日看尽长安花。

过去的种种不容易都不值一提了，如今我金榜题名，胸中的郁结之气已然随风飘逝，只想赶快去拥抱大自然。我策马奔驰在春花烂漫的长安道上，奇怪了，怎么感觉今天的马蹄格外轻快呢?！不到一天

---

① 孟郊（751—814），浙江湖州人，唐代著名诗人，因其诗作多写世态炎凉、民间苦难，故有"诗囚"之称，与贾岛并称"郊寒岛瘦"。代表作《游子吟》："慈母手中线，游子身上衣。临行密密缝，意恐迟迟归。谁言寸草心，报得三春晖。"

的工夫,我就看完了长安的繁花。

孟郊的情绪变化其实就是周华健的一句歌词:"提着昨日种种千辛万苦,向明天换一些美满和幸福。"

考上进士什么感觉?喏,就这感觉!

那没考上又是什么感觉呢?晚唐时有个考生在多次落榜后,恨恨地作诗发泄:

待到秋来九月八,我花开后百花杀。
冲天香阵透长安,满城尽带黄金甲。

后来,他领导了声势浩大的唐末农民起义,将唐王朝打得奄奄一息。这个考生名叫黄巢。

大家看影视剧,某生金榜题名、高中状元,被皇帝相中了,招为驸马。这纯属瞎扯,一次考试就想迎娶白富美、走上人生巅峰,怎么可能?!

考中了进士并不等于马上有官做,还得再让吏部考一次,这叫铨选。只有吏部认为你具备了当官员的能力,才会授予你官职。如果考不中,那么对不起,你只能到州府长官麾下当若干年幕僚,然后才能得到官职。以大文豪韩愈为例,他在考中进士后,接连参加三次铨选都未通过,不得不先到地方给节度使当幕僚,然后才取得了官职。

常科以外,还有一种制科。皇帝觉得人不够用,急需人才,临时下诏开科取士。

虽然科举取士有了一些发展,但直到武曌前仍旧只是选官的一种途径而已,且实际录取比例仍旧很低。太宗李世民倡行科举制,有一次视察考场时看到考生鱼贯而入,高兴地说:"天下英雄入吾彀中矣!"有人就写诗称赞他:"太宗皇帝真长策,赚得英雄尽白头。"其实,太宗时代科举取士数量相当之低，平均每年只有十人上下。

科举制度真正迎来大发展就是在武曌时期，主要表现在：

第一，大幅提升了录取比例。有人做过统计，武曌实际执政的近五十年间，取士超过了一千人。平均每年录取二十余人。有人说了，这个数量也不多啊！是不算多，但好歹也是太宗时代的一倍。要我说，应该改成"女皇陛下真长策，赚得英雄尽白头"才对。

第二，首创了殿试。省试之后，又加了殿试。所谓殿试，就是让考生到神都洛阳太初宫，再让女皇亲自考一次，而且是一个一个地过。这充分体现了武曌对选拔人才的重视。打从她这儿起，殿试就成为科举中最高阶的考试，殿试的第一名依旧称为状元。武周朝第一次科举考试，各地士子云集洛阳，人数达上万之众，一连考了好几天。

第三，首创了武举。为什么开武举呢？因为名将几乎都被她杀光了，外事不力，不仅打不过吐蕃和后突厥，还被小小的两番按在地上反复摩擦。所以，武曌就在武周十三年（702年）首开武举，选拔将帅之才。当年就选拔出了中国历史上第一位武状元员①半千。她在位期间还选拔出了一位武举人，正是后来挽狂澜于既倒、扶大厦于将倾的中唐名将郭子仪。

第四，首创了糊名法。大家可能不知道，在武曌以前，科举考试的试卷是不密封的，阅卷官打开卷子就能看到考生的姓名，这当然就给关系户走后门留下了空子。武曌为了公平起见，规定考生交试卷时必须用纸条把名字粘住，这就是糊名法。不过，需要指出的是，糊名法其实并未普及，这也间接说明了唐代科举考试的公平性其实并不高。

经过武曌的推动，科举越来越制度化、正规化。武曌以后，除非

---

① 员，音韵。

发生战乱，朝廷几乎每年都会开科取士，且录取比例逐渐攀升。

虽然我们盛赞唐朝科举制度是同时代一种先进的选官制度，但也要看到还有很多不太完善的地方：

第一，唐朝的科举名额分配不均，偏重于两京地区，以长安录取名额为最多。所以，当时外地的士子都会改籍，能办到长安最好，实在办不到长安，办到长安周边的万年县等地也好。这和现代的高考移民如出一辙。

第二，科举并未成为选官的唯一途径，门荫依旧占比不低。并且，唐代法律还规定了，如果有高官推荐背书，士子可以不用参加省试。因此，很多想做官的年轻人就会走"干谒"的路子，说白了就是请托高官推荐。比如大诗人李白说："生不愿封万户侯，但愿一识韩荆州。"韩荆州是睿宗、玄宗时的高官韩朝宗。别看李大诗人诗写得很洒脱，说什么不愿做万户侯，只想认识韩朝宗，其实就是想请韩朝宗帮忙。还有白居易，微末之时拜见高官顾况，其实也是干谒。因为有了干谒，贵族之间往往会互相请托，不排除里面有不正当交易的情况，求人办事总不好空手去吧?！能走成干谒的路子，就省了很大的力气，因为有些时候应试水平和真才实学还是有差别的，很多人的确有才华，但考试就是不行。

第三，铨选制度有瑕疵。铨选考试看似不难，只考公文。可是，寒门子弟没有机会接触这方面的内容，得不到专业的训练，大多数情况下都考不过权贵子弟。权贵子弟朝中有人，接触这些比较容易，拿到往年的真题对他们来说小菜一碟，还可以花钱请家教，直接请个考功郎中都可以。再说了，能不能当官全靠吏部、礼部说了算，碰到讲原则的考官还有机会，如果碰到下文提到的崔湜、郑愔① 那样的考官，

---

① 愔，音音。

说你行,不行也行;说你不行,行也不行。

第四,录取人数还是太少。唐朝的科举虽然每年都搞,但录取人数还是偏低,平均每年只有三十人左右,比后面的宋、元、明、清都少多了。

第五,权贵的影响仍旧很大。唐代处于贵族世代向平民世代转移的关节点上,社会整体上还是推重贵族,贵族的影响力甚至超越了皇家。所以,科举选出来的人才即便能当官,往往也当不了大官。终唐之世,平民因科举成为宰相的例子极少,与宋代宰辅必从科举出有质的区别。

就整体而言,我们可以这么说,唐代的科举远不如后世公平,但唐代的确扩大了科举的影响力。

可能觉得科举取士还不够,不能让天下英雄尽入她的彀中,女皇又采取了很多在今天看来仍然显得十分激进的举才措施。

比如,她在亲祀明堂、拜洛受图、封禅嵩山等重大礼仪活动中,抽取了许多弘文馆的学士和国子监的学生充当服务保障人员。等到典礼结束后,直接让这些人参加铨选考试,然后授予官职。这可是天大的恩典!须知,除了皇亲国戚、朝廷勋贵,绝大多数平民子弟都得走科举的路子,乡试、省试、殿试,三道关卡一道不能少。能够进入弘文馆和国子监的,绝大多数都是有真才实学的年轻人。但很多平民子弟即便能进入弘文馆,没有家里帮衬、权贵活动,后期发展也十分有限。比如,"初唐四杰"之一的杨炯,10岁科举及第,11岁便进入弘文馆,足足在弘文馆待了16年之久,最终也不过是个县令而已。所以,他才总是发牢骚,讥讽权贵子弟是麒麟楦①。而武曌的恩典,直接给了很多寒门学士以仕进的机会。

---

① 麒麟楦,唐人对演戏时扮作麒麟的驴子的称呼。

女皇即位当年，即任命以宰相史务滋为首的十名大臣为存抚使，巡视诸道，发掘人才，输入中央。转年冬，十人带着从各道发掘的人才回京复命。武曌接见了这些人，一律加以任用。很多岗位都已经满编了，女皇就让他们试官。啥意思呢，就是试着当官。职位高的做了凤阁舍人、给事中，最差的也是员外郎、侍御史、补阙、拾遗、校书郎等职务。据统计，此次试官人数高达130人。

这就引发了其他官员的不满，毕竟他们当官可是很难的，而这些人的官位来得太容易了。所以，有人就编了段子暗讽女皇："补阙连车载，拾遗平斗量，把推侍御史，腕脱校书郎。"就是说授官太滥了，补阙多到用车拉，拾遗多到得斗量，随手抓一个就是侍御史，从手中挣脱的那个还是个校书郎。

有个叫沈全交的觉得怼得还不够狠，又加了一句："糊心存抚使，眯目圣神皇。"指斥史务滋等十人的心智被糊住了，而女皇就是个瞎子。有司追查是谁说的，查来查去查到了他的头上，准备下狱治罪。

奏折上到女皇这里。武曌看了却笑着说："但使卿辈不滥，何恤人言！宜释其罪。"算了，只要你们选人不滥，怕别人议论什么。这话传了出去，让先前非议的那些人十分惭愧。明代大思想家李贽①在读到这段记载时，批了十个字："胜高宗十倍、中宗万倍矣。"

这就很给力了吧？毛毛雨！学士和学生毕竟是少数人群，武曌还有更绝的，直接诏令："内外文武九品以上及百姓咸令自举。"啥意思呢？不管你是国家官员，还是平民百姓，只要觉得自己是个人才，能当官或者能当更大的官，都允许你毛遂自荐。如果你确有真才实学，朝廷破格选用。

为什么允许自荐呢？因为她觉得光是通过考试或者她的恩典，还

---

① 贽，音至。

是有很多人才可能被埋没。那么好了，允许你自荐，朕不怕你的胆子大，只怕你的本事不够大。虽然人才总有被埋没的，任何时代都有人才被埋没，但武曌的心真是够好的了，她真是奔着野无遗贤的目标去努力的。

历代史官对武曌多有诋毁，但无一例外都对她的开明求贤表示高度赞赏。《新唐书》说："太后不惜爵位，以笼络四方豪杰自为助，虽妄男子，言有所合，辄不次官之；至不称职，寻亦废诛不少纵，务取实材真贤。"《资治通鉴》说："太后虽滥以禄位收天下人心，然不称职者，寻亦黜之，或加刑诛。挟刑赏之柄以驾御天下，政由己出，明察善断，故当时英贤亦竞为之用。"

## 03. 虚心纳谏

纵观武周时代，虽然政令严明、严刑峻法，始终保持着高压态势，给我们的感觉是社会上有普遍的窒息感。但这种高压其实是有指向的，并不普遍，只针对那些站到女皇对立面的人。对于拥护她的臣民，武曌不仅十分宽容，而且做到了虚心纳谏。她到底有多能纳谏呢？这么说吧，只要不反对她的统治，不管谁怼她，怼得多厉害，她都能听得进去。

当时司法领域的风气被酷吏带坏了，法官们比着残酷，能牵连就牵连，能重处就决不轻判，能判死就决不判流。唯独有两个人例外，司刑丞徐有功和杜景俭，他们为人正直，坚持秉公办事。最难得的是女皇偏偏还非常认可这两个人。所以，时人编了一个段子："遇来、侯必死，遇徐、杜必生。"意思是说，被构陷的人如果遇到来俊臣或侯思止，必死无疑；如果遇到徐有功或杜景俭，必能存活。

一次，因为对一个案件的处理意见不同，徐有功和女皇爆发了激烈争论。武曌气坏了，歇斯底里地斥责徐有功，在场的人都吓坏了，这老娘们儿急眼了可是会杀人的，都替徐有功捏了一把汗。可徐有功呢，毫不畏惧，据理力争，脑袋掉了碗大的疤，这事儿就该按我说的办！结果，武曌生气归生气，愣是没处置徐有功。

不久，因为一件谋反案，徐有功又和周兴掐起来了。依着周兴的意思，是要顺带弄死徐有功的。武曌没同意，只是罢免了徐有功的官职，但不久又将他起复为侍御史。徐有功很感动，跪在地上，一边哭一边坚决请辞："陛下任命臣为法官，臣绝对不能违背陛下的法度枉法裁判，臣大概率是要死在法官的岗位上了。"武曌不同意，不行，要的就是你秉公执法，不能撂挑子，必须夺情！

与徐有功齐名的杜景俭也是个憨人。一年冬天，百花凋零，武曌却拿出一枝盛放的梨花给宰相们看。宰相们不约而同地拍马屁，说这是祥瑞之兆。他们知道陛下好这口。不承想，一旁的杜景俭却轻飘飘地甩了一句："冬天就该草木凋零，这是自然的规律。这枝梨花却在这个季节盛开，阴阳颠倒。这都是臣等的罪过呀！"这话说得太不合时宜了，就算你杜景俭看不惯，大不了不附和就是了，何必当场说出来让大家难堪呢？不料，武曌却当场夸奖了杜景俭："卿真宰相也！"

说句实在的，当臣子的，如果你真的一身正气、两袖清风，连皇帝都会敬你三分。当然，前提是碰到圣主明君，如果碰到隋炀帝那样式儿的，就得上演株连九族的戏码了。

女皇崇佛，颁布了禁屠令。右拾遗张德喜得贵子，很开心，偷偷杀了一只羊宴请同僚。有个叫杜肃的在宴会上吃得满嘴冒油，下来后却密表告发张德违反屠禁。第二天朝会，武曌忽然对张德说："听说爱卿你生了个男孩，祝贺呀！"张德大为感动，这点儿小事陛下还记着，吾皇万岁啊！但紧接着，武曌轻飘飘的一句话却让他浑身汗毛倒竖、冷汗直流，武曌问他："你招待客人的肉是打哪儿来的？"张德吓得磕头如捣蒜。武曌徐徐说道："朕虽然禁屠，但红白喜事并不在限制之列，你无须害怕。只不过以后你请人也要慎重选择啊！"说罢，就把杜肃的检举信拿出来给张德看。这给杜肃臊得呀，恨不得找条地缝钻进去。满朝文武都想吐他一脸吐沫。

岑长倩死后，生性耿直的夏官侍郎李昭德成了武曌最得意的臣子。此人是贞观朝刑部尚书李乾祐的儿子，早年以明经及第，累迁至御史中丞。

武曌喜欢祥瑞，所以总有人变着法儿地进献祥瑞，骗几个赏钱花花。这不，有人献了一块有红色条纹的白色石头。按今天的说法，这种石头无非就是含铁量多了一些而已，即便在唐代也很常见，连块奇石都算不上。负责鉴定的官员就不答应了，你这是送了块什么玩意儿？献石者的底气倒是很足："因为它一片赤心啊！"李昭德当时就怒了："这块石头赤心，那别的石头都是造反派不成？！"此言一出，左右都快笑抽了。

还有一次，有个人简单粗暴，直接用红漆在乌龟腹甲上写了"天子万万年"五个字，就跑来献祥瑞了。李昭德更加简单粗暴，亲自用刀把龟甲上的红字刮掉，将来人付有司严办。武曌多少有些不高兴，这些人变着法儿地取悦我也是为了表忠心，你这么搞，伤了民意怎么办？所以，她悠悠地说了一句话："此心亦无恶。"将献龟者放了。

宰相豆卢钦望想让所有九品以上京官每人捐出两个月的俸禄以贴补军用，但又不明说，只是让百官在奏章署名位置签名，却不让他们看奏章的内容。拾遗王求礼知道内情后不干了，对豆卢钦望说："您俸禄丰厚，捐两个月工资九牛一毛；低级官吏收入微薄，强让他们捐钱，也该让人家知道啊！"豆卢钦望很不高兴，你个芝麻绿豆大的官儿居然敢反对本相?！奏表上达后，王求礼干脆向女皇上表："陛下富有天下，军用和国用都有储备，干吗非得逼着九品官捐两个月工资呢？"宰相姚璹①和豆卢钦望是一伙儿的，出言斥责："王求礼不识大体。"王求礼立即反唇相讥："姚相你就识大体了？"武曌想了想，觉得王求礼说得有道理，那些低级官员俸禄本就微薄，让他们捐两个月的俸禄确实过了，国家也不差这点儿钱，就喊停了。

武曌和怀义的关系，大家都清楚是怎么回事，很多人敢怒而不敢言。但也有一些正直的大臣不把怀义放在眼里。右台御史冯思勖多次依法惩处白马寺的僧人，怀义竟然命人将冯思勖打了个半死。好歹是朝廷命官啊！可武曌置若罔闻。

但怀义也有碰到硬茬的时候。左相苏良嗣有一次在朝堂上碰到怀义，怀义很狂，对他很不尊重。苏良嗣大怒，让左右狠狠抽了怀义几十个大耳光。怀义受了委屈，跑到武曌面前告状。武曌也很无奈啊："你应该从北门进出，南衙是宰相们往来的地方，你以后不要去南衙了！"怀义只是一个面首，苏良嗣却是国之重臣，孰轻孰重，武曌还是明白的。

怀义死后，武曌又先后有了沈南璆、张昌宗、张易之等多个面首。右补阙朱敬则进谏，直言这样做社会风评不好，还特别举了几个例子，说尚舍奉御柳模称赞儿子柳良宾皮肤白皙、眉毛好看，陛下肯定会翻他儿子的牌子，还说左监门卫长史侯祥云自称"阳道壮伟"。我估计武曌听了当时老脸都红了。换作一般人，估计早把朱敬则族灭了，女皇却当场慰劳朱敬则，并说若非他直言，自己还不知道这些事。

武曌后期迎回李显、立为太子后，大臣苏安恒马上上表，请求她

---

① 璹，音熟。

还政于李唐，话说得那叫一个胆大、一个直白："陛下虽然建立了大周朝，但其实也是建立在李唐基础上的。现在太子已经回来了，又正当盛年，陛下不要贪恋帝位，忘了母子情深。如果您再恋恋不退，将来还有什么脸面面对李唐列祖列宗，面对先帝高宗呀？再说了，您现在日夜忧思，浑然不觉您已经老了，您还是把江山还给李家吧！"这话已经很过分很过分了，而且说得极其露骨，但女皇听了，居然没有治苏安恒的罪。

武曌是个狠人，很多人都不喜欢她，但大家都承认：这是一个有能力、有韬略、有手腕的能人。大家都在研究她，但就是研究不透，武曌跑得太快，他们跟在后面气喘吁吁。

## 04.《罗织经》

酷吏政治是武周时代的一大特色。武曌以弱势斗强势，助力者少，她所做的每一件事情都是对传统和时代的巨大挑战。为了确保胜利，她必须也不得不采取铁腕政策，扫除一切阻碍或者有可能阻碍她的人。酷吏就是因为迎合了这种政治需要，才受到她的重用。称帝建周后，她虽然除掉了最早的酷吏丘神勣、索元礼、周兴等人，但为了保持对异己势力的高压态势，仍然保留了酷吏中的后起之秀来俊臣、侯思止等人。

武曌为什么对来俊臣情有独钟呢？因为来俊臣不仅能力最强、业绩最突出，还勤于思考，有专著问世。别人害人出于后天需要，唯独来俊臣害人是出于先天喜爱。无赖出身的他居然热衷于搞理论研究，与酷吏万国俊、朱南山等人合力撰写了一本《罗织经》。

世人大多以为《罗织经》等于害人经，但仅从现存十二卷来看，这本书讨论的内容极其广泛。

首卷《阅人》专门讨论人性，直言"人之情多矫，世之俗多伪"，人们善于惺惺作态，世间的道理大多是虚假的。第二卷《事上》专讲下属与上级相处的秘诀。第三卷《治下》是写给上级的，教导上级如何驾驭下属。第四卷《控权》强调权力的重要性，要想尽办法保住权力。第五卷《制敌》专讲什么是敌人、如何对付敌人。第六卷《固荣》则探讨如何巩固自己在上级心目中的地位。第七卷《保身》讲如何保全自身。第八卷《察奸》是讲如何发掘奸党的。第九卷《谋划》其实是讲怎么琢磨人。上级要琢磨下属，下属不仅要琢磨上级，还要琢磨同僚。第十卷《问罪》、第十一卷《刑罚》、第十二卷《瓜蔓》是《罗织经》里真正害人的部分。

他的第一个观点就很无耻，人人皆可定罪，有罪的人当然要定罪，没罪的人只要有需要也可定罪。如何让一个人被定罪呢？一是密告，二是刑讯，三是罗织。

关于刑讯逼供，来俊臣讲得最多，也最无节操。首先，他特别提醒办案人员一定要保持铁石心肠。"怜不可存，怜人者无证其忠。友宜重惩，援友者惟其害。"不可以存有怜惜，怜惜别人的人并不能以此证明他的忠正。对朋友更应该从重惩处，帮助朋友的人只会给他自己招来祸害。刑讯也要讲究策略，"死之能受，痛之难忍，刑人取其不堪。士不耐辱，人患株亲，罚人伐其不甘"。人们可以接受死亡，却难以忍耐痛苦。给人动刑，要选取他们不能忍受的刑罚，比如读书人忍耐不了屈辱，又如人们都不想株连亲人，惩罚人就是要攻击他们的不情愿之处，等等。

瓜蔓是瓜类植物的茎，多用于形容事物曲折纠结。《瓜蔓》卷传授的就是罗织经，说白了就是要逮住一个人、一件事，大做文章、大肆牵连，把小案子办成大案子，多杀人。为什么呢？因为，"事不至大，无以惊人。案不及众，功之匪显。上以求安，下以邀宠，其冤固有，未可免也"。事情只有搞大了，才会让人震惊。案件只有牵连甚广，才会有大功劳。

这部《罗织经》通篇都是厚黑学、整人学，其思虑之缜密、用心之机巧、厚颜之无耻、心肠之歹毒，令人叹为观止。据说狄仁杰看完都吓出了一身冷汗。同为酷吏的周兴看完后自叹弗如。就连武皇都由衷地叹道："如此机心，朕未必过也。"

武周时代，酷吏酿成的最大一桩惨案便是屠杀六道流人。六道是指岭南、剑南等边陲六道。当时犯了谋反大罪、但不是主犯的，大多被流放到六道地区，人数计有万人之众。傅游艺生前曾劝说女皇发六道使，尽诛六道流人，免为后患。武周四年（693年），有人上告岭南流人中有"潜谋反叛者"。武曌派遣刘光业、王德寿、万国俊、鲍思恭、王大贞、屈贞筠等人奔赴六道，名义上是调查核实，其实就是去杀六道流人。万国俊等人抵达六道，几乎将流人斩杀殆尽。武曌随后假惺惺地颁下恩诏："六道流人未死者并家属皆听还乡里。"

## 05. 女皇本色

武曌虽然很特别，但终究是个女人，有一些女人的共性，喜欢讲门面、讲排场，经常建一些除炫耀外毫无实用的物件，而且往往建得很大。

明堂的雄伟奢华诸位已经了解过了。但明堂只是一个开始，武曌又陆陆续续建了很多好听、好看、烧钱却完全没用的东西。早在临朝三年，她就下令铸造了一个大仪，安放于太初宫北门外阙楼上。可能觉得大仪太孤单了，武周二年（691年）她又铸造了一个大钟给大仪做伴。

武周四年，武承嗣拍姑妈的马屁，发动五千人联名上书，请求为姑妈加尊号为"金轮圣神皇帝"。武曌很高兴地接受了，顺手又定制了"七宝"放在明堂内。哪七宝呢？《新唐书》给出了详细明目：金轮宝、白象宝、女宝、马宝、珠宝、主兵臣宝、主藏臣宝。

武曌很喜欢"金轮"这个名字，此后虽然她多次更改尊号，但直到武周十一年（700年），尊号里始终都有这两个字；并且，她个人的一部文集也是用《金轮集》命名的。她为什么喜欢这个词呢？因为金轮是佛教大咖——十殿转轮王的七宝中最重要的一宝，既是转轮王的武器，也是标志他身份的礼器。女皇尊号中的"金轮"和其陈列在明堂上的"七宝"，意在表明她是佛教理想君主——转轮王的转世。一会儿做弥勒佛的转世，一会儿又要做转轮王的转世，她真是够忙的！

一看哥哥这么积极，武三思也不甘落后，武承嗣发动朝臣，他就跑去发动四夷君长，一起表请铸造一个叫天枢的东西。天枢是北斗七星的第一星。武三思的意思是，大周建天枢，寓意武周帝国统领万国、协和万邦，四夷藩属像众星朝着北极星一样，对武周帝国、女皇陛下俯首称臣。天枢又寓意"天下中枢"，立于皇城前，以示皇权至高无上。武曌就喜欢讲排场，当然支持。

武三思像犁地似的把所有胡人部落勒索了一圈儿，聚敛了老大一笔钱，用以购买造天枢用的铜铁。但铜铁还是不够用，又搜刮了农民的农具。武周五年四月，由毛婆罗①设计的天枢建成，高近150尺（约46米），直径12尺（约3.7米），柱身八面，每面宽5尺（约1.5米），实际上就是一根铜铁柱子。柱子的底座是一座铁山，周长170尺（约52.2米），环绕铁山的是铜制的蟠龙和麒麟。柱顶上有一个腾云形的承露盘，直径3丈（约9.2米），四个龙人站在盘上，各捧一颗直径1丈（3.07米）的火珠。学士李峤有诗云：

> 辙迹光西崦，勋庸纪北燕。
> 何如万方会，颂德九门前。
> 灼灼临黄道，迢迢入紫烟。
> 仙盘正下露，高柱欲承天。
> 山类丛云起，珠疑大火悬。
> 声流尘作劫，业固海成田。
> 帝泽倾尧酒，宸歌掩舜弦。
> 欣逢下生日，还睹上皇年。

天枢建成后，立于皇城端门之外，上面刻着群臣百官和各番邦酋长的姓名。武曌亲自题写匾额"大周万国颂德天枢"，别出心裁地改"国"为"圀"，取天下一统、八方朝拜之义；同时又将西域梵文中的符号"卍"定音为万，著于天枢。

天枢与明堂、天堂合称武周三大建筑。明堂和天堂起码还能用来搞个典礼什么的。天枢就是根柱子，杵在那儿毫无实用，万一地基不牢，风再大点儿，倒下来砸死人咋办?!

不过，终归也算是个宝贝。大周万国颂德天枢与罗马帝国图拉

---

① 毛婆罗，唐代雕塑家，东夷（日本/新罗）人。

真纪功柱、印度孔雀王朝阿育王石柱并称世界三大纪功柱，而且还是三柱里最高的，如果能流传下来，也算是人类瑰宝了。但开元二年（714年）时玄宗李隆基下诏销毁天枢。工匠们足足用了一个多月才把这个大家伙融掉。这一举动赢得了官民的一致拥护。洛阳尉李休烈作《咏毁天枢》："天门街里倒天枢，火急先须御火珠。计合一条丝线挽，何劳两县索人夫。"民间盛传《天枢谣》："一条麻索挽，天枢绝去也。"

武周六年（695年），明堂和天堂被怀义纵火焚毁。女皇又宣布重建明堂，在天堂遗址上兴建佛光寺。

两年后，她又铸造了九鼎。

相传大禹治水成功后，将天下划分为九州，并铸造了象征九州的九个大鼎。九鼎自古以来即被视为王权至高无上、国家统一昌盛的象征。商朝对鼎的使用做了明确规定，士至多只能用三鼎，大夫可以用五鼎，诸侯王用七鼎，只有天子才可以用九鼎。"一言九鼎"这个成语最初的主语就是天子。战国时代，楚国和秦国都有兴师到周王城洛邑求鼎之事。但到秦朝建立前，九鼎已经不知下落。

现在也不知道是谁进言了，还是武曌自己想到了，非要重新铸造九鼎，累计用铜56万余斤。新造的九鼎分别是：永昌鼎，代表神都洛阳；武兴鼎，代表冀州；长安鼎，代表雍州；日观鼎，代表兖州；少阳鼎，代表青州；东原鼎，代表徐州；江都鼎，代表扬州；江陵鼎，代表荆州；成都鼎，代表梁州。永昌鼎是最大的，高约6米，容积1800石（21.6万斤）。其余八鼎均高4.6米，容积1200石。武曌原本还想在九鼎表面镀金来着，被大臣们拦住了。

这么气派的东西，当然得放到最气派的天堂里去啊！可是问题来了，太重了，不好拉。武曌派诸王、宰相监工，动用南北牙宿卫兵十余万人，辅以大牛和白象，才把这九个硕大的铜疙瘩拉到了天堂。为了给大家鼓劲打气，她还写了一首《曳鼎歌》，让大家边拉鼎边唱。

其词曰："羲农首出，轩昊膺期。唐虞继踵，汤禹乘时。天下光宅，海内雍熙。上玄降鉴，方建隆基。"

武曌喜欢听好听的，喜欢好彩头，尤其喜欢别人夸她驻颜有术、丰标依旧。有个叫朱前疑的总是变着法儿地夸女皇会长寿。他第一次上书拍马屁说："臣梦见陛下寿命可达八百岁，与彭祖比肩。"武曌立即将他提拔为拾遗。这下朱前疑来劲儿了，又上书说："臣梦见陛下的白发变黑了，掉了的牙齿又长出来了！"武曌又将他提升为驾部郎中。尝到了甜头的朱前疑又说："臣听见嵩山呼万岁了。"这次武曌虽然没给他升官，却特赐了银鱼袋。朱前疑只是穿绿袍的六品官，按说根本没资格配五品才可以戴的银鱼袋，现在却成了历史上第一个配银鱼袋的六品官。

武曌自己用好听的名字，就给敌人用难听的名字。王皇后被她改姓蟒氏，萧淑妃改姓枭氏，叛逆的李唐宗室改姓虺氏，契丹的李尽忠被改成了李尽灭，孙万荣改成了孙万斩，突厥可汗骨咄禄改成了不卒禄，默啜改成了斩啜。

武曌还非常喜欢乐舞，亲自编制了大量音乐作品。典籍中记载的唐朝帝王御制的乐曲共有十四部，其中有四部是她创作的，即《天授乐》《长寿乐》《鸟歌万岁乐》《圣寿乐》，妥妥的数量第一。这些作品影响广泛，传到日本后被奉为雅乐。

她曾拿出二十万脂粉钱，办了两件大事。

一是用十万钱雕刻了闻名世界的龙门石窟卢舍那大佛。大佛身高17.14米，头高4米，耳朵长1.9米，模特就是武曌，是龙门石窟中艺术水平最高、整体设计最严密、规模最大的一座造像，被誉为"东方蒙娜丽莎""世界最美雕像"。

二是用十万钱创作了专供皇族贵胄们欣赏的《武皇十万宫廷乐舞》。乐舞名中的"十万"，既暗指编舞花费了十万钱，又寓意武皇的十万江山稳如磐石。《武皇十万宫廷乐舞》表演人数高达九百人，远超过太宗时代的《秦王破阵乐》、高宗时代的《一戎大定乐》以及后来玄宗钦点的三百梨园子弟，堪称宫廷歌舞团之最。

当然，身为女人，女皇陛下最喜欢的还是面首。

## 第三章 皇嗣危机

## 01. 第一次危机

不管武周政治怎么欣欣向荣，始终存有一个难以逾越的BUG——继承人问题。这也是武曌心中最拧巴的一个点。

应该传儿子，儿子是自己身上掉下来的肉，最亲，但儿子可是李家人哪！虽然她掩耳盗铃、自欺欺人地将李旦改成了武旦，但这个"旦"骨子里仍是李家的"旦"呀，这不仅是伦理事实，也是科学事实。现在能镇得住他，但她百年之后呢，人家分分钟就能把姓氏改回来、把江山夺回来。到时候李家会不会对她和武家秋后算账呢？会不会全面否定她的历史和贡献呢？武曌都不敢往下想了。

这么看的话，应该传侄子，侄子是妥妥的武家人。可是又有问题了，儿子和侄子谁亲？这不是秃子头上的虱子——明摆着的嘛？！自己辛辛苦苦一辈子，杀了那么多人，做了那么多见不得人的事，到头来却给自己恨毒了的哥哥做了嫁衣？再说了，武承嗣或者武三思不管谁当了皇帝，人家肯定推尊自己的父亲，她这个姑姑算哪根葱啊？即便他们还肯祭祀自己，但谁能保证他们的后代子孙会照做？

就这道坎儿，武曌就很难迈过去。

她的纠结连我们都知道，更何况同时代的人呢？尤其是武家人和李家人。

武承嗣为什么对姑姑当皇帝那么起劲、那么卖力呢，就是因为这个原因。他觉得,"自古天子未有以异姓为嗣者",大周朝姓武,而自己是爷爷的嫡长孙,姑妈的帝位将来就应该由自己坐。虽然姑妈目前还有点儿拧巴,但她迟早能想通,当务之急是要好好表现,赢得姑妈的认可和欢心,同时想方设法地踩皇嗣李旦,能踩死自是最好。

大周朝刚建立,他就出手了,于武周二年(691年)指使洛阳人王庆之率数百人上表武曌,请求立他为太子。

这么大个动静,武曌也不好压着,只能征求宰相们的意见。结果,又冒出三相反对,打头的是当时最红的岑长倩,此外还有格辅元和欧阳通(欧阳询的儿子)。这事儿就没搞成。

岑长倩被赐姓武,武承嗣满以为他会支持自己,没想到偏偏是他带头反对。武承嗣很生气,就指使来俊臣搞岑长倩。来俊臣借岑长倩反对天下兴建大云寺之事,极力离间构陷,导致武曌也对岑长倩不满了。当年五月,女皇任命岑长倩为武威道行军大总管,率军讨伐吐蕃,却又在中途将其召回下狱。随后,格辅元、欧阳通等数十人陆续被捕。十月,三相被杀。

唐朝诸帝中,高宗用过的宰相数量最多,47个。但武曌用过的宰相数量几乎是他的两倍,达到了惊人的73个。可是武曌在位16年,还不到高宗的一半,平均算下来,她每年就要用掉6个宰相。为什么换得这么频繁?杀得太快呗!武周朝的宰相是中国历史上最难当、最高危、最不值钱的宰相,没有之一。朝中政治环境极为险恶,政治矛盾极其尖锐,宰相不得罪这派,就得罪那派,得罪了哪头儿都没有好下场。

搞死了三个宰相,王庆之越发肆无忌惮了,多次表请册立武承嗣为皇嗣。武曌只得接见,问他:"皇嗣我子,奈何废之?"皇嗣是我的儿子,为什么要废了他呢?

王庆之说:"'神不歆非类,民不祀非族。'今谁有天下,而以李氏为嗣乎！"古人说得好，神不享受不是同族人供奉的祭品，百姓不祭祀非本宗族的祖先。如今是武氏的天下，为什么要让李氏子弟继承呢？

武曌心中还是倾向于立儿子的，没接茬，就打发他回去。没想到王庆之死活不退，非逼着她表态。武曌强忍不快写了一道手书，并加盖玉玺交给王庆之："以后想见朕的话，你就拿出这道手书给守门的人看。"其实就是打发他走。

可王庆之不开眼，拿着鸡毛当令箭，天天求见。武曌大怒，让李昭德打王庆之几杖，教训教训这个不长眼的奴才。

李昭德骨子里也是支持李家的，对王庆之这个小人早就很厌恶了，他直接把王庆之推到光政门外，对朝臣们说："这个贼人想废掉我们的皇嗣，改立武承嗣！"众人闻言，恨不得生吞了王庆之。王庆之这才知道害怕，晚了！李昭德命随从抱摔王庆之，"耳目皆血出"，见没死透，又让人将其乱棍打死。王庆之拼凑的那伙子无赖顷刻间作鸟兽散。

随后，李昭德向武曌进言："天皇，陛下之夫；皇嗣，陛下之子。陛下身有天下，当传之子孙为万代业，岂得以侄为嗣乎！自古未闻侄为天子而为姑立庙者也！且陛下受天皇顾托，若以天下与承嗣，则天皇不血食矣。"先帝是陛下的丈夫，皇嗣是陛下的儿子，陛下奄有天下，理应传给嫡系子孙，立百代万世之基业，怎么能让侄子做继承人呢？从古至今就没有天子给姑姑立宗庙的。再说了，先帝驾崩前把江山社稷托付给陛下。如果陛下把江山拱手送给武承嗣，那将来先帝连祭品都没人供奉了！

女皇听进去了，深以为然。

武承嗣气坏了，他知道老臣们普遍不拥护他，穿着大周朝的官服，还做着大唐朝的旧梦，不行，还得杀！李昭德现在正当红，不好动他，但动别人还是可以的。还是来俊臣出面罗织，当年底，宰相乐思晦（乐彦玮的儿子）、右卫将军李安静（李纲的孙子）等先后被杀。

转年，来俊臣又诬告了一批重臣。这些人里头最知名的要数刚回朝不久的魏元忠和狄仁杰。

武曌称帝后，就把魏元忠调回来任御史中丞。魏元忠还是不改脾气，耿直如初。监察御史郭霸是靠谄媚女皇上位的，见魏元忠成了顶头上司，就开始讨好魏元忠。一次，魏元忠生病了，郭霸立刻屁颠儿屁颠儿地跑去探视。为了将自己对上峰的关爱表现得淋漓尽致，他居然还亲口尝了尝魏元忠的粪便，喜滋滋地安慰魏元忠："您的屎如果是甜的，那就要当心了。但我尝过了，是苦的，这就没问题了。"

在郭霸以前，历史上只有越王勾践曾为吴王夫差尝粪。结果，勾践只是吃了夫差的屎，却要了夫差的命。能干出这种事儿的都是狠人。往事悠悠，足可鉴今。魏元忠极度厌恶郭霸，打这以后逢人就讲，郭霸吃我屎了！郭霸吃我屎了！

相比魏元忠，狄仁杰回来得要晚一些，武周二年九月三相被杀前才回来的，一回来就当了宰相。睽违三年，再度回朝，但已物是人非，从前他管武曌叫太后，现在得叫陛下了。

君臣谈话时，女皇说："卿在汝南时，甚有善政，欲知谮卿者乎？"你在汝南为官时政绩斐然，但有人却常常中伤你，你想知道是谁吗？狄仁杰答道："陛下以臣为过，臣当改之；陛下明臣无过，臣之幸也。臣不知谮者，并为善友，臣请不知。"如果陛下认为臣做错了，臣当改过；如果陛下明白臣并无过错，这是臣的幸运。臣不想知道中伤我的人是谁，还会把他视为我的朋友。

女皇颇为感慨，"深加叹异"。

但女皇得意狄仁杰，不代表武家人都得意狄仁杰。武承嗣十分忌惮狄仁杰，于武周三年（692年）正月指使酷吏来俊臣诬陷魏元忠、狄仁杰，还有任知古、裴行本、崔宣礼、卢献、李嗣真等人谋反。武曌对"谋反"两个字格外敏感，任何人只要涉及谋反，她亲娘老子都不认，立即将魏元忠、狄仁杰等人下入大牢。

来俊臣早挖好坑了，先前他曾奏请武曌同意，发布了一条规定：询问时，只要受审者立即承认谋反，不仅能免除刑讯，还可以免除死刑。

魏元忠的态度很强硬，有规定也不行，没谋反就是没谋反，我不认！负责审讯的侯思止怒了，命人倒着拖他。魏元忠不仅不屈服，嘴上还不饶人："我薄命，譬如坠驴，足绊于镫，为所曳耳。"我命不好，就好比骑驴从驴身上掉下来，脚被镫子挂住了，以致被驴拉着走。侯思止气坏了，让人更加用力地拖他。魏元忠大呼："侯思止你个王八蛋，如果想要我的首级，你就直接砍去，何必逼着我承认谋反呢?!"他不了解酷吏们的意思，杀你一个哪儿够啊，就指望着你牵出一批人，好办个大案子呢！

狄仁杰是个聪明人，不想吃皮肉之苦，就承认了："大周革命，万物惟新，狄仁杰身为唐室旧臣，早就该死了。我认了，我确实谋反了！"然后，来俊臣的马仔——判官王德寿就来找他帮忙了："尚书定减死矣。德寿业受驱策，欲求少阶级，烦尚书引杨执柔，可乎？"狄大人您放心，您肯定不会被判处死刑了。我受上峰指示，有个事儿求您，您看能不能说宰相杨执柔也是你们一伙儿的？狄仁杰听了悲愤莫名："皇天后土啊，你怎么让我狄仁杰干这种事呀！"说罢，一头撞向旁边的柱子，顿时血流满面。王德寿吓坏了，赶忙道歉安抚。

其实，狄仁杰也不是就认栽了，他用的是缓兵之计，何必多受皮肉之苦呢？他从被子上撕下一块布，书上冤屈情况，塞在棉衣里面交给王德寿："天气热了，请将棉衣交给我的家里人，撤去棉花。"王德寿哪儿想到出了名的厚道人还会这一套，毫不生疑，将棉衣转交给了狄家人。狄仁杰的儿子狄光远从棉衣里发现了帛书，立即求见女皇。

武曌看过后就把来俊臣喊来，问怎么回事。来俊臣说："狄仁杰等人入狱后，我未曾剥夺他们的头巾和腰带，他们生活很安适。假如没有事实，他们怎么会承认谋反呢？"

武曌将信将疑，派通事舍人周綝①去狱中查验。来俊臣临时发还狄仁杰等人头巾腰带，让他们排成一队站在西边墙下由周綝验看。周綝哪儿敢真看啊，头都不带转向西边的，只是面向东边打哈哈，不一会儿就回去复命了。来俊臣随即命人假冒狄仁杰等人的名义，伪造了一道《谢死表》呈给武曌。武曌勃然大怒，想不到连魏元忠、狄仁杰都要反朕，这还了得，都杀了！

眼看这些人必死无疑，没想到峰回路转，有人救了他们一命。但不是李昭德，而是一个还不到十岁的小孩子。

这个小孩子是被杀的乐思晦的儿子，已经没为官奴。听说魏元忠等人的事后，他立即上书女皇。武曌很诧异，一个小毛孩子居然敢给朕上书，勇气可嘉啊，就接见了他。小男孩儿奶声奶气地对她说："陛下，我父亲已经死了，我们家也家破人亡了。我只是可惜陛下英明的法度被来俊臣等人利用玩弄。陛下如果不信我的话，可以派一个信得过的正直心腹去复查此事。说句实在的，只要把案子交给来俊臣，谁都是反贼！"

小小年纪有如此胆识，这孩子不简单哪！可惜史书再无关于他的记载，多半是被酷吏们害死了！

亏得有这个小不点儿，才点醒了武曌，她召见魏元忠、狄仁杰等人，问他们为什么承认谋反。狄仁杰等人回说："如果我们不承认，早就被来俊臣他们拷打死了！"武曌又问："那你们为什么上《谢死表》？"大家都蒙了，《谢死表》？什么《谢死表》？我们没写过啊！武曌取出

---

① 綝，音嗔。

《谢死表》让他们看，这才知道一切都是来俊臣安排好的。

真相大白，按理说就该无罪释放魏元忠等人，并追究酷吏们的诬陷之罪了。可女皇的处置十分吊诡，她明知魏元忠等人是冤枉的，却仍旧将他们贬官外放。其中，狄仁杰贬为彭泽（今江西九江彭泽县）县令，魏元忠贬为涪陵（今重庆涪陵）县令。这就很没道理了！关于她的动机，聪明如我都很难看透，也许她只是想震慑老臣们吧？你们当中有谁比魏元忠、狄仁杰还受朕尊重的？但只要涉嫌谋反，朕六亲不认。

对于这个结果，武承嗣、来俊臣当然不满意，一再要求处死魏元忠、狄仁杰等人。但武曌没有同意。

逆境最是见人心。殿中侍御史霍献可是崔宣礼的外甥。舅舅被贬后，他居然跑到武曌面前说："陛下，如果您不杀崔宣礼这个逆贼，臣就死在您面前。"说罢，一头撞在宫殿台阶上，血哗哗地往外流。当然了，姿势和力度他拿捏得很到位，不会有生命之虞，形式十分震撼，内容纯属扯淡！霍献可用这种决绝的举动，表示为人臣者不私其亲。武曌是何等聪明的人物，坚决不听。打这以后，霍献可用绿帛包扎伤口，在帽子下面露出一圈绿边儿，到处显摆，想让人知道他对陛下的无比忠诚。

经过这一轮大清洗，朝中就只剩一个李昭德了。李昭德知道是武承嗣在背后使坏，偷偷向武曌进言："魏王武承嗣权力太重。"

武曌不以为然："他是我的侄子，我当然要委以重任。"

李昭德就说了："侄子和姑姑再亲，能比得过父子之情？儿子还有弑父篡位的呢，何况是侄子？！武承嗣既是您的侄子，又是亲王，还是宰相，已经是大周朝仅次于您的存在了。臣只是担心陛下的位置不稳呀！"

他说的这点武曌还真没想到，真听进去了，当场就说："朕未之思。"

紧接着，武曌一道圣旨褫夺了武承嗣和武攸宁的宰相职务，重用了一批忠于唐室的老臣。武承嗣虽然多次诋毁李昭德，奈何女皇始终不听："朕任用李昭德，睡觉都踏实。他很能干，替我办了不少事。你不要再说他的不是了，朕不想听！"

武承嗣那个气啊，又指使王弘义构陷新任命的宰相李游道、王璇、袁智弘、崔神基、李元素（高宗朝宰相李敬玄之弟），以及春官侍郎孔思元、益州长史任令辉等人，将其全部流放岭南。

## 02. 第二次危机

那么多人或死或贬或流，都是因为皇嗣李旦，而我们从始至终没见他说过一句为自己辩解或是为他人求情的话。就他自己而言，他本就不想当皇帝，完全不在乎，大不了皇嗣不干了！至于为大臣们求情，刘祎之的事已经教训了他，不求或有一线生机，一求反倒害了那人。他就是这么恬淡，恬淡到了有些懦弱的地步，但是是非非还是不肯放过他。

武周四年（693年），李旦又遭遇了危机。这次的始作俑者还真不是武承嗣，而是一个女人，她的名字叫作韦团儿。

团儿是女皇的贴身侍女，很受女皇的宠爱。恃宠生骄的她很膨胀，萌生了一个大胆的念头，后来她就死在了这个念头上。她，一个户婢①出身的侍女，居然想做皇嗣李旦的女人。团儿算盘打得溜啊，将来皇嗣做了皇帝，自己起码是个妃子啊！于是，她主动出击，色诱李旦，试问人生能有几次黄金机会，还不冲上来大力地把握它？李旦本就不是好色的人，况且母亲身边的人他也不敢碰，就拒绝了。估计他拒绝得很坚决，而且多半有过激举动，伤害到了团儿的自尊心。团儿也不是个善茬儿，好啊，主动送到嘴边的肥肉你不吃，你不让我做你的女人，那我就把你身边的女人搞死。

正月初一，李旦七岁的三子李隆基入宫觐见祖母武曌。小孩子不懂事，居然驾车直抵朝堂，遭到女皇堂侄武懿宗大声呵斥。

李隆基却奶声奶气地回道："这是我们李家的朝堂，干你屁事，居然敢驱赶我的仆从？"

武曌虽然当着满朝文武的面哈哈大笑，夸这孩子有胆气，但内心十分忌讳，什么叫你家朝堂，现在是我们武家的！

韦团儿趁机诬告李旦的皇嗣妃刘氏与侧室窦氏挟蛊道诅咒圣上。第二天，刘氏与窦氏受召入宫，一去不回。史书没有记载细节，只是记载了结果，二妃被杀，尸体就地掩埋于宫中。从后来谁都不知道掩埋之所来看，武曌大概率把参与掩埋的人都灭了口。

刘氏是谁呢？她是贞观朝刑部尚书刘德威的孙女、皇孙李成器的生母。窦氏又是谁呢？她出自关陇豪门鲜卑窦氏，其父亲是润州（治今江苏镇江）刺史窦孝谌②，祖父是高祖李渊的女婿莘国公窦诞，而且她的儿子更厉害，便是后来的唐玄宗李隆基。刘氏和窦氏后来均被追封为皇后，算上高宗发妻王皇后以及被追封为和思皇后的李显前妻赵氏，武曌总共杀了四位皇后。

---

① 户婢即官奴。
② 谌，音陈。

由此事我们可以推断出，托一众小人"持之以恒又无微不至"的构陷，武曌和李旦的母子关系已经出现了裂痕。你的女人诅咒我，你小子不可能不知道，是不是你这个不孝子对为娘也暗怀鬼胎了？

李旦对此心知肚明，却从来没有问起，娘，我老婆和小妾呢？他不仅没问过，而且神色如常，该吃吃该喝喝，就好像什么都没发生过一样。他心里当然痛，但却不敢有丝毫的流露！给武曌做儿子，真是莫大的不幸！

韦团儿还不解气，因为她想的是通过构陷刘氏和窦氏，让女皇对李旦不满，废了他或者杀了他。但武曌只是杀了二妃，却没有动李旦。其实原因很简单，就剩这么一个儿子了，再动就没了。

不行，还得接着害！这次韦团儿直奔主题，诬告李旦图谋不轨。

可大臣们不干了，一个黄毛丫头连皇嗣都想害，弄死她！很有可能是李昭德出面检举了韦团儿。武曌就很不爽了，狗奴才居然想害皇嗣，开什么玩笑，就弄死了韦团儿。这充分说明：有些人完全是被胆子撑死的。

但对韦团儿进行清算，并不等于就对李旦释然了。

窦氏的父亲窦孝谌马上受到了牵连。他家的奴才想陷害主子以获得奖赏，夜里在府上装神弄鬼。窦孝谌的夫人庞氏很害怕。家奴趁机劝说她邀请术士作法，消除妖异。等庞氏照办后，家奴就告发了这件事情。负责调查的监察御史薛季昶是个表演艺术家，居然痛哭流涕到不能自持的地步，哽咽得气都快喘不上来了："庞氏的所作所为，臣都不忍心说出来呀！"武曌问他怎么了。他便诬奏庞氏居然求神降祸于陛下。武曌勃然大怒，判庞氏斩首，提升薛季昶为给事中。

庞氏的儿子窦希瑊找徐有功诉冤。徐有功通知有司停止执行死刑，然后上奏武曌，坚称庞氏没有罪。薛季昶针尖对麦芒，弹劾徐有功偏袒恶逆罪犯，请求对他处以绞刑。徐有功得知后，长声叹息道：

"难道只有我一个人死,其他人永远不死吗?"说罢饱餐一顿,倒头就睡。左右还以为他强装镇定,偷偷查看,没想到他居然真的睡着了,而且睡得很香,还打呼噜呢!

徐有功睡醒后,女皇宣他入宫的圣旨就到了。武曌问他:"卿比按狱,失出何多?"爱卿你最近怎么回事,业务能力怎么退步了呢,办案子老出问题!

徐有功回道:"重罪不办或轻办,是做臣下的小过失;喜欢让人活着,则是圣人的大德。"

武曌听了,沉默不语。

最终,庞氏被减死,与三个儿子一同流放岭南。窦孝谌降职为罗州(今湖南衡阳罗州区)司马。徐有功被削除名籍,流放边疆。

但武曌对儿子的怀疑还没有停止。尚方监裴匪躬和内常侍范云仙私下里谒见李旦。武曌立马大做文章,处死二人,并严禁李旦接见公卿大臣。闻着血腥味的武承嗣马上扑了上来,指使爪牙告发李旦潜有异谋。武曌就让来俊臣去审问李旦的左右。来俊臣的手段大家是了解的,李旦的左右扛不住酷刑拷打,都想认罪伏法了。

就在大家以为李旦这次铁定凉凉的时候,有人为他说话了,不是李昭德,而是一个卑贱的男优,并且还是一个胡人。

中国古代以"优伶"指代戏子、乐工、舞师等演艺人员,男为"优",女为"伶"。在整个封建时代,优伶都是一个带有强烈贬义色彩的词语。古代社会的等级金字塔由上至下为士、农、工、商,优伶是比商人还贱的贱民。即便在民国时期,仍然有"宁愿沿街要饭,不进梨园犯贱"的说法。

唐朝富庶强盛、文化发达,名优名伶迭出,比如乐工安金藏、雷海青、马仙期、贺怀智,舞蹈家公孙大娘、谢阿蛮,歌唱家李龟年、许合子、李可及,戏剧大师黄幡绰、张野狐等。

安金藏正是其中的杰出代表，他是昭武九姓中的安国（今乌兹别克斯坦布哈拉市）人，也就是说他是个粟特人。顺便说一句，唐朝姓安的胡人九成是粟特人，初唐的安兴贵、安修仁、安金藏，还有后来的安思顺、安禄山，都是粟特人。

安金藏的父亲名叫安菩，本是安国大首领的后裔。太宗贞观四年（630年），安菩率部归顺大唐，因作战勇敢、屡立战功，"以一当千，独扫蜂飞之众"，被封为五品京官和定远将军。1981年，洛阳龙门啤酒厂在龙门山修建新厂房，爆破作业时炸出了一座古墓。经考古工作者发掘、鉴定，证实是安菩及其夫人何氏的合葬墓。这座墓因为出土了大量工艺精湛的唐三彩和一枚东罗马帝国福卡斯皇帝时期铸造的金币，在考古圈内很有名。

安菩品级不高，又是胡人，所以他定远将军的封号未能被长子安金藏所继承。但安金藏却继承了本民族能歌善舞的血脉基因，故而被选为太常寺乐工，负责宫廷祭祀乐舞。他以其独特的艺术才能，得到了当时还是豫王的李旦赏识，与李旦交往密切。

安金藏在酷刑之下毫不屈服，甚至还对来俊臣说："来公，你如果不相信我的话，那我就剖出我的心，以证明皇嗣绝不会谋反！"说罢，抽刀刺入腹中，白花花的肠子当场流了一地，把见惯了大场面的来俊臣都吓傻了。

这个举动很激烈，但正因为激烈，所以大家很快就都知道了。女皇听了既吃惊又感动，命太医进行抢救。太医把肠子放回安金藏腹中，以桑白皮为线缝合，敷之以药。

也是安金藏命不该绝，第二天他竟然奇迹般地苏醒过来。武曌亲临探视，对安金藏说了这么一句话："吾有子不能自明，使汝至此。"这句话啥意思呢？我的儿子被人冤枉不能自证清白，反而连累你如此。说通俗点就是：旦儿现在屁股上有屎，擦不干净，还害得你帮他擦。

可见，她心里仍然怀疑李旦。不过，有感于安金藏的义举，她下诏停止调查。

李旦复位后，为了报答当年的救命之恩，将安金藏一路提拔到太常寺直。

玄宗登基后，先是于先天元年（712年）八月"追思金藏忠节，下制褒美，擢拜右骁卫将军，乃令史官编次其事"。制书是当时朝中的大笔杆子苏颋起草的，其辞曰：

> 游骑将军、行右武卫翊府中郎将员外置同正员、直太常寺安金藏，家本孝悌，身全忠恳。往在周朝，困于酷吏，共诬良善，敢谤太皇（李旦），不任楚毒，并加刑宪。金乃自刺心肺，见其诚节。因而悟主，实赖她纤。则弘演纳肝，田光吞舌，求之既往，未足为喻。眷言酬德，自可超伦。彰其贞固之美，拜以谁何之任。可右骁卫将军员外置同正员，余如故，主者施行。

开元二十年（732年），玄宗又亲自起草了追封安金藏为代国公的制书：

> 义不辞难，忠为令德，保祐君主，安固邦家，则必荷宠光之休，膺土宇之锡。安金藏忠义奉国，精诚事君，往属酷吏肆凶，潜行谋构。当疑惧之际，激忠烈之诚，突刃剖心，保明先圣。见危授命，沮奸邪之慝①；转祸存福，获明夷之贞。虽鸣玉衔珠，已备於休命，而畴庸疏爵，未洽於殊荣。宜锡宠於珪组，兼勒名於金石。

---

① 慝，音特。

一介胡优居然成了大唐国公，这不仅是安氏家族的荣耀，也是优伶行旷古未有的殊荣。

安金藏的寿命还很长，直到代宗大历元年（766年）才去世。代宗追赠他为兵部尚书，赐谥号"忠"，特许配享睿宗庙庭。历朝历代，能够配享皇帝的大多是其亲人或者重要文武大臣，安金藏有可能是历史上第一个打破规则、获此殊荣的优伶。

然而，李旦死罪可免，活罪难逃，依旧被实质性软禁。他的儿子们也遭了殃，从亲王被降为郡王。亲王和郡王怎么区别呢？很简单，看封号是几个字，一个字就是亲王，两个字就是郡王。长子、皇孙李成器降为寿春王，次子恒王李成义降为衡阳王，三子楚王李隆基降为临淄王，四子卫王李隆范降为巴陵王，五子赵王李隆业降为彭城王，并与李贤的三个儿子——长子李光顺、次子李守礼和三子李守义，一道被软禁于深宫大内。

李旦这个霉倒得太大了，最要命的是，老大李成器的皇孙之位被褫夺了。人们不禁要问，皇嗣的位置还能不能保得住？

说到底，李显和李旦都是囚徒，只不过一个被软禁在房州，一个被软禁在洛阳。李显虽然也活在恐惧中，但那种恐惧不是即时的、突然的。况且，他是废皇帝，而一个废皇帝是不可能再起来的，连武承嗣都懒得迫害他。所以，李显其实是安全的。但李旦就不同了，顶着皇嗣的头衔，随时随地都直面着武承嗣的威胁。

我甚至认为，李旦对七哥李显其实是很羡慕的，七哥起码有地儿躲，远离是非之所，而他连躲都没得躲。他很恬淡，从来都不喜欢权力。从前的他天真地以为不争就可以了。但不争也不行，上天造化拨弄，有人推波助澜，把他推到这个火烤油煎的位置上了。他肯定不止一次地祈求上天，让这种煎熬的日子早点儿结束，甚至于内心里他希望母亲把他废掉。但母亲偏偏没有这么做，他的皇嗣头衔还在，一直戴到了武周九年（688年）。

## 03. 来李同被贬

皇嗣李旦两次陷入危机，诸武和酷吏都有参与，朝野忠贞之士对他们痛恨已极。不过，这些人充其量也就是喝多了在家里骂骂奸臣，实际上啥也干不了，也不敢干。李昭德就不同了，他是女皇跟前的大红人，想干，敢干，也能干。当然，诸武他眼下还不能动，起码不能硬动大动，但对诸武的走狗——酷吏，李昭德就没那么客气了！来俊臣、侯思止这些酷吏人人痛恨，但谁见了他们都是客客气气的。唯独李昭德，人前人后、点名道姓地直呼酷吏为"奴才"。

早先，来俊臣为了抬高出身，抛弃发妻，强娶了太原王氏之女。前不久，侯思止依样画葫芦，也想强娶赵郡李氏之女，并奏请女皇批准。武曌很为难，因为唐代社会还是一个门第社会，平民强娶豪门之女非同小可，是关乎社会伦理底线的大事。已经有一个来俊臣了，再出一个侯思止，百姓意见会很大。所以，她将此事交众大臣讨论。

别人还未发言，李昭德就抚掌大笑："真是太可笑了，往年来俊臣强娶太原王氏女，已经让国家蒙羞过一次了。如今侯思止这个狗奴才还想让国家再次蒙羞吗?!"

这话一出，调子就定了。武曌最终驳回了侯思止的请求。

侯思止很恼火，绞尽脑汁想害李昭德。但他晚了一步，李昭德已经吹响了清算酷吏的号角，首当其冲的就是侯思止。唐律严禁私人囤积锦绣，因为锦绣作为丝织品中的劳斯莱斯，在当时不仅是奢侈品，而且为皇家所垄断，是皇室尊贵的象征，皇帝都用这个赏赐大臣。侯思止看到了里面的利益空间，私自囤积了大量的锦绣。这可被李昭德揪住辫子了，将侯思止当堂杖毙。

紧接着，万国俊、刘光业、王德寿、鲍思恭、王大贞、屈贞筠、王弘义等酷吏一个接一个地被杀。所谓嫩草怕霜霜怕日，碰到李昭德就算他们倒霉了。

此前，来俊臣因为贪污已经下狱过一次了，当时被废为庶民。但是这一年女皇又起复他为殿中丞。李昭德在掌握大量证据的基础上，再次以贪赃为由成功扳倒来俊臣，致使其被外放为同州（今陕西渭南大荔县）参军。

扳倒了酷吏，李昭德顾盼自雄，不免有些扬扬得意。不料，来俊臣出贬后没几天，他也倒台了。

是不是来俊臣做的手脚呢？还真不是！因为太得宠了，李昭德特别膨胀，到了目空一切的地步，得罪了不少人。有些人没事，得罪也就得罪了，比如出了名的好脾气娄师德。

一次，李昭德约好和新晋宰相娄师德一同入朝。娄师德是个胖子，走路慢，李昭德等了好久，他才姗姗来迟。李昭德居然当场给娄师德甩脸子，话还说得很难听："田舍夫！"这话就很过分了，居然骂宰相田舍夫。但娄师德只是憨笑道："师德不为田舍夫，谁当为之！"

像娄师德这样的人，你得罪个十次八次、十个八个都没关系。但有些人是得罪不起的，比如怀义。

现在怀义在女皇心目中的形象越来越高大了，不仅是情人、是国师、是建筑家，还是福将。怎么就成了福将呢？有"事实"为证。

此前，西域突骑施汗国崛起，与后突厥频频交兵。骨咄禄率众西征，漠北空虚。当时还是太后的武曌趁机于临朝六年（689年）五月任命薛怀义为新平道行军大总管，率军北伐突厥。不会打仗的怀义胆子特别大，一路深入至紫河（今内蒙古呼和浩特市和林格尔县南的浑河畔）。突厥人明显是坚壁清野了，唐军都这么深入敌境了，居然连一个突厥人都没碰到。怀义在单于台（在今内蒙古呼和浩特市西）刻石纪功而还。武老太太越发惊喜，薛师就是薛师，薛师一到，胡虏自退。

当年九月，她又让怀义将兵二十万讨伐突厥。巧了，还是没碰到一个突厥人。怀义带着二十万人马去塞上秋游了一圈，回来总结材料一写，又是丰功伟绩一条。女皇于年底又加怀义为右卫大将军，赐爵鄂国公。

武周二年（691年），突厥换了天，骨咄禄突然去世，其子年幼，其弟阿史那瓌上位，是为默啜可汗。

骨咄禄对唐已经很强硬了，默啜却比他还要强硬。

武周五年（694年），默啜兴兵进犯灵州，被周将李多祚击败。女皇气不过，以怀义为主帅、李昭德为长史，第三次讨伐突厥。说来真是巧，大军还未出发，默啜就退走了。

然而，就是在这次合作中，李昭德把怀义给得罪了。一次商量事情，两人意见相左。李昭德豪横，怀义比他还要豪横，居然上手打了李昭德。别看李昭德骨头硬、脾气暴，那也得分对谁，对女皇的男人他也得服软，"惶惧请罪"。

但怀义不解气，唆使前鲁王府功曹参军丘愔、果毅邓注、凤阁舍人逄①弘敏，在前朝弹劾李昭德专权，他自己则在枕边吹风。李昭德扳倒来俊臣时，女皇就很不爽了，现在又见这么多人反对李昭德，于是就在外放来俊臣的当月，将李昭德也贬官外放了。来俊臣被贬陕西渭南大荔，任的还是州参军，李昭德被贬广西钦州灵山，只给了一个

---

① 逄，音庞。

小小的县尉，孰轻孰重，孰远孰近，一目了然。

李昭德一倒，平日里跟着他的那伙子人也就倒霉了。豆卢钦望、韦巨源、杜景俭、苏味道、陆元方等几位宰相以"附会李昭德，不能匡正"，纷纷贬官外放。算上李昭德，相当于六位宰相一同被贬。武周朝的宰相不仅危险系数高，而且换得太勤，最不值钱。

# 04. 薛怀义之死

能把李昭德扳倒，充分证明了怀义的能量有多大。可他并不知道，这是他能量的最后释放了。人家李昭德凉归凉，起码头上喘气儿的家伙还能再用几年，而他凉得很彻底，直接死了。

之所以会出现这样的结果，全是因为他没有处理好和武曌的关系。要说责任，这次我不偏袒武曌，都是怀义的错。梳理他的过错，主要有两大项：

一是钱花得太狠，上上下下都不满意，压力全堆到武曌这里了。小人乍富，花钱没数，发达起来的怀义俨然就是行走的烧钱机器，且不说他自己挥霍的钱财，光是挥霍的公款就是一个天文数字。明堂和天堂的雄伟奢侈，大家是见识过的，光建这两个东西就没少花钱。此外，他还频繁举办无遮会。所谓无遮会，是指不分贤圣道俗、贵贱上下，平等行财施和法施的法会。说白了，就是不区分对象地散钱。怀义每办一次无遮会，都要"散钱十车""用钱万缗"。我严重怀疑他借无遮会敛财，因为谁也不会、也无法统计现场到底散了多少钱，申请了十万缗，他只散了九万缗，别人也看不出来。如此疯狂且频繁地烧钱，百姓看了心疼，官员看了眼红，干群的意见都很大，怀义如此妄为都是陛下惯的。时间久了，武曌就面临着巨大的压力。

如果光是这一条，怀义还不至于断送了性命。关键是第二条，他嫌武曌老了，交作业的态度不端正。举凡美女，大多擅长打扮和保养，看起来要比同龄人年轻许多。武曌也是如此，《资治通鉴》就说了："太后春秋虽高，善自涂泽，虽左右不觉其衰。"但老了就是老了，一个六十多岁的老女人远观没问题，妥妥资深美女一枚，可架不住近看细看啊！反观怀义，正值壮年，事业有成，佛教领袖，大周国师，那年轻漂亮的女人是一窝儿一窝儿地往他身上扑。所以，每次武曌喊他入宫，怀义各种理由，能推就推；即便入宫了，也是心不在焉。

女皇敲打过怀义一次。我们知道，怀义剃度了一千多名精壮汉子作为他的私人卫队。宰相都没有卫队，他居然有卫队，还是这么高员额的卫队，谱儿真是够大的！说句实在话，有这么多精壮汉子，他都够发动一场宫廷政变了。满朝文武对此很是不满，也很担心，弹劾已久。起初，怀义作业交得好，武曌完全无视这些弹劾，现在怀义不好好交作业了，就借这个事敲打敲打他。

正巧侍御史周矩又说起这事，武曌就下令让怀义到御史台解释。怀义无所谓，大大咧咧跑过去了。没想到，周矩已经设好了公堂，要审问他。怀义看情形不对，上马跑了。周矩请示怎么办。武曌是这么说的，薛师得了疯病，不值得追问，他所剃度的僧人任你处理。周矩随后将怀义的僧兵卫队全部逮捕定罪。女皇大笔一挥，统统流放边陲。

不爽归不爽，直到这时武曌还没有杀怀义的意思，因为怀义是她精心树立起来的佛门大咖，对于引领民众思想、巩固皇权是有好处的。不愿在床上效力就算了，你不愿意，有的是人愿意！果然，很快她就发展了新的男宠——御医沈南璆。

怀义嫌弃武曌年老色衰，可真等人家有了新的男宠，他又吃醋了，开始作妖闹情绪。这一作闹的动静太大，触到了武曌的逆鳞，直接把自己作死了。

武周六年（695年）正月十五上元节，女皇在明堂举办无遮会。这次无遮会有创新，事先挖了一个五丈深的大坑，待法会之日将准备好的佛像从坑中拉出，对外就说佛像是自个儿从地下冒出来的。佛像个头很大，光是头就高200尺（近62米），通体用牛血染成红色，但官宣时会说这是薛师刺破膝盖取血画的。有司也不想一想，怀义肉体凡胎，就算把他的血全放光了，也染不了这么大一尊佛像啊！

怀义存心报复，故意在这个节骨眼儿上搞了一个天大的事情。十六日晚上，他纵火焚烧天堂。正月正是天干物燥风大的时候，那还不一点就着?!风助火势，天堂的大火延烧到明堂，二堂陷入一片火海，将夜晚的洛阳城照耀得如同白昼一般。这么大的火根本没法扑，到天亮时分，原本高大气派、富丽堂皇的二堂就烧得只剩一堆渣渣了。麻布大像也被烧毁，断成了大大小小几百段。多少民脂民膏就这样白白浪费了。

武曌很快知道了事情的原委。她当然很恼火，但这个火没法儿撒，总不能直说薛师烧了二堂吧？只好推说是天堂里干活的工人疏忽大意，烧着了麻布大佛像，进而延烧明堂。

接下来，她的处置就很高明了，登上皇城正门端门，像平时一样观看臣民会饮，并当场宣布重新建造明堂，在天堂遗址上兴建佛光寺。至于工程负责人嘛，还是薛师。

这个消息不仅蒙蔽了世人，也麻痹了怀义。实际上，女皇已经暗自下定决心，铲除这个不知好歹、不识抬举的秃贼。

武曌先拿怀义的几个心腹下手。明堂失火后，她大为光火，斥责河内老尼："你不是经常自夸能预知未来吗，明堂失火你咋预测不到呢?"老尼当然解释不来。武曌敕命将老尼赶回河内。老尼的门徒和西域胡人听说后都跑了。武曌想,这不行啊,便宜你们了,假意将老尼召回麟趾寺。胡人最鸡贼,早跑没影儿了,但那些女弟子都回来了,结果被一网打尽,全部充作官奴。

当时韦什方刚从岭南采集炼制长生不老仙丹的药材回来,走到洛阳偃师时听说这事,就自缢而死了。

喽啰们收拾完,就轮到正主了。二月初四,武曌召怀义入宫。怀义行至瑶光殿前树下,被建昌王武攸宁带着一帮壮士活活打死,随后将其尸身运回白马寺焚烧,骨灰存放于塔中①。虽然是个死人,武曌依旧利用得很到位,对外宣称薛师功德圆满,去见如来佛祖了。

怀义死的时候年仅34岁。享无妄之福,必受无妄之灾,自古皆然。

该如何评价怀义这个人呢?我的看法,他就是一个利欲熏心的人,为达目的不择手段,有点儿小聪明,但没有大智慧,最后死于非命也在情理之中。不过,他对武曌确实是立有大功,没有他在思想领域的策动造势,武曌的称帝之路不会走得那么快、那么顺。他有过错,也有罪孽,比如飞扬跋扈、浪费钱财,但没有像武承嗣、来俊臣那样去害人,史书上也从未留下他害人的记载。

薛怀义死了,沈南璆病了,国家内外无事,自己床榻空虚,女皇闲着无聊,就想着再搞点事情。对了,当年说好和先帝一起封禅嵩山的,结果他没了,那就朕去封吧!

武周七年(696年)腊月十一日,武曌登嵩山,封中岳,改元"万岁登封",大赦天下,并将嵩山所在的嵩阳县改为登封县,这就是

---

① 关于薛怀义的死因,史书上记载了三种说法。第一说见于《实录》,后来又被《资治通鉴》采纳,说薛怀义是被武攸宁暗杀的。第二说见于《旧唐书》,说薛怀义是被太平公主的乳母张夫人率领壮士暗杀的。第三说见于唐人张垍所撰写的《控鹤监秘记》,说薛怀义是被太平公主和武攸宁联手除掉的。

今河南巩义登封得名的由来。武曌是历史上唯一封禅嵩山的帝王。

要返回时，出了一件奇事。武曌的堂侄安平王武攸绪忽然请求辞职，说他不回洛阳了，想就地隐居嵩山。武曌很纳闷，这个大侄子打小就是个异类，少时隐姓埋名跑到长安当算命先生，赚了钱随手散给百姓，一副看透人世、参破红尘的样子。但她不信真有人会舍弃荣华富贵，虽然当场答应了，暗中却派人盯梢观察。没想到人家武攸绪是真隐居，真的在嵩山里住了下来，"幽游岩壑，冬居茅椒，夏居石室，一如山林之士"，整日里研读老庄之术，闲时就弹弹琴，给人看看病。后来，武曌派人召他回神都，武攸绪就是不肯接受。

武家人都觉得武攸绪是个大傻蛋，放着王爷不做、荣华富贵不享，偏要当隐士吃苦。其实，一来武攸绪本人素来恬淡，无心富贵；二来他有先见之明，知道女人为帝长久不了，这江山终究还会是李家的，不如早早避祸。

三月，佛光寺和新明堂均告落成。新明堂的规制略小于旧明堂。原来的名字"万象神宫"是不能用了，不吉利，就改名为通天宫，同步大赦天下，改元"万岁通天"。

全是为了讨彩头，可惜彩头没讨到，通啥天呀，天都快被捅破了。

# 第四章 东征西战

## 01. 唐人坟之战

武曌在外事上也是有雄心壮志的。高宗在位时,吐蕃把大唐按在地上当滑板鞋一样反复摩擦。现在轮到她坐庄了,寻思着大周朝得全面超越大唐朝啊,就想拾掇拾掇吐蕃了。

武周开国头几年,对吐蕃的小兄弟——党项和羌人——的统战工作做得比较到位,成效也很显著。党项和羌人掀起了像洪湖水浪打浪一样的内附浪潮。周廷特设了11个州安置这些人。形势一片大好,于是武周三年(692年)西州都督唐休璟表请收复安西四镇。

此议正中武曌下怀,马上点了一个人的将。谁呢?正是当年在青海之战中被俘的王孝杰。虽然当年的王孝杰灰头土脸、好不狼狈,但再见面已然让大家傻了眼。归国后,他因为对吐蕃的内情十分了解,受到朝廷重用,累迁至右鹰扬卫将军。在程务挺、黑齿常之等名宿都已凋零的情况下,没人比他更适合担任主帅了。武曌任命王孝杰为武威道行军总管,与左武卫大将军阿史那忠节(阿史那苏尼失之子)率十八万精兵收复四镇。

武周的突然出手,打了吐蕃人一个措手不及。王孝杰长驱直入,重挫镇守安西的钦陵四弟悉多于和五弟勃论赞刃,于武周三年十一月克复四镇,在龟兹重新恢复设立安西都护府。王孝杰奏请留兵驻守,永保安西。在绝大多数朝臣都反对的情况下,武曌力排众议,同意在安西保持三万人的常戍兵规模。从前虽有都护府的建制,但并无常驻军,现在周廷长期驻军,显然是再也不想把安西弄丢了。

吐蕃方面当然不甘心,经过一年多的准备,悉多于和勃论赞刃于武周五年(694年)初联合西突厥叛汗阿史那俀[①]子,卷土重来。哪里冒出来的阿史那俀子呢?此人是西突厥二世兴昔亡可汗阿史那元庆的儿子。武周三年,王孝杰克复安西前,阿史那元庆被来俊臣诬杀,其子阿史那献流放海南三亚,阿史那献之弟俀子逃亡吐蕃,被扶植为十箭可汗。

武曌也是老糊涂了,阿史那元庆那可是重要的拉拢对象,怎么能随随便便就杀了呢?惹出这么大的麻烦。

二月,王孝杰接连大破吐蕃、西突厥联军。这一次吐蕃人败得更惨,悉多于在溃败途中被昭武九姓粟特人俘虏,从此不知所踪。勃论赞刃率残军逃回逻些。阿史那俀子也没了踪影,多半死于乱军中了。

钦陵坐不住了,正准备亲自出马、夺回安西,武周六年初,逻些一声炮响,勃论赞刃竟为赞普杜松芒波杰所杀。

这几年吐蕃的政局发生了深刻变化,很多大贵族转投在没庐妃和赞普杜松芒波杰门下,王室的力量日益壮大。

为什么会出现这种局面呢?

吐蕃贵族们既是因为被杀怕了,也是因为眼红噶尔氏专权,更是因为战争负担太重受不了。虽然吐蕃在战场上屡战屡胜,占尽了优势,但战争打到僵持阶段,相较于物产丰饶、人口庞大的唐朝,土地蛮荒、人口单薄的吐蕃已渐露捉襟见肘之态。大量青年劳力都在军中,没法从事农业生产,严重制约了吐蕃的经济发展,也让吐蕃贵族的利益受损。因此,吐蕃上上下下都对与汉人的战争感到厌倦,不想

---

[①] 俀,音腿。

再打了。但钦陵还想与汉人再打、大打、全面打,显然不得人心。

王室与噶尔氏的矛盾点则在于是否还政于赞普。当年杜松芒波杰还小,孤儿寡母的,钦陵主政还能说得过去。但现在杜松芒波杰已经长大了,亲政的心思十分强烈,钦陵却完全没有还政的意思。这就引起了杜松芒波杰和没庐妃的强烈不满,积极密谋铲除噶尔家族。

武周六年初,勃论赞刃入宫觐见。聊着聊着,杜松芒波杰忽然说十分喜欢勃论赞刃的佩刀。勃论赞刃就解下来给他玩儿。结果,不知有意无意,杜松芒波杰的手指被刀划破了。一旁的没庐老太太忽然就翻了脸,红口白牙非说勃论赞刃刺杀赞普。勃论赞刃还没来得及辩解,就被埋伏好的刀斧手剁翻了。

有人问了,这娘儿俩是不是疯了?青海的钦陵和赞婆兄弟握有重兵,他们不怕两兄弟报复吗?讲真,人家还真不怕。为啥呢?因为吐蕃王室已经培植起一支可与噶尔家族相抗衡的力量。有这支力量做后盾,娘儿俩就和噶尔兄弟摊牌了,来吧,你们要么认了,要么就造反,看看谁的支持者多,谁的力量大!

吐蕃军神钦陵掂量来、掂量去,最终还是忍了,并且他近乎幼稚地认为,应该更加频繁、更加猛烈地打击汉人,以凸显噶尔家族的重要性。你们娘儿俩瞅瞅,没我们兄弟行吗,谁来帮你们对付汉人?!殊不知,对杜松芒波杰和没庐妃而言,噶尔兄弟能力越强、武功越大,对王室的威胁就越大,越应该尽快铲除。

这时,屡立战功的王孝杰已成为大周朝的宰相。他崛起的势头很猛,已经盖过了老前辈娄师德。靠着娄师德和王孝杰,武周在与吐蕃的对抗中逐渐占据了上风。

七月,钦陵兄弟尽起青海驻军攻打洮州(今甘肃甘南临潭县),意图切断内地与西域的联系通道,为接下来夺回安西扫清障碍。武曌接报,以王孝杰为肃边道行军大总管、娄师德为副总管,率军出征。

转年三月，王孝杰、娄师德与钦陵、赞婆战于洮州以东的素罗汗山。

事实证明，钦陵"吐蕃战神"的名号不是吹的，他力挫武周两大将星，又一次打得周军全军覆没。战后，吐蕃人以周军尸体筑造京观①，炫耀武功。汉人这边的记载是："尸骸高与天齐。"敦煌出土的吐蕃文献《吐蕃历史文书》则记载道："大相钦陵于虎山唐人坟，与唐元帅王尚书大战，杀唐人甚多。"虎山是吐蕃人对素罗汗山的称呼。所谓"唐人坟"是后来命名的。为啥叫唐人坟呢？就是因为素罗汗山是唐人的大坟场。此战之惨烈，无法想象。

这是吐蕃军队第一次在陇右腹地大败汉军，战后钦陵还抄掠了凉州，似有入寇关陇之意。败报传来，举国震惊。武曌大惊失色，免王孝杰为庶人，贬娄师德为原州（今宁夏固原原州区）司马。娄师德听到罢相外放的消息后，勃然变色："啊，官爵都没有了吗？"不过，也就一会儿的工夫，他就平复了，徐徐说道："亦善，亦善。"没官做就没官做吧，无官一身轻，也是好事儿嘛！

至此，汉人与吐蕃人四次大战，大非川、青海、寅识迦河、素罗汗山，四战四败，而且都是惨败。这四场战役都是钦陵打的。不得不说，钦陵真是不世出的军事奇才，称他为吐蕃的李靖也不为过。陈子昂在《谏雅州讨生羌书》中称吐蕃军"迩来二十余载，大战则大胜，小战则小胜，未尝败一队、亡一矢"，不是虚言。其实，无论王孝杰还是娄师德，都是善守不善攻，当他们遭遇进攻型的钦陵时，在属性上就落了下风。

都以为钦陵会携胜利之势大举入寇，可他不仅停止进军，还"遣使请和亲"。周廷方面一头雾水，都已经做好抗击入侵的准备了，怎

---

① 京观，用尸体加土盖成的土堆。

么钦陵反而停了，不仅停了，还要和谈，葫芦里卖的什么药？

为了摸清吐蕃人的底细，武曌决定派右武卫胄曹参军郭元振去和钦陵洽谈。

## 02. 野狐河之会

郭元振，山西太原阳曲人，生于河北邯郸大名，名震，字元振。

由于出身官员家庭，年轻时的郭元振公子哥习气很重。但这个公子哥又不是一般的公子哥，聪明有才学。高宗二十四年（673年），年仅18岁的郭元振就考中了进士，授任梓州通泉县尉。通泉县是哪里呢？就是今天的四川遂宁射洪市，大诗人陈子昂的故乡。二人年龄相仿，也不知有没有交集。18岁就当上了县尉，照这个势头，40岁前妥妥的省台级领导。哎，还真就不是，郭元振足足干了20年的县尉，把大唐朝都干黄了，愣是一步没动。

有人说了，肯定是官场太黑暗，埋没了人才。其实那时候吏治总体上还是很清明的，郭元振仕途不遂不能怪官场，要怪他自己。受贿索贿对他来说犹如家常便饭，他还有更出格的。我就问大家，如果你只是县里的一个官员，私铸货币敢不敢干？贩卖人口敢不敢干？不敢吧？郭元振就敢，胆子真不是一般的大！他的所作所为和黑道大哥没什么两样。我们甚至可以说，这是个不折不扣的坏人。"百姓厌苦"，说起他的名字就咬牙切齿。

如此明目张胆、无法无天，仕途当然就不可能顺遂了。由于干得实在太出格，臭名昭著，上达天听，惊动了女皇。女皇很生气，召郭元振入京，准备办他。

没想到君臣见了面，一交流，一沟通，情况变了。武曌发现郭元振不仅长得一表人才，而且很有才学，见识过人，谈吐有度，这是个人才哪！郭元振还献上了自己写的《宝剑篇》：

君不见，昆吾铁冶飞炎烟，红光紫气俱赫然。良工锻炼凡几日，铸得宝剑名龙泉。龙泉颜色如霜雪，良工咨嗟叹奇绝。琉璃玉匣吐莲花，错镂金环映明月。正逢天下无风尘，幸得周防君子身。精光黯黯青蛇色，文章片片绿龟鳞。非直结交游侠子，亦曾亲近英雄人。何言中路遭弃捐，零落漂沦古狱边。虽复尘埋无所用，犹能夜夜气冲天。

你难道没看到昆吾的宝石被炼成宝剑，炉火通红，剑锋上射出紫色的光焰？良工巧匠们不知经过多少年的锻造冶炼，才铸出这把绝世无双的龙泉宝剑。剑工自己也得意非凡地惊叹，剑刃锃亮如雪如霜，寒芒四闪。整把剑像琉璃玉匣里吐出的一朵白莲花，剑柄上的金环好似日月的光辉镀染。此剑出世，正逢天下没有战争，好庆幸它能被君子佩带用以防身。耀眼的剑芒像青蛇游动，鞘上的花纹如浮起的绿色龟鳞。不只游侠们见了它十分珍爱，英雄豪杰也格外钟情于它。为什么要一个劲儿地说它曾中途遭到抛弃，飘零沦落到荒凉的古狱旁边呢？此剑虽然被泥土掩埋，不能发挥作用，但其浩然剑气仍能夜夜冲破霄汉。

是不是很棒？尤其是末尾四句，"何言中路遭弃捐，零落漂沦古狱边。虽复尘埋无所用，犹能夜夜气冲天"，与李义府的"日里飏朝彩，琴中闻夜啼。上林如许树，不借一枝栖"异曲同工，都是在要官，但听来就是让人很舒服很动容，一点儿都不讨厌。武曌叹为观止，传阅给大学士李峤等人。原来，此人之所以浑浑噩噩、落拓不羁，是因为明珠蒙尘而自暴自弃，不如给他个机会，且看他能否长气冲天？结果，郭元振此次入京受审，非但没有受到处分，还留朝任了右武卫胄曹参军。

正好赶上要与吐蕃议和，武曌就想到了郭元振，命他主持谈判事宜。这是一个英明的决定，不仅成全了郭元振本人，而且成全了未来几年对吐蕃的压制性优势。

谈判地点在今青海海西州都兰县境内的察汗乌苏河畔，当时叫作野狐河。和谈是钦陵定的，所以节奏也是他带的，一上来就单刀直入地要求周廷撤除四镇戍军，并且将十箭中的五弩失毕部落划归吐蕃。

周朝上下绝不可能接受这样的结果，素罗汗山输就输了，又不是打不起，大不了再打就是，有的是人，想要广袤的安西地区，想都别想！郭元振明确予以拒绝："四镇、十姓与吐蕃种类本殊，今请罢唐兵，岂非有兼并之志乎？"西突厥十箭和吐蕃不是同一种族，你让我们撤除四镇戍军，是不是想兼并十箭啊？

钦陵的胜利者姿态摆得很足："吐蕃苟贪土地，欲为边患，则东侵甘、凉，岂肯规利于万里之外邪！十姓中，俟斤诸部密近蕃境，其所限者，唯界一碛，骑士腾突，旬月即可以蹂践蕃庭，为吐蕃之巨蠹者，唯斯一隅。"哎呀，哪里的话，我们吐蕃如果想占领土地，大可以东侵关陇，犯不着去占领万里之外的安西！五弩失毕部位处南疆，紧挨着我们大吐蕃，是我们的心腹大患。为了两国长久和平，最好把五弩失毕部落划归我们。

郭元振此行就是来摸底的，一看钦陵把底牌亮出来了，目的也就达到了，便以事关重大、需回京请示为由，带钦陵的使者入朝。

关于是否放弃安西四镇，周廷内部爆发了激烈争论，主张放弃和反对放弃的都大有人在。比如狄仁杰就主张放弃四镇，"开守西域，费用不支，有损无益"。武曌一度也表现得很犹豫。关键时候，郭元振献了两条计策，帮她定下了决心。

第一条，答应钦陵的要求，但我们也要提条件，吐蕃方面需要归还我们吐谷浑诸部和青海故地。禄东赞父子前后运作十几年才将吐谷浑彻底消化，别说拿一个安西换，就算三五个安西他们也决不会换。这样就堵住了钦陵的嘴，他就不好意思跟我们要五弩失毕部落了。

高明吧？但他的第二条计策更高明。禄东赞父子掌权四十余年，穷兵黩武，上逼赞普，下迫百姓，吐蕃上下苦噶尔氏久矣，王权和相权之间肯定有矛盾，而且还不小。钦陵兄弟在占据绝对优势的情况下议和，并不是他们高风亮节、发扬风格，其原因正在于此。我们就给他们加点料，每年都遣使逻些议和修好。吐蕃赞普和民众肯定愿意修好，但噶尔兄弟全靠军功支撑地位，必然不会同意。如此搞上几次，赞普和噶尔家族之间必然决裂。最终，不是噶尔家族干掉赞普，就是赞普干掉噶尔家族。不管怎样，吐蕃都会陷入严重动乱，大伤元气。

武曌听了，拍案叫绝，立即以诏书形式回复钦陵，想要安西可以，拿吐谷浑来换。

这就让钦陵很尴尬了，打吧，国内赞普不答应，国外敌人不害怕；不打吧，安西四镇白丢了，素罗汗山之战白打了，怎么办呢？左右权衡，最终他还是尴尬地撤军了。

其实，钦陵撤军实属无奈。趁着谈判的机会，周廷已经调兵遣将在关陇地区部署妥当，他即便进军也讨不到什么好处。安西有王孝杰的驻军，他就是回头去夺，也未必能夺得回来。更何况如何处理与赞普的关系，就已经够让他头疼的了。

托王孝杰与郭元振的功劳，武周有效巩固了对安西地区的控制，一举终结了安西地区二十六年间六度易手的局面。此后，四镇一直牢牢地控制在唐人手中，直到安史之乱爆发。

## 03. 两战硖石谷

按下葫芦浮起瓢，吐蕃这边刚刚消停，五月十二日，帝国东北边陲重镇——营州一声炮响，反了契丹松漠都督李尽忠。

营州是帝国控制东北、弹压半岛的前沿重镇，辖区包括今辽西一带，治所柳城（今辽宁朝阳老城区）。贞观二年（628年），契丹酋长大贺摩会降附李唐。这是契丹全族第一次归附唐朝。此后，契丹和他们的近亲奚人摇摆于唐朝、东突厥、薛延陀、高句丽之间。贞观二十二年（648年），两番再次归附。唐廷于契丹部开设松漠都督府，于奚部开设饶乐都督府，并赐两部酋长姓李。为了羁縻两番、经略辽东，又在营州特设了东夷校尉官。松漠都督府治所在今内蒙古赤峰市林西县樱桃沟古城。饶乐都督府治所在今内蒙古赤峰宁城县大明镇。今北京地铁燕房线设有饶乐府站，其附近的饶乐府村在唐时为奚人内徙居地。

李尽忠之所以不尽忠了，不能怪他，要怪营州都督赵文翙①。此人素来看不起两番，甚至于对待契丹头领李尽忠就像主子对待奴仆一样。如果只是如此，李尽忠还能忍，关键是年初契丹爆发了大饥荒，契丹人挣扎在生死边缘，赵文翙却拒绝开仓赈济。李尽忠勃然大怒，与大舅哥归诚州刺史孙万荣联手攻陷营州，杀死赵文翙，举兵反周。饶乐都督李大酺随即也加入到反叛行列当中。短短十余日内，李尽忠便拥兵至数万。

周廷对两番的反叛很重视，先是调集曹仁师、张玄遇、李多祚、

---

① 翙，音会。

麻仁节、燕匪石、宗怀昌等二十八将率军讨伐，随后又派梁王武三思屯兵今内蒙古呼和浩特托克托县西南，以防契丹人沿塞上西进、南下袭扰关中。武曌又耍起了小心眼儿，下诏改李尽忠为李尽灭、孙万荣为孙万斩。

这时的李尽忠已经不管不顾了，自称"无上可汗"，一面以孙万荣为前锋，南下抄掠河北；一面分兵东进，围攻安东都护府。

曹仁师等人北上行至幽州，遇到了一队溃兵，一问，居然是被契丹人俘虏的营州兵。曹仁师很纳闷，契丹人怎么把你们放了？这伙子溃兵说是契丹看守放他们走的。那个看守当时说："吾辈家属，饥寒不能自存，唯俟官军至即降耳。吾养汝则无食，杀汝又不忍，今纵汝去。"我们的家人现在又冷又饿，都快活不下去了，就盼着朝廷天军来呢！天军一到，我们就投降。我想养着你们吧，没吃的；杀了你们吧，我又于心不忍，只好放你们走了！

周军听了，无不欢欣鼓舞，原来契丹人正为饥荒困扰呀，此时进军必胜无疑！各部皆蠢蠢欲动，都想奋勇向前拿下破敌的头功。果不其然，沿途碰到不少契丹老弱军民前来投降，随处可见无人喂养的老牛瘦马。曹仁师高兴坏了，不能等了，先派骑兵追击，步兵跟进。

八月二十八日，周军进至今河北唐山迁安市东北的西硖石谷（又名黄獐谷）内。接下来的故事想必大家也猜到了，契丹人早在两侧山顶上埋伏好了，一时间飞索四起，滚木礌石如雨落下。张玄遇和麻仁节被契丹将军李楷固用飞索绊倒，惨遭生擒。将士跌入山谷而死者不计其数。此战，周军几乎全军覆没。

当前军覆灭时，后军燕匪石、宗怀昌部还在大后方慢腾腾地蠕动。契丹人缴获了周军印信，伪造了一道文书，逼迫张玄遇等签名，送给燕匪石和宗怀昌。文书上说："官军已破贼，若至营州，军将皆斩，兵不叙勋。"前军已经击破契丹，如果你们不能按时赶到营州，军官都斩首，兵卒不给勋级。燕匪石和宗怀昌不敢怠慢，立即昼夜兼程赶往营州，结果途中又遭契丹人伏击，全军覆没。

败讯传来，举国震惊，不意小小契丹竟然如此厉害。武曌昭告天下，进行了全国总动员：天下囚犯及官民家奴有勇力的，由官府给钱赎出，编入前线军中；同时在山东、河北诸州临时设置武骑团兵，防备契丹。不久后，又任命建安王武攸宜为清边道行军大总管，右拾遗陈子昂为总管府参谋，率部征讨契丹。

屋漏偏逢连夜雨，九月十八日，归国公、左卫大将军默啜可汗悍然攻打凉州。

有人问了，默啜怎么成大周的归国公了？没办法，周廷这边给他的压力太大。武周六年（695年），女皇又委任王孝杰为朔方道行军总管，攻打后突厥。默啜一看这老娘们儿急眼了，多少有些顶不住了，于十月请降。女皇可算松了一口气，当即册拜默啜为归国公、左卫大将军。但默啜这么做只是权宜之计，这不，趁着两番叛乱的机会，他又把拉出来的屎坐了回去。

周廷这边很紧张，契丹未除，突厥又来，如之奈何？！但默啜并没有继续入侵，而是遣使奉表，表达了三个意思：第一，他想认个老娘，请求做女皇的义子；第二，他想为女儿求婚；第三，请求周廷归还河西六州①突厥降户。只要答应了这三条，他就替大周朝平定两番之乱。

武曌很高兴，就怕你闹事，你不闹事，说要当我的乖儿子，还要帮我平定契丹，太好了！她立即派阎立德的孙子阎知微和大臣田归道出使黑沙汗庭（在今内蒙古呼和浩特市北），册封默啜为迁善可汗。"迁善"这个名字大有深意，当儿子就不必了，只要你能改邪归

---

① 六州，即唐廷在今河套地区设立的鲁、丽、含、塞、依、契六个羁縻州。

正、一心向善就好了。

让女皇无可奈何的契丹，碰到默啜就跟纸糊的似的。正好李尽忠病死，默啜趁机发兵击破松漠府，将李尽忠、孙万荣的妻儿老小尽数掳走。武曌高兴坏了，又册拜默啜为立功报国可汗。

李尽忠虽死，但孙万荣还在，这是一个远比李尽忠厉害的角色，他收拢余众，重整旗鼓，以悍将骆务整、何阿小为前锋，继续抄掠河北。

魏州（今河北邯郸大名县）是阻挡契丹南下的要塞，须得力之人驻守。女皇起用彭泽县令狄仁杰为魏州刺史，阻击敌人；同时起用王孝杰为清边道行军总管，与苏宏晖率十七万大军讨伐契丹。

自因素罗汗山之败而被贬官后，王孝杰的心头就憋着一股气呢，一心想戴罪立功、洗刷耻辱。他与苏宏晖率军北上，于武周八年（697年）三月再次路过迁安。但这次周军学乖了，不走西硖石谷，走东硖石谷。可结果还是一样的，又被契丹人打了埋伏。原因是王孝杰急于立功，亲率精兵开路，被诱敌的契丹人引入谷中。契丹伏兵四起，苏宏晖首先逃跑，王孝杰坠崖身死，周军死亡殆尽。

两次硖石谷之战，歼灭周军精锐二三十万人，还打死了名将王孝杰。契丹人后来能建立称雄北部中国的大辽，不是没有道理的。

建安王武攸宜部进至天津蓟县，听说连王孝杰都被契丹人打死了，吓得手足无措，不敢再前进了。契丹人一看他裹足不前，立即抓住有利战机，一举攻破幽州，大肆劫掠一番后就撤退了。

参谋陈子昂进言，要求武攸宜追击契丹人，并自荐分麾下万人为前驱。但却遭到了武攸宜的嘲笑，你个书生懂什么行军打仗?!陈子昂也是个倔脾气，又谏，激怒了武攸宜，被贬为军曹。

陈子昂心中郁闷，就在幽州城中溜达解闷。幽州就是今北京，在春秋战国时是古燕国地。陈子昂想起了幽燕大地上的很多历史人物，一口气写了一组组诗送给好友卢藏用。这组《蓟丘览古赠卢居士藏用七首》，包括《轩辕台①》《燕昭王②》《乐生③》《燕太子④》《田光先生⑤》《邹衍⑥》《郭隗⑦》。此外，他还写下了代表作《登幽州台歌》：

前不见古人，

后不见来者，

念天地之悠悠，

独怆然而涕下！

从来忧国之士，俱为千古伤心之人。

陈子昂一口气写了这么多历史上的牛人，其实就是在借古讽今，影射当今朝廷没有实干的领导和优秀的文武，所以才会受到两番的欺凌。他岂止是骂了武攸宜，连武老太太都骂了。没有燕昭王、太子丹那样的英明君主，没有乐毅、田光、邹衍、郭隗那样的杰出文武，就我孤零零的一个陈某人忧国忧民。唉，一想起来啊，就不由令我怆然而涕下啊！

---

① 轩辕台，在今河北省涿鹿县城东南桥山上，相传为黄帝所居。

② 燕昭王，战国时燕国国君，外用苏秦，内用乐毅，经过长期休养生息，击败宿敌齐国，使燕国进入鼎盛时期。

③ 乐生即乐毅，战国后期杰出的军事家、战略家，于公元前284年统率五国联军攻打齐国，连下七十余城，创造了中国古代战争史上以弱胜强的著名战例。

④ 燕太子，指姬丹，曾派荆轲刺杀秦王。

⑤ 田光，学识渊博，智勇双全，素称燕国勇士，为燕太子丹谋划刺杀秦王，并举荐了荆轲。

⑥ 邹衍，战国末期齐国人，阴阳家代表人物、五行创始人。

⑦ 隗，音伟。郭隗，燕国大臣、贤者，纵横家代表人物。郭隗以古人千金买骨为例，鼓励燕昭王广纳社会贤才，建筑"黄金台"，使燕国招来乐毅、邹衍、剧辛等许多人才。

不满就不满吧，居然还写诗挖苦当红的武家人，这还了得?！武家两大巨头之一的武三思就盯上他了。从河北前线回朝后，陈子昂的仕途就裹足不前了。原因很简单，武家人组团踩他，他一个小文人，背后又没什么政治势力，只能任由人家搓圆捏扁了。郁郁不得志的陈子昂以父亲年老体衰为由，辞官回到老家射洪。

武三思还是不肯放过他，授意射洪县令段简罗织罪名，迫害陈子昂。卢藏用在其所写的《陈子昂别传》中，详细记述了陈子昂被迫害的过程。段简的办法很简单，就是文字狱，曲解陈子昂诗文的个别字句，说他对朝廷不满云云。陈子昂很恐慌，先后向段简行贿二十余万钱。但段简还不满足，当然也不可能满足，仍旧多次拘走陈子昂，严加审问。陈子昂身体本就羸弱，在狱中又整日提心吊胆的，就死了。

刀太钝，马太瘦，那就不要与人斗。水太深，风太大，没有实力少说话。即便你是对的，又有几个人会向着你呢？

在群星灿烂的大唐诗人堆里，陈子昂虽然不是最闪耀的，但却是有绝大贡献的一位。我之前说过，初唐的诗风受南朝齐梁诗风的影响很大，受众狭窄，内容空洞。"初唐四杰"开始搞创新，真正让唐诗流行起来。陈子昂继四杰之后，以更坚决的态度反对齐梁诗风，进一步发展了四杰所提倡的充实刚健的诗风。他写的《修竹篇序》俨然就是一篇诗文革命的宣言，指责南朝诗风"彩丽竞繁，而兴寄都绝"，主张恢复"风雅兴寄"和"汉魏风骨"的光辉传统。《资治通鉴》引用陈子昂的奏疏、政论多达四五处，因为他总是表达洞察国家安危、关怀人民疾苦的情怀。

五代之后的文人将他与司马承祯、卢藏用、宋之问、王适、毕构、李白、孟浩然、王维、贺知章并称为"仙宗十友"。

## 04. 戡平两番

在王孝杰战死前两月，即武周八年（697年）正月，默啜悍然发兵侵扰灵州、胜州。不是讲和了吗，怎么又翻脸了？

默啜这次搞事情的理由很充足，因为他上次提的三个条件，武曌实际上一个都没答应，没有收他做干儿子，没有同意两国的婚事，更没有给他河西六州降户，只给了他一个立功报国可汗的虚衔。

默啜回军后不久，阎知微和田归道就抵达了黑沙汗庭。这一路上，阎知微和田归道表现出了截然相反的立场和态度。途中遇到突厥派往周朝的使者，阎知微自掏腰包，贴心地赠送使者红袍、银带，并且还奏请朝廷超规格接待突厥使者。田归道不同意，也上奏朝廷，一是坚决批判阎知微私人笼络突厥人，二是建议不要超规格接待突厥使者。

见到默啜后，两人的态度也迥然不同。阎知微一见默啜，就行了跪拜皇帝的大礼，甚至还仿效突厥人的礼仪，亲吻了默啜的靴尖。田归道很是不以为然，天朝使节怎能跪拜下邦君主?！他管不了阎知微，但能管得了自己，只是向默啜拱手作揖而已。

默啜就很不爽了，看不起本汗啊，本汗弄死你。田归道完全不惧，反而指责突厥无故兴兵犯境，劫掠天朝子民，并警告默啜小心将来后悔都来不及。这给默啜气得，分分钟就要把田归道千刀万剐。这时，他的谋主阿史德元珍说话了："大国使者，不可杀也。"默啜这才罢休，但却将田归道扣了下来。

掰扯完礼节，就该进入正题了。默啜很蛮横也很强硬，说可以帮周朝搞定契丹，但又提了三个条件：一是将河西六州降户和单于都护府之地全部给他；二是给突厥谷种四万斛、丝织品五万段、农具三千件、铁四万斤；三是安排亲王迎娶他的女儿。阎知微从头到尾都是对对对，是是是，具表回奏。

看完默啜开出的条件，周廷内部又爆发了激烈争论。对契丹的战事接连失利，突厥又蠢蠢欲动，如果不答应默啜的条件，只怕他会兴兵犯境，届时大周将两线作战，陷入不利境地。武曌这个人是典型的内战内行、外战外行，搞权谋斗争，她是一把好手；但对大国博弈、征战杀伐，她可以说是一窍不通。高宗留下的杰出将领几乎都被她清洗掉了，外事如果能好，那才邪门了呢?！面对默啜的勒索，她考虑来考虑去，最终还是妥协了，除了没有答应割让单于都护府，其余的都答应了。

默啜这次趁火打劫，真是赚大发了，实力越发强大。李世民泉下有知，非得从棺材里跳出来咬死武曌不可。心满意足的默啜这才放了田归道。

田归道回朝后，当着武曌的面，与阎知微爆发了激烈争论。田归道觉得，默啜狼子野心，纯粹想借着契丹长期勒索大周，他一定不会遵守承诺的，我们不仅不能倚仗他，还要做好防备。但阎知微却把胸脯拍得震天响，陛下你放心，和亲绝对可靠，可汗一定会信守承诺的。

武曌没表态，只是把默啜赐给阎知微一行的官服全部没收了。四月十八日，她任命堂侄武懿宗为神兵道行军大总管，与右豹韬卫将军何迦密领兵增援河北。觉得这两人有点儿弱、不托底，又于五月初八起用娄师德为清边道副大总管、右武威卫将军沙吒忠义为前军总管，率二十万人马再讨契丹。

再说契丹这边，孙万荣取得东硖石谷大捷后，于柳城西北四百里处依险构筑新城，将老弱妇女与所获物资器仗留于城内，由妹夫乙冤羽负责守卫。他本人则亲率精兵南下，扫荡河北。武攸宜派兵进击，均被孙万荣击退。

听闻契丹军前锋骆务整部即将抵达冀州,身处赵州(今河北石家庄赵县)的武懿宗害怕了,竟于六月下旬弃城而逃,退保相州(今河南安阳)。骆务整兵不血刃占领赵州,并进行了大屠杀。

孙万荣根本就不把周军放在眼里,他唯一畏惧的敌人是突厥人。为了防止被默啜抄后路,他先后派出两批使者到黑沙汗庭。首批三名使者先到,向默啜传了孙万荣的谎话:"我已破王孝杰百万之众,唐人破胆,请与可汗乘胜共取幽州。"默啜很高兴,赏赐使者们红袍。第二批两名使者后到。默啜佯装生气,要杀掉他们。这两人为了求生,就说:"请一言而死。"默啜问你们要说啥。这哥儿俩就把孙万荣的老底兜了个朝天。默啜大喜,把前三人都杀了,将赐给他们的红袍转送给后两人,并让二人担任向导,发兵攻破新城,将城中所有的契丹人都掳走。

老巢失守的消息传来,两番联军军心大乱,奚人立即背叛了孙万荣。周军攻他的正面,奚酋李大酺捅他的腚眼,孙万荣军全面崩溃,大将何阿小被周军俘虏。孙万荣率轻骑数千东逃,途中又遭到了周军前军总管张九节的截击,折损殆尽。孙万荣走投无路,与家奴逃至潮白河今北京通州段,在树林下休息时长叹道:"今欲归唐,罪已大。归突厥亦死,归新罗亦死。将安之乎!"话音刚落,家奴砍下他的脑袋,向周军投降。

两番余众在李楷固和骆务整的带领下向周军投降。追随两番叛乱的靺鞨部落也在酋长乞乞仲象、乞斯比羽的带领下投降。

这里我要为大家展开介绍一下这个靺鞨。靺鞨是东北亚一个很古老的民族,世居白山黑水之间,也就是今天的黑龙江、吉林地区。他们在商朝时叫肃慎,战国时叫挹①娄,北魏时叫勿吉,隋唐时叫靺鞨。

---

① 挹,音亦。

靺鞨共分七部，其中最北边的是黑水部，最南边的是粟末部。粟末靺鞨内部又分好多小部落，有的追随高句丽，有的屈附契丹，有的追随唐朝。高句丽覆灭后，唐廷将两个追随高句丽的粟末靺鞨部落全部迁徙到了营州，也就是上文提到的乞乞仲象和乞斯比羽的部落。虽然靺鞨人之前从未威风过，现在也不威风，但后来他们可威风大了。五代辽宋时，他们改名女真，建立了烜赫一时的大金朝。女真的一支在明朝时改名满洲，大清朝就是他们建立的。

有司认为李楷固和骆务整投降得太迟，心不诚，奏请族灭二人。投降外番的生死谁会挂在心上？还真有，狄仁杰奏请赦免李楷固和骆务整："这两人都是骁勇绝伦的悍将，而且对旧主很忠诚，如果能招降他们并加以安抚，他们对我大周也会很忠诚。"亲朋故旧都劝他不要上书。可狄仁杰却说："苟利于国，岂为身谋！"

没想到女皇还真采纳了他的意见，赦免了李楷固、骆务整等人。狄仁杰又奏请任用二人为将，令他们讨平契丹余众。这也是一个极其大胆的建议。谁知道这两人是不是真的投降？也就狄仁杰敢说这样的话，敢冒这样的风险。女皇就信他，果然授任李楷固、骆务整为将军，命他们讨平契丹叛众。

女皇有正确的决策，也有失误的决策。比如，战后安抚河北时，她既用了娄师德、狄仁杰，也用了河内王武懿宗。河北各州谁摊上娄师德、狄仁杰，真是八辈子的造化；但谁要是碰上了武懿宗，那可是倒了十八辈子的血霉。

来俊臣被贬后，大家觉得朝中的酷吏总算绝迹了。没想到武家人里头冒出来一个武懿宗，接过了酷吏的衣钵，专以诬陷和残害他人为乐。时人认为他是周兴、来俊臣第二。武曌就欣赏酷吏的手腕，所以武懿宗才在她诸多的侄子、侄孙中脱颖而出，受到了她的重用。

武懿宗是诸武中最残忍的一个人，杀敌人不行，但杀百姓他很在行。有的百姓是被契丹俘虏过的，武懿宗认为这些人都是逆贼，将他们剖腹取胆，残忍虐杀。河北的老百姓编段子，说河北有两大杀星，一个是契丹的何阿小，一个是河内王武懿宗，"唯此两何，杀人最多"。

本来，战事到此就可以停息了。但李楷固为了表忠心，主动奏请剿灭营州靺鞨部落。其实，相对于两番而言，靺鞨是弱小部落，两番造反，他们只能选择跟。乞乞仲象和乞斯比羽已经投降了，武曌还分别册封他们为震国公、许国公。但架不住李楷固一再怂恿，武曌最终同意剿灭靺鞨。

起初，战事进展十分顺利。李楷固仅用不到一个月就击败了靺鞨人，乞斯比羽被俘处死，乞乞仲象急怒攻心病死。然而，靺鞨人很快就推出了新的领导核心——乞乞仲象之子乞乞祚荣。乞乞祚荣率残部及部分营州高句丽人向东逃窜，打算取道天门岭（今辽宁锦州北镇市境内辉发河与浑江的分水岭），渡过辽河，返回故乡白山黑水。

李楷固穷追不舍。他十分轻视年轻的乞乞祚荣，觉得不过就是一个毛头小伙子。毛头小伙子是毛头小伙子，但却不是易与之辈。乞乞祚荣十分沉着，在天门岭设伏，打得周军全军覆没，仅李楷固轻骑逃脱。

随后，乞乞祚荣遣使漠北，向默啜屈膝。突厥人立即挡住周军东进征讨的道路。讨伐靺鞨已无可能。乞乞祚荣吞并了乞斯比羽的部落，收容高句丽遗民，东渡辽河，返回了故乡。生存危机激发了他们的斗志，靺鞨人在乞乞祚荣的领导下，将势力范围扩展到东至长白山、北抵牡丹江上游、西接辽河、南邻新罗的广大地区，地方五千里，户十余万，胜兵数万。武周十年（699年），乞乞祚荣自立为靺鞨王,并以古通古斯语①酋长的称呼"da"作为姓氏,即大祚荣,因其父曾受封震国公,故定国号为"大震国"。这就是后来渤海国的前身。

---

① 通古斯语,西方人对操满—通古斯语诸族的泛称。

第五章

更易储君

## 01. 好冤家，一生一起走！

两番之乱前后，朝廷发生了很大的变化。

首先是来俊臣又回朝任职了。他在同州待了三年，于武周七年（696年）调任合宫县（今河南洛阳西郊）县尉，不久即被女皇提拔为洛阳令、司仆少卿。

来俊臣不仅残忍，而且好色，一旦听说谁家有美妻美妾，不管那人是何种身份，他都会授意党羽罗织罪名诬告之，然后假传圣旨夺取人家的妻妾。在这件事情上，他倒是做到了"绝对公平"，登记宰相以下所有大臣的姓名，按顺序夺取人家的妻妾。武周八年，来俊臣构陷西突厥继往绝可汗阿史那斛瑟罗，想夺取人家的美婢。十箭酋长几十人跑到太初宫前门楼下求情，又是割耳又是划脸的，这才保下了斛瑟罗的命。

其次是武周八年（697年）正月，箕①州（今山西和顺、左权、榆社等县地）刺史刘思礼（太原元勋刘世龙堂侄）谋反案发。

刘思礼并不冤，他是真的想谋反，而且和太宗朝的张亮一样，他也是死在了术士的一张嘴上。刘思礼特别迷一个叫张憬藏的术士。这个姓张的不知是何居心，只要认识个有点能耐的人，就对人家说洛州

---

① 箕，音几。

参军綦<sup>①</sup>连耀是天授之人，只要坚定追随綦连耀，不愁没有富贵。张憬藏之前曾经预测了刘思礼的发展路径，说他将出任箕州刺史，最终官至太师。没想到不久后刘思礼居然真的成了箕州刺史，他当然大呼神人，从此对张憬藏、綦连耀深信不疑。刘思礼当然想不到，大诗人王勃的哥哥——凤阁舍人兼天官侍郎王勮<sup>②</sup>也是綦连耀一伙，以王勮的能耐给他划拉个箕州刺史还不是小菜一碟?！

明堂县（今陕西西安南草场坡东）县尉吉顼<sup>③</sup>不知怎地得知了这伙人的阴谋，觉得这是一个通过检举揭发上位的好机会，但他人微言轻，怕没人搭理，又害怕遭到王勮等人的报复，就将情况告诉给了来俊臣。

害人对来俊臣来说小菜一碟，他一番运作就捅咕到女皇那儿了。

刘思礼、綦连耀一伙图谋造反实有其事，被检举被处理也是咎由自取、罪有应得。但负责审理此案的武懿宗却想借机把朝中所有对武家人不太恭顺、和自己不对付的人全部搞掉。

酷刑之下，刘思礼按照武懿宗的意思肆意牵连，光海内名士就达到了三十六家，包括宰相李元素、王勮、王勮的兄弟王勔和王助。正月二十四日，刘思礼、张憬藏、綦连耀连同三十六大家族被族灭，受株连流放者达一千多人。

吉顼很开心，自己发现了这么一个大案子，还不得受重用啊？想必来俊臣也会替他极力美言。没想到来俊臣想独吞这份功劳，正琢磨着怎么杀他灭口呢！吉顼是个聪明人，不敢跟来俊臣对峙，转头又密告别的谋反事件，得到女皇召见。他口才很好，对着武曌咣咣一顿输

---

① 綦，音其。
② 勮，音巨。
③ 顼，音须。

出,不仅得以免祸,而且在不久后就入朝为官了。

但同期入朝为官的县尉可不止吉顼一个,还有一个南宾县(今重庆石柱县)县尉也入朝任了监察御史。此人正是来俊臣的"老朋友"李昭德。

我严重怀疑,武曌同步调回李昭德就是为了牵制来俊臣。其实,她对谁都不绝对信任,她就想群臣有对立,这样她才能高枕无忧。

仇人相见,分外眼红。来俊臣抢先诬告李昭德谋反。李昭德早已失去武曌的信任,立即被下入大牢。

来俊臣气儿还没有撒完,他想,自己做武家的鹰犬这么多年,帮武家除掉了那么多人,可他被贬了,却不见诸武中有一个人站出来为他说话,这些人也太不够意思了!干脆,炮制个大案,把武氏诸王还有皇嗣李旦、庐陵王李显、太平公主等人全部搞死,朝野一空,这样陛下就只能仰仗他来某人了。

胆子大的人,最终的死因就是胆子太大。来俊臣一个奴才,自称才比石勒,居然还想把朝廷真正的主人都搞死,是不是胆令智昏?是不是嫌命长了作死?

果然,他还在酝酿,就被队友卫遂忠揭发了。武家和李家破天荒地联合起来,向武曌揭发来俊臣图谋不轨。

但即便如此,武曌还是舍不得杀来俊臣,这条狗太好用了,嗅觉灵敏,反应迅速,很难找到可以替代的,杀了太可惜!有司奏请处死来俊臣的奏章都呈上来三天了,任诸武、诸李还有大臣们怎么说,她就是不批。

不怕,压倒骆驼的最后一根稻草很快就出现了。谁呢?正是吉顼!这天武曌骑马游园,吉顼给她牵马坠镫。武曌问:"现在外面最关注的事情是什么?"吉顼说:"外面的人都在奇怪陛下为什么还不下达杀来俊臣的敕命。"武曌说:"来俊臣是国家的功臣,朕还在考虑。"吉项轻飘飘一句话就要了来俊臣的命:"来俊臣一党贪赃枉法,图谋不轨,诬陷忠臣,致使冤魂塞路。他哪里是什么功臣呀,分明是国贼,死不足惜!"

武曌回到宫中就签批了处死来俊臣的奏章。但不知她是怎么想的,居然同时签发了处死李昭德的奏章,而且安排两人同日同地上路。古人说伴君如伴虎,这话看来是掷地有声的金玉之言,你可以取悦一个人于一时,却无法取悦他于一世。当年她可说过"吾任昭德,始得安眠"的话,现在李昭德让她无法安眠,那就只好杀掉咯!

六月初三,李昭德和来俊臣这对冤家被一同弃市。时人无不痛惜李昭德,却对处死来俊臣一致拍手称快。来俊臣被杀后,围观群众一拥而上,挖眼睛,剥面皮,剖腹取心。片刻过后,来俊臣残缺的尸身就被踩踏为肉泥了。

武曌这才知道天下人对来俊臣愤恨已极,立即下诏历数他的罪过,并且又加了码:"宜加赤族之诛,以雪苍生之愤,可准法籍没其家。"官民额手称庆,喜大普奔:"自今眼者背始帖席矣!"打从今天起,咱们睡觉时后背可以放心地贴着席子了!

来俊臣得势的时候,每年朝廷铨选他都会向吏部打招呼、递条子。吏部的人哪敢得罪他啊,就没有不办的,前后一共提拔了数百人。来俊臣被杀后,吏部的所有侍郎集体自首,请求降罪。武曌很生气,你们这些人也太不讲原则了,居然敢集体闯关?这些人一句话噎得她哑口无言:"臣负陛下,死罪!臣乱国家法,罪止一身;违俊臣语,立见灭族。"臣等有负陛下,确实该死。但臣等扰乱国法,顶多就是一人受死。可如果我们违逆了来俊臣,全族都得死!法不责众,武曌只能把这些人都赦免了。

来俊臣的党羽全部被流放岭南。以他的集团垮台为标志,武周朝最让人诟病的酷吏政治总算宣告结束,而扳倒来俊臣有功的吉顼则被提拔为右肃政中丞，成为女皇新的亲信。武周十三年（702年），武曌诏命重审来俊臣办理的案件，雪免了一批人。两年后，她命有司将所有酷吏办过的案件过了一遍，又洗刷了很多冤情。

其实都是套路，当初用酷吏是为了剪除政敌，现在搞翻案是为了笼络人心，怎么做都是她受益。

来俊臣死了，李昭德也死了，总得有人干活啊！武曌陆续将娄师德、魏元忠、狄仁杰等老臣召回朝中。狄仁杰还成为宰相。

武曌本没有让狄仁杰拜相的意思，但娄师德一再力荐狄仁杰。狄仁杰不知道这档子事儿，刚当上宰相的他也有些膨胀，对老前辈娄师德态度很倨傲，甚至多次进言编派娄师德，想把人家排挤走。次数多了，女皇也觉察出来了，一次问他："娄师德这个人称得上贤良吗？"

狄仁杰是这么说的："娄师德为将能够守护边陲，但他是否贤良臣就不知道了。"这话说得很鸡贼，看似没说，其实已经说了。

武曌继续问他："你说娄师德他知人识人吗？"

狄仁杰隐隐觉得排挤走娄师德的机会来了，赶紧加码："臣曾经和他一起共事过，不觉得他知人识人。"

女皇慢悠悠地说了一句："朕本来并不知道你，是娄师德举荐你，朕才逐渐地了解了你。这么看的话，娄师德还是知人识人的。"说话听音，女皇其实是暗示狄仁杰，娄师德对你有举荐之恩，你不应该编派人家。

狄仁杰一张脸臊得通红，退下来后喟然长叹："娄公盛德，我为其所包容久矣，吾不得窥其际也。"从此对娄师德尊重有加。

除了重用老人，武曌还大胆起用了一个后起之秀。此人姓姚，名元崇，字元之，陕州硖石（今河南三门峡东南）人，出身官宦家庭。早年的他就是一个"问题少年"，舞枪弄棒、骑马打猎啥都会，就是不爱学习。但不知道被谁给刺激了，二十岁之后姚元崇忽然觉醒，发奋读书，以前太子李弘挽郎的身份步入仕途。

　　孙万荣反叛时，虽然军机繁忙，但时任夏官郎中的姚元崇处理得井井有条，一下子就赢得了女皇的赏识，被擢升为夏官侍郎。现在，女皇又提拔他为宰相，主管兵部。

## 02. 到底该选谁？

　　朝廷的政治环境就好比《伤心太平洋》，一波还未平息，一波又来侵袭……一波还来不及，一波早就过去……

　　这不，武承嗣又开始兴风作浪了，多次指使党羽游说姑妈："自古天子未有以异姓为嗣者。"从古至今，历朝历代的皇帝就没有让外姓当继承人的。

　　但他这次作妖作得不是时候，新任的这几个宰相骨子里都是忠于李唐的。狄仁杰腰杆挺得板直，只要我老狄在一天，你武承嗣就做梦去吧！他旗帜鲜明地表示反对："太宗栉风沐雨，亲冒锋镝，方才平定天下，传给子孙后代。先帝高宗将两个儿子托付给陛下。陛下如果把江山给了武家，就是违背天意啊！再说了，姑侄亲，还是母子亲？陛下如果立儿子，将来您千秋万岁以后还有人祭祀您。可如果立了侄子，臣可从没听说过侄子当了天子会给姑姑立宗庙的。"

　　这些话女皇已经听了不知多少遍，都烦了："这是朕的家事，与爱卿无关。"

　　狄仁杰毫不退让："王者以四海为家，立储不只是陛下的家事！臣是宰相，怎么能不闻不问呢?！"

他顺势提出召回庐陵王李显，重新立为太子。

女皇黑着脸，没有作答。

这天夜里，她做了一个梦，梦到一只色彩斑斓、非常好看的鹦鹉，但鹦鹉的两只翅膀却不知被谁折断了，飞不起来。梦醒后，女皇记忆犹新，闲聊时和狄仁杰说起此事。狄仁杰趁机说道："武者，陛下之姓，两翼，二子也。陛下起二子，则两翼振矣。"武是陛下的姓氏。两只翅膀好比陛下的两个儿子。这个梦的意思是：陛下如果把两个儿子扶起来，您的两翼就好了，就能振翅飞翔了！武曌虽然很英明聪睿，但也有那个年代人的局限性——迷信，听了狄仁杰的话连连点头，从此彻底放弃了册立武氏子弟为嗣的想法。

虽然不立侄子了，但新的问题又来了，两个儿子究竟要立哪一个，是继续用皇嗣李旦，还是用废帝庐陵王李显？武曌拿不定主意。有人说了，这还用问，当然应该用李旦呀，人家已经是皇嗣了！哎，你们还真想错了，实际上朝野支持李显复辟的居主流。为啥呢？因为这皇位本就是李显的，这是先帝高宗的遗愿，是武曌生生夺走硬塞给李旦的。以狄仁杰、魏元忠、娄师德为首的一众大臣都支持李显。

大臣们又让武曌犯难了。在她看来，李显和李旦都很仁弱，不是当皇帝的料儿。但如果重新立李显为太子，岂不是说她当初废掉人家是错的？唐朝的命革错了，李显废错了，一错再错，那她这一生不都是错的了吗？这一辈子的挣扎与努力不都白费了吗？

武曌前所未有地纠结，拖着不表态。这一次狄仁杰、魏元忠、娄师德都不好使了。谁都没想到，吉顼再次成为关键人物。他要为自己的未来铺路，李旦已经是皇嗣了，他就算支持李旦，李旦也不会领情，不如支持失势的李显，还能落个人情。当然，他也清楚陛下虽然现在宠信他，但以他的分量还不足以说服陛下做出这么重大的决定。不过，他知道有两个人一定可以。

这两人是兄弟俩，一个叫张昌宗，一个叫张易之，他们的叔爷是高宗朝宰相张行成。为什么这两个年轻人能有这么大的能量呢？因为他们是女皇的新面首。

自薛怀义、沈南璆相继去世后，武曌枕席乏人，很是孤寂。马屁精千金公主估计已经死了，没法给女皇找面首了。好在她的事业后继有人，这个继承人就是太平公主。知母莫如女，太平公主真是妈妈的贴心小棉袄，积极地为母亲寻找男宠。顺便说一句，大家以为太平公主长得和《大明宫词》里的陈红一样美，这其实是个误会。李家人颜值一般，据史书记载，公主"方额广颐"，国字脸，大脑门儿，怎么也和美丽搭不上边啊！

时任尚乘奉御的张易之生得清秀貌美，且精通音律，是朝野闻名的大帅哥。太平早就和他有一腿了，还给了五星好评。一次，她对情郎说起给母亲找男人的事情。张易之一听来劲了，肥水不流外人田，马上推荐同样帅呆了的弟弟张昌宗。公主随即将张昌宗引荐给母亲。

武曌一看张昌宗的盛世美颜就不淡定了。本该是皆大欢喜的结果，可张昌宗这家伙不地道，他对女皇说，我哥张易之也很帅，不仅业务能力强，还会炼制仙丹呢！在男人的问题上，亲母女也不相让，女皇当天就召张易之觐见。

薛怀义是孔武有力型，沈南璆是温文儒雅型，女皇就没试过鲜肉美男型，很上头，当天就加张昌宗为云麾将军，张易之为司卫少卿，赐宅邸一栋、绢帛五百段，还有大量的仆婢、骆驼和牛马。

一人得道尚且鸡犬升天，何况两人乎？几天后，女皇又提升张昌宗为三品银青光禄大夫，特许他享有朝臣们的待遇，每月初一、十五朝见；追认其亡父张希臧为襄州刺史，封其母韦氏阿臧为太夫人。从史书可知，二张亲兄弟至少四人，除了他俩，还有张同休和张昌期，此外还有一个堂弟张景雄，另有一个张昌仪不知是亲兄弟还是堂兄弟。时人管张易之叫五郎、张昌宗叫六郎，这里的"五"和"六"应该是二张在堂兄弟中的排序。诸张全部官拜刺史。

二张不仅兄弟之情"可歌可泣"，孝顺之情也是"感天动地"。他们知道母亲寡居多年不容易，奏请女皇安排中年儒雅帅气大叔——凤阁侍郎李迥秀给他们当后爹。这当然得安排啊，武曌不仅逼着李迥秀娶韦氏阿臧为妻，还赐给这对旧人一对鸳鸯杯。

二张得到这些恩宠用了多久呢？说出来吓死人，居然还不到半个月！此事一出，天下震惊。

年轻的面孔，青春的身体，让已进入风烛残年的武曌重新感受到了生命的洪荒之力。为了尽量减少朝野的非议，她特设了一个叫作控鹤府①的机构。这是一个非常诗意浪漫的名字。古人认为，仙人都是骑鹤上天的，为仙人控鹤的人也是仙人。能与仙人齐平的当然只能是女皇，而女皇之近幸就是控鹤之人。

进入控鹤府的有哪些人呢？除了二张，都是蜚声海内的饱学之士，包括左台中丞吉顼、殿中监田归道、夏官侍郎李迥秀、凤阁舍人薛稷等人。当然，控鹤府的长官——控鹤监是由张易之担任的。

这个机构名义上的职责是为女皇写文章、编书，其实只办两类事：一个是曲宴供奉，每次宴会时陪着女皇和公卿们享乐；另一个就是提供男性温存，或者说得再直白一些，就是为二张出入宫中打掩护、做幌子。可见，控鹤府已经与风雅不沾边了，就是一个以女皇为核心的高端会员制俱乐部。

张氏兄弟一露头，什么李氏、武氏全都靠边站，现在轮到姓张的了。诸武脑子转得快，争着抢着巴结张氏兄弟，甚至蹲守在二张家门口伺候。尊贵如武承嗣都会亲自为二张牵马递鞭，并亲昵地称呼"五

---

① 武周十一年后更名奉宸府。

郎""六郎"。

除了武氏，还有宗氏。是的，宗楚客、宗晋卿兄弟又回来了。当年他们因贪赃被流放岭外，但毕竟是女皇的亲外甥，打断骨头还连着筋呢，仅仅过了一年多，兄弟俩就被召回，宗楚客还当上了宰相。

吉顼就是这个俱乐部里的会员，而且和二张的关系特别好，就想到了通过二张游说，坚定女皇复立庐陵王的决心。他对二张说："你们兄弟俩现在虽然受宠，却不是通过德行或者功劳获得的，天下恨你们的人太多了！如果你们不想办法立个大功，只怕将来下场堪忧！我真替你们担心呀！"

这话算是说到二张心坎儿里去了，他们怎么上位的，自己心里很清楚，外人怎么想他们，他们也很清楚。到底是年轻人，听了这话，慌了，怕了，哭了，请吉顼给他们想办法。

吉顼这才吐露了终极目标："天下人心不忘李唐，都想拥护庐陵王复位。陛下年纪已经大了，迟早传位。诸武已经不在陛下的考虑范围内了。你们不如劝陛下立庐陵王为太子，这样天下人就会记着你们的功劳了！如此你们将来非但不会被清算，还能长保富贵呢！"

二张觉得这话在理，马上就去枕边吹风。武曌何许人物，一听就知道是吉顼在背后捅咕，就把他召来了。但吉顼早有准备，备陈利害，最终说服了女皇。

其实，武曌这时已经倾向于立李显了。天下人支持李显的呼声太高了，甚至连契丹的孙万荣在围攻幽州时都移檄朝廷："何不归我庐陵王?"事到如今，她一看身边亲近之人，狄仁杰、魏元忠、娄师德等宰相，张易之、张昌宗、吉顼等亲信，全都支持李显。行吧，天意如此，那就这样吧！

其实，我认为还有一个更重要的原因，她意识到自己老了，该放手了。对她而言，时日无多的余生里，最重要的事情就是享受，至于其他的事就顺其自然吧!

## 03. 李显回京

现在，我们终于可以把镜头对准已经消失了 15 年之久的李显。

很多影视文学作品极力渲染李显在房州的悲惨生活，说他过着粗茶淡饭、自力更生、提心吊胆的日子。提心吊胆是有的，毕竟李显胆子很小，但粗茶淡饭、自力更生就纯属扯淡了。好歹也是当过皇帝的人，又没犯什么天大的错误，况且现在的身份还是个王，该有的待遇一点儿都不差。

其实，李显流放房州时，光是随行人员就达到了三百多人，除了儿子不让带，废后韦氏、其他侍妾、几位公主，包括近臣、侍从还有后勤保障人员，一应俱全。落难的凤凰也不是鸡啊，何况人家还是真龙?! 他在房州依旧过着衣来伸手、饭来张口的日子，并且住的其实也不赖。

根据《房县志》收录的唐代贡生汪魁儒的词赋记载，李显的宅邸实际上是一座别宫，"百丈城兴，九层版缩，璇琢琼雕，栏目磴复。其上也，楼观翚①飞，帘牙鸟啄。其下也，芙蓉池开，琵琶亭续。其井也，黄琉八角以金镶。其城也，白石千紊而玉矗。由是人疑仙子，境胜蓬莱，珠帘星卷，宝镜月开，巧梳蝉鬓，淡抹鱼腮，眉间晕柳，额上妆梅，温柔香去，脂粉气来"。看看，不仅面积大、装修好，吃

---

① 翚，音辉。

穿用度也都很奢华，嫔妃们日日盛装。

这种人软禁在房州，对当地官员就是政治上的大考了。比如说，如何相处，是该亲近呢，还是该疏远呢？是该照顾呢，还是该收拾呢？最初的州刺史在政治上比较谨慎，对李显一家约束得很厉害，这也不行那也不行的，以此向武曌表明坚定立场。但后来的两任刺史张知謇和崔敬嗣就很聪明了，对李显很尊重，各类物资保障也很到位。李显复辟后，这两人都发展得不错。

因此，李显在物质上其实并没有吃什么苦，他受的苦主要是精神层面的，日夜提心吊胆，生怕被母亲赐死。史载，李显每次听说朝廷的使节要来了，就害怕得要自杀。每到这个时候，就是韦氏的高光时刻。不得不承认，这也是个厉害女人，她根本不怕！为啥呢？因为没必要，已经这样了，死就死吧，不如着眼当下，多活一天算一天！再说了，福祸无常，将来如何还说不定呢？！所以，她总是宽慰丈夫："祸福无常，宁失一死，何遽如是！"

其实，要我说李显是身在福中不知福。因为他是唯一一个完全享受到家庭亲情和温暖的大唐皇帝，别的皇帝根本不可能有这样的机会。因为死亡的威胁，一家人紧紧地团结在一起，妻子小妾对他都很体贴，相互间也不宫斗了，亲得跟亲姐妹似的，几个女儿承欢膝下，要多温馨和睦就有多温馨和睦。多少个不眠的深夜，他和韦氏咬耳朵说悄悄话："异时幸复见天日，当惟卿所欲，不相禁御。"将来我要是东山再起了，一定把你宠上天，吃馒头你想蘸红糖蘸红糖，想蘸白糖蘸白糖，全都由你。

以为他是随便说说的吗？不，后来他果然做到了！

其实，李显的生死之忧是多余的。武曌，武家人，甚至于害人精武承嗣、武三思兄弟，都从未想过加害他。因为谁都看不上他，这就是个废柴！再说了，哪有废掉的皇帝重新登基的？！武承嗣、武三思想要迫害的是他那个还在当皇嗣的弟弟，并不是他。

李显只经历过两次危机。一次是徐敬业起兵时，说要尊他为帝。但这事天下人都知道，和李显本人没有半毛钱关系。第二次是在临朝四年九月，虢州有个叫杨初成的公然于闹市募人迎接他复辟，结果当然是被族诛。这事很明显也和李显没关系。

李显应该感谢弟弟李旦，因为李旦替他承受了本该由他承受的明枪暗箭。

武周九年（698年）三月初九，朝廷的使节又一次出现在房州李显家中。李显还是那么害怕，到处找白绫要上吊。但这次和以往不同，使节带来了一个大大的好消息：他的母亲、大周皇帝要召他们一家，包括他软禁于各地的几个儿子，一起到洛阳治病。

有病吗？没病！显然这是个托词，其实就是要召他们一家回京。武曌就是这么强硬加豪横，说你有错，你就有错；说你有病，你就有病！

听到这话的一瞬间，李显简直不敢相信自己的耳朵，无数次夜里设想但又在白天自行否定的幻想，还真就变成了活生生的现实。不难想象，当晚对李显一家来说绝对是个欢愉的夜晚。

第二天一大早，使节带着李显一家悄悄离开了房州。经过十余日的颠簸，二十八日，李显终于回到了阔别15年的神都洛阳。当他和弟弟李旦、妹妹太平相见时，兄妹三人抱头痛哭。唐朝历代第一家庭中，要说兄弟姐妹感情最深的，当数高宗李治的儿女们，因为他们都经历了苦难。

女皇严密封锁消息，以至于李显都入宫好几天了，满朝文武没一个知道的。这天，武曌召见狄仁杰，故意说起庐陵王。狄仁杰"慷慨敷奏，言发涕流"。女皇这时将李显唤出，对狄仁杰说道："还卿储君。"稳重如狄仁杰此时也惊得嘴巴都要掉下来了，但随后他就笑了，是那种发自心底的、由衷的笑，庐陵王不是白回来的，储君之争的结果落定了！

但只要庐陵王还被藏着掖着，就难免夜长梦多。所以，狄仁杰当即奏请："太子还宫，人无知者，物议安审是非？"太子回朝，但却无人知晓，外面乱七八糟的议论很多。武曌还听不出他的弦外之音嘛，便先将李显安顿在龙门（今河南洛阳龙门），然后按礼节公开迎入宫中。这下，朝野内外就都知道了。

你要说李显在这15年间没有一点儿长进也不对。这不，人家刚回来就主动提出要和武家联姻。武曌开心得耍耍的，她就怕自己百年之后李显清算武家人，不承想李显竟然想让李家与武家结成秦晋之好，我儿大有长进啊！我相信，这是韦氏的点子。老太太一点头，这事儿就成了。

李显与武氏联姻的力度很大，一口气嫁出去三个女儿，庶出的新都郡主下嫁武承嗣亡弟武承业的儿子武延晖，永泰郡主嫁给了武承嗣的大儿子武延基，安乐郡主嫁给了武三思之子武崇训。

## 04. 李旦让兄

李显回京，可以说是几乎皆大欢喜。为什么说几乎呢？因为有一些人不那么高兴。谁最不高兴呢？正是李显的亲家公魏王武承嗣。眼巴巴盯着的皇嗣之位飞了，帝位就更别想了，这些年害来害去、斗来斗去全都白折腾了。武承嗣欲哭无泪，徒唤奈何。

但扎心的事可不止这一件。突厥方面又来催婚了，武曌选来选去，最终选中了武承嗣幼子淮阳王武延秀。凤阁舍人张柬之上书反对:"自古以来,从来没有中国亲王迎娶夷狄之女的先例。"武曌很不高兴,将张柬之贬官合州(今广东湛江雷州市)刺史。

八月初一,在阎知微和杨齐庄的护送下,武延秀抵达黑沙汗庭。没想到默啜一见武延秀就怒了,不是武延秀颜值不行,而是武曌没有按他的意思办。默啜想将女儿嫁给李显或李旦为妻,好在将来当上大唐皇后,可武曌却派了个堂孙来,并且还说默啜的女儿嫁过去也只能做小。

暴怒的默啜当时就撂了狠话:"我欲以女嫁李氏,安用武氏儿邪!此岂天子之子乎!我突厥世受李氏恩,闻李氏尽灭,唯两儿在,我今将兵辅立之。"我是想把女儿嫁给李家,不是嫁给武家。这个小子又不是天子的儿子!我突厥世代蒙受李家的恩情,听说李家被杀得只剩下两个了,我要兴兵辅佐他们继承皇位。"突厥世受李氏恩",要为李氏报仇,这话也真亏默啜说得出口。

随后,默啜囚禁武延秀,册立阎知微为南面可汗,发兵袭扰周境。他修国书列数周廷五宗罪:"与我蒸谷种,种之不生,一也。金银器皆行滥,非真物,二也。我与使者绯紫皆夺之,三也。缯帛皆疏恶,四也。我可汗女当嫁天子儿,武氏小姓,门户不敌,罔冒为昏,五也。我为此起兵,欲取河北耳。"罪之一,给我的谷种都是蒸熟了的,种到地里毛都不长一根;罪之二,给我的金银器要么是假货,要么是次品;罪之三,我赐给阎知微的紫袍,你们凭啥夺走了;罪之四,给我的各类布匹织物也都是三无伪劣产品;罪之五,我女儿是突厥公主,理应与天子结亲,武家算个什么东西,敢冒充李家?本汗要大举兴兵拿下你们的河北!

不用怀疑,他就是要找碴儿!话都说到这个份儿上了,谈是没得谈了,只能打了!

仗还没开打,武承嗣先气死了。多年经营竹篮打水一场空,如今宝贝儿子又被突厥人扣住了，两国交战在即，默啜的借口又是针对武家，万一他不高兴了，将儿子斩首祭旗怎么办？武承嗣一个想不开，两腿一蹬，死了。死得好啊，起码得个全尸。

他替姑妈操劳了一辈子，帮她称帝，替她杀人，最终却被姑妈利用完吃干抹净，像条狗一样给弃了。

实际上，别看诸武地位高，武曌对他们防得也很厉害。武承嗣、武三思、武攸宁虽然都当过宰相，但时间都很短，并未实际掌权，对政局发展也没什么关键性影响。武家人只是地位尊崇而已，国家大政方针的制定与实施，武老太太根本就不让他们参与。

就在武承嗣去世当日，突厥大军攻破赵州。破城前，默啜让阎知微去城下劝降。阎知微是名门之后，他的爷爷正是唐代第一建筑家、画家阎立德，叔爷是唐代第一丹青圣手阎立本，这俩老头画过的《文成公主降番图》《王会图》《步辇图》《历代帝王图》，随便拿一幅出来，搁在今天都能换几套北京的四合院。可谁知家门不幸，出了阎知微这个不成器的后代，他居然和突厥人在城下手拉手、脚踏地唱起了武曌所作的《鸟歌万岁乐》，真是把阎氏列祖列宗的脸面都丢尽了！

守将挖苦他："尚书大人，你这官儿也不低了，却为敌人唱歌跳舞，还要不要脸了？"

阎知微则低声吟唱道："不得已，《万岁乐》。"

武曌调集四十五万大军，号为天兵，征讨默啜。这次动用兵力的规模在唐朝历史上是空前绝后的，可见后突厥威胁之大。前军三十万，分三路，武重规、沙吒忠义、张仁愿各领一路，从东、中、西三个方向进军；后军十五万，由左羽林卫大将军阎敬容率领。默啜这次是把武老太太惹毛了，专门下诏给他改名为斩啜。

当边境烽火四起之际，朝中又发生了翻天覆地的变化。武三思由春官尚书进位检校内史，成为武家新的掌门人。狄仁杰又兼了纳言，越发受到重用。

但最大的变化却是李旦主动提出将皇嗣之位让给七哥李显。哥哥都回来了，母亲的意思再明显不过了，不让就是比武承嗣还傻的傻蛋了。况且，李旦一点儿都不生气，他是满心欢喜地提出这个请求的。他真的不想当什么皇嗣、皇帝，这些万人憧憬的位置对他没有丁点儿诱惑力，哥哥顶他，简直太棒了！

九月十五日，武曌正式册拜李显为皇太子，大赦天下。诏书下达后，中外欢腾，因为这预示着正朔又要回归李氏了。武曌折腾了一辈子，面对现实最终还是低下了高贵的头颅。

两天后，她又加封太子李显为河北道元帅，讨伐突厥。

先前，周廷已经下达了募兵的命令，征召健儿赴河北讨伐突厥。可命令都下达一个月了，响应的人特别少，全国连一千人都没招到。现在好了，一听说太子挂帅，才几天的工夫就有五万多人应征。这可是保李唐的江山，兄弟们都出把力呀！可见，人心还是归附于李唐的。

当然，李显只是挂名，具体办事还得靠得力大臣。武曌又追授狄仁杰为河北道行军副元帅，实际率军出征。

听说武周发兵四十五万，默啜心里还是很犯怵的，算了，目的已经达到，决一死战没必要，拼人头的话，突厥永远拼不过中原。于是，他在河北沿线各州烧杀抢掠一番，活埋了八九万武周百姓，掠夺无数战利品而去。

穷寇莫追，也不敢追！负责从河北方向出击的沙吒忠义根本不敢接战，只是远远地跟着。武曌借坡下驴，以狄仁杰为河北道安抚大使。

默啜唯独撇下了阎知微。一个背叛祖国毫不犹豫的人，在敌国那里也得不到尊重。阎知微万万没想到自己会被抛弃，四处躲藏，凄惶度日。不久，他就被边境上的周军抓到了，解送京城。

为了惩处阎知微，女皇硬是恢复了秦朝时的酷刑——车裂。就这，女皇还不解气，又命文武百官向阎知微破碎的肢体射箭。阎知微的尸体上插满了乱箭，就跟刺猬一样。解气了？还没有！武老太太命人剔光他的肉，挫断他的骨头，灭了他的三族，就连不认识的远房亲戚也都抓来处死。最凄惨的是族中的孩子，才七八岁，也被抱到西市处死。百姓可怜孩子，给他们一些糖果。小孩子不懂事，不知大难临头，还互相抢夺糖果玩儿。旁人都不忍心，连监刑的御史也不忍杀害孩子，请示留下孩子不杀。最后经大臣们说情，武曌才免除孩子们一死。

闹腾到这个地步，默啜也算是重振了突厥的雄威，控弦之士四十余万，原东突厥藩属部落除回纥、契苾、思结、浑、契丹、奚等六部内迁归附汉人外，其余全部降附于他，基本上恢复了东突厥颉利时代的版图。历史也是有意成全突厥人，后突厥两代可汗——从骨咄禄到默啜——都是一代人杰。当年颉利如果有默啜的水平，东突厥也不至于灭亡。

不管怎么说，一场惨烈的战争得以避免，对老百姓是大大的好事。

转年，武曌册封李旦为相王，以姚元崇为相王长史，同时赐李显姓武。关于李家和武家以后如何安处的问题，她还是不放心，在四月时非要让李家的三大代表——太子李显、相王李旦、太平公主和诸武在天堂盟誓，说将来如不和平友好相处就如何如何，还将誓词铸成铁券，藏于史馆。看好了，这都是你们发过的毒誓，将来谁要是违反了，我就带他上天堂。

好使吗？真的好使！后来甭管李显还是李旦为帝，都没有为难武家人。况且，武家和李家已经广泛且深度联姻，掰不开了。武氏一族并没有重蹈前汉吕氏一族的覆辙。后来的韦氏一族如果能有武曌丁点儿的觉悟和手腕，也不至于落得个族灭的悲惨下场。

十月，被软禁宫中数年之久的李贤、李旦的儿子们终于获准出阁，可以重见天日了。

有一点是武曌决然想不到的，在这些孩子当中藏着一个厉害角色，他就是李旦第三子、年仅 14 岁的李隆基。

第六章

神龙革命

## 01. 珠英学士

储君已定，突厥已退，内忧外患全部解除，武老太太终于可以安享风烛残年了。

之后的几年无疑是她一生中最快乐的时光，一个老奶奶，全身哪儿都松，居然还有两个美少年承欢膝下，这感觉简直不要太爽。武曌这一生大部分的时光都是孤独的。14岁入宫，不受太宗待见，孤独地熬了十几年，结果被踢到了感业寺。感业寺熬了两年，终于重新回了宫，一面想方设法取悦高宗，一面谨小慎微、日夜算计，还是孤独。高宗没了，她就越发孤独了。薛怀义和沈南璆陪伴的时间都不长，也就是遇到张易之、张昌宗兄弟，才算多少弥补了她失去的那些年华。经历过人生的三峡，年过八十的她总算驶入平流的长江了。

自控鹤府建立后，武曌就开心极了，现在什么烦恼都没了，更是怎么开心怎么来。她每天都要召二张、诸武和控鹤府里的美少年们入宫搞Party，"拗博争道为笑乐，或嘲诋公卿，淫蛊显行，无复羞畏"。二张受宠的程度已经超过了当年的薛师。武家人也不敢和李家斗了，一心一意地取悦二张。武三思屎壳郎戴面具——臭不要脸，居然说张昌宗是王子晋[①]转世。

---

[①] 王子晋，周灵王的儿子，传说是古代有名的仙人。

武曌也觉得像，就让张昌宗穿着用白鸟羽毛编织而成的羽衣，骑在木鹤上吹笙。一干御用文人捧臭脚，争先恐后地赋诗赞美。文章写尽太平事，不肯俯首见苍生。但论拍马屁的功夫，他们这些腐儒终究还是嫩了些，干不过官场老油子。

一次宴会，有人公然称赞张昌宗："六郎面似莲花。"众人不约而同地点头称是，是啊，你看六郎那粉嘟嘟的脸蛋儿，最是那一低头的温柔，像一朵水莲花不胜凉风的娇羞。宰相杨再思却连连摇头："不然。"众人都惊呆了，这马屁精喝多了吧？才不，人家高明得很，徐徐说道："乃莲花似六郎耳。"不是六郎像莲花，而是莲花像六郎，莲花也逊六郎一段情。此言一出，举座叫好。

张易之的哥哥张同休一次酒后调侃杨再思："杨内史面似高丽。"杨相的脸瞅着特别像高句丽人。杨再思听了，立即剪纸帖巾，反披紫袍，跳起了高句丽舞，惹得在场嘉宾哈哈大笑。

顺便说一下，武周朝有两大马屁精宰相，前有苏味道，后有杨再思。苏味道早年是李昭德一伙的，跟着李昭德一块倒台。东山再起后，这家伙学乖了，再也不露出棱角了，处处与人为善和稀泥。他的口头禅是："处事不宜明白，但模棱持两端可矣。"当时的人挖苦他，给他起了个外号叫"苏模棱"。

当然，总这么闹也不行，一国皇帝天天搞这些，百姓会有意见的。没关系，有办法，还是编书。女皇说大周要编写一部大型诗歌选集《三教珠英》。这可是个大工程。首先是要人，让张昌宗牵头，以控鹤府为基础，选了一批青年才俊。其次是要场地，既然是国家工程，还是女皇定的，那放在宫里头没问题吧?！最后是要时间，既然是大工程，耗时自然很久。

最终一共选了47个人，时人管他们叫"珠英学士"。现在可以考证姓名的有崔湜、沈佺期、宋之问、张说、刘知几、徐坚、员半千、李峤、杜审言（杜甫的爷爷）、闫朝隐、徐彦伯、薛曜、魏知古、于季子、王无竞、王适、尹元凯、马吉甫、元希声、李处正、高备、房元阳、常元旦、杨齐哲、富嘉谟、蒋凤、刘允济等人，都是一时名士。

其中，有五个人我要重点介绍下。

一号种子选手崔湜出身豪门中的航空母舰——博陵崔氏，爷爷是太宗朝宰相崔仁师，父亲是户部尚书崔挹。如此门楣，又有才华，年纪轻轻就考上了最难考的进士，人还长得帅，你们说气人不气人？

崔湜和弟弟崔液、崔涤以及堂兄崔泣①都很有才，而且都在朝中任职。每次宴会，崔氏兄弟都自比东晋的王谢家族："我们崔家出身高贵，官职显要，都属一流。大丈夫应该掌权治人，岂能默默受制于人?!"崔湜是这么想的，后来也是这么做的。

他的代表作是《边愁》，讲边塞生活愁苦的，其诗曰：

　　　　九月蓬根断，三边草叶腓。
　　　　风尘马变色，霜雪剑生衣。
　　　　客思愁阴晚，边书驿骑归。
　　　　殷勤凤楼上，还袂及春晖。

写得不错吧？但放在珠英学士里头他就排不上个儿了，有两个河南人写得比他还好，这两人都是进士出身，一个是安阳人沈佺期，一个是灵宝人宋之问。

沈佺期有多厉害呢？这么说吧，唐诗中的七言律诗就是他创造定型的。他的代表作是被后世推为"唐人七律第一"的《独不见》：

---

① 泣，音立。

> 卢家少妇郁金堂，海燕双栖玳瑁梁。
> 九月寒砧催木叶，十年征戍忆辽阳。
> 白狼河北音书断，丹凤城南秋夜长。
> 谁为含愁独不见，更教明月照流黄。

被推为"五言律诗圣手"的宋之问出自书香门第，祖传的文艺基因。他父亲宋令文是高宗朝的学士，"富文辞，且工书，有力绝人，世称三绝"。宋氏三兄弟各得其父一绝，老大宋之问专工文词，老二宋之悌骁勇过人，老三宋之逊精于草隶，在当时传为佳话。

一次，女皇出游龙门，命随行文士即兴赋诗。左史东方虬先写完，念出来给大家听：

> 春雪满空来，独处如花开。
> 不知园里树，若个是真梅。

女皇连称好诗，当场赏赐东方虬锦袍一袭。

不一会儿，宋之问也写完了，而且是一首长诗《龙门应制》：

> 宿雨霁氛埃，流云度城阙。
> 河堤柳新翠，苑树花先发。
> 洛阳花柳此时浓，山水楼台映几重。
> 群公拂雾朝翔凤，天子乘春幸凿龙。
> 凿龙近出王城外，羽从琳琅拥轩盖。
> 云罕才临御水桥，天衣已入香山会。
> 山壁崭岩断复连，清流澄澈俯伊川。
> 雁塔遥遥绿波上，星龛奕奕翠微边。

层峦旧长千寻木，远壑初飞百丈泉。
彩仗蜺旌绕香阁，下辇登高望河洛。
东城宫阙拟昭回，南阳沟塍殊绮错。
林下天香七宝台，山中春酒万年杯。
微风一起祥花落，仙乐初鸣瑞鸟来。
鸟来花落纷无已，称觞献寿烟霞里。
歌舞淹留景欲斜，石关犹驻五云车。
鸟旗翼翼留芳草，龙骑骎骎映晚花。
千乘万骑銮舆出，水静山空严警跸。
郊外喧喧引看人，倾都南望属车尘。
嚣声引飓闻黄道，佳气周回入紫宸。
先王定鼎山河固，宝命乘周万物新。
吾皇不事瑶池乐，时雨来观农扈春。

女皇听完，称叹再三，竟然将赐给东方虬的锦袍转赐给了宋之问。

宋之问的诗才甚至还在沈佺期之上。中宗复辟后，有次到昆明池游玩，让大臣们作诗从楼上扔下，供大家鉴赏评选。别人都写完了，就沈佺期和宋之问还没写完。过了一会儿，飘下来沈佺期的诗，众人都觉得他写的"微臣雕朽质，羞睹豫章材"最棒。不一会儿，宋之问的诗也飘下来了，其中有一句"不愁明月尽，自有夜珠来"。中宗看后评论道："二诗工力悉敌，惟沈诗落句云'微臣雕朽质，羞睹豫章材'，词气已竭，不如宋云'不愁明月尽，自有夜珠来'犹健举也。"宋之问之才华可见一斑。

后世给唐朝大诗人起外号，管李白叫"诗仙"、杜甫叫"诗圣"、王维叫"诗佛"、李贺叫"诗鬼"、刘禹锡叫"诗豪"、贺知章叫"诗狂"、白居易叫"诗魔"。照我说呀，宋之问才是真正的"诗狂""诗魔",因为他为了得到一个好句子甚至不惜杀人。

宋之问的外甥刘希夷也是个诗人,有一次写了一首《代悲白头翁》,诗云:

> 洛阳城东桃李花,飞来飞去落谁家?
> 洛阳女儿惜颜色,行逢落花长叹息。
> 今年花落颜色改,明年花开复谁在?
> 已见松柏摧为薪,更闻桑田变成海。
> 古人无复洛城东,今人还对落花风。
> 年年岁岁花相似,岁岁年年人不同。
> 寄言全盛红颜子,应怜半死白头翁。
> 此翁白头真可怜,伊昔红颜美少年。
> 公子王孙芳树下,清歌妙舞落花前。
> 光禄池台文锦绣,将军楼阁画神仙。
> 一朝卧病无相识,三春行乐在谁边?
> 宛转蛾眉能几时,须臾鹤发乱如丝。
> 但看古来歌舞地,惟有黄昏鸟雀悲。

其中的"年年岁岁花相似,岁岁年年人不同"堪称千古绝句。

刘希夷写完后拿给舅舅宋之问看。宋之问读到此句赞不绝口,居然提了一个在他们那个圈子里很过分的要求:把这句诗让给他。刘希夷起初答应了,可不久又反悔了。宋之问大怒,居然命家奴用土袋将外甥活活压死,霸占了这首诗。

于是,今天的我们就会在《全唐诗》里看到这样一个怪相:其中收录的刘希夷的《代悲白头翁》和宋之问的《有所思》,除了第二句起首两字不同,刘诗为"洛阳女儿惜颜色",宋诗为"幽闺女儿惜颜色",其余一字不差。

宋之问因诗杀亲,可见他对诗歌是何等痴狂,但同时也可知这个人的人品底色了。他和"四杰"之一的杨炯颇有渊源,两人一同入仕,一同分直内文学馆,一同入选崇文馆学士。杨炯的才华不比他差,但后来发展远不及宋之问。剖析原因,就是因为宋之问是个相当会钻营的机灵鬼。

"伟仪貌,雄于辩"的宋之问一心想复制二张的成功之道,成为女皇的入幕之宾,就写了一首《明河篇》当面进献女皇。诗曰:

> 八月凉风天气晶,万里无云河汉明。
> 昏见南楼清且浅,晓落西山纵复横。
> 洛阳城阙天中起,长河夜夜千门里。
> 复道连甍共蔽亏,画堂琼户特相宜。
> 云母帐前初泛滥,水精帘外转逶迤。
> 倬彼昭回如练白,复出东城接南陌。
> 南陌征人去不归,谁家今夜捣寒衣?
> 鸳鸯机上疏萤度,乌鹊桥边一雁飞。
> 雁飞萤度愁难歇,坐见明河渐微没。
> 已能舒卷任浮云,不惜光辉让流月。
> 明河可望不可亲,愿得乘槎一问津。
> 更将织女支机石,还访成都卖卜人。

说了那么多,其实就是暗戳戳地向女皇示爱,陛下,翻我牌子啊!女皇当场赞不绝口,待宋之问离开后,却对身边人说:"这个宋之问的确是难遇之才,只是他口臭熏人,让朕无法忍受。"这话传到宋之问耳中,让他羞惭万分。打这以后,他每天都刷好多遍牙,并且每次觐见女皇时口中都要含上一块鸡舌香。只可惜女皇最终也没看上他。

一沈二张三宋四崔,在当时可是人人羡慕的对象。

然后就是河北固安人张说①。论学历,张说不如崔湜、沈佺期、宋之问等人,人家都是进士,他中的是制科,应诏策论被评为第一。所以,他走的路子和前面三人不同,崔、沈、宋走的是文艺路线,他走的是政治路线。那些人都是吟风弄月的高手,而他却是可以治国安邦的经纬之才。因为对国家大事有见解有招法,对皇帝的思路,所以张说一入仕就做了太子校书郎。他还曾经做过王孝杰的管记,随王孝杰征讨过契丹。

以上四人在后面的故事中还会与大家见面。这里,我着重介绍下最后一位——刘知几。

## 02. 刘知几和《史通》

高宗十二年(661年),刘知几出生于江苏徐州一个"鼓簧史撰,柱石邦家"的官宦人家。这种家庭的教育情况就不用我细讲了,爹妈自己就能"鸡娃",厉害得要要的!

刘知几兄弟一共三人,大哥刘知柔"性简静,美风仪",写得一手好文章,后来当到了工部尚书、太子宾客,还得了一个彭城县男的封爵。二哥刘知章可能早逝,也可能建树不多,关于他的记载几乎没有。刘知几行三,虽然当官没超过大哥,但他在史学方面却做出了大

---

① 说,音月。

成就。

刘知几走上史学道路完全出自个人兴趣。他在《史通·自叙》篇中回顾了自己与历史的缘分："我的经学启蒙很早，在我很小的时候，我爹就开始教我《古文尚书》了。但我觉得《古文尚书》辞章艰深晦涩，实在读不下去。虽然没少因为这挨过揍，但在经学方面我始终也没学出个名堂来。一个偶然的机会，我听到父亲给哥哥们讲授《左传》，当时就被吸引住了，干脆将《古文尚书》丢在一旁，专心听父亲讲。父亲讲完原文后，又给哥哥们做了详细的解释。我当时嘟囔了一句：'如果所有的书都写成这样，我肯定不会懈怠的！'父亲听后十分诧异，从此也开始给我讲《左传》了，前后讲诵了一年的时间。那一年，我才12岁。虽然我对《左传》的理解还不够深，但基本的故事概况我都掌握了。父亲和哥哥们勉励我就照着这个方向努力，争取把《左传》研究透了。之后，我便一发不可收，又读了司马迁的《史记》、班固的《汉书》、陈寿的《三国志》。到17岁时，我已经粗略掌握了从三国到本朝实录的脉络。"

喜欢历史的人不在少数。但一般人读历史，就是看历史故事，学历史知识，不自觉地接纳史官灌输的观点。比如很多人看"玄武门之变"，受两唐书、《资治通鉴》影响，就觉得李建成不学无术，李世民干掉他是对的。刘知几就不同了，他天生是一个有独立思维和辩证精神的人，能够做到"触类而观，不假师训"，有自己的思考和见解，"其所悟者，皆得之襟腑，非由染习"。

长大后的刘知几也得为自己的人生谋出路。在那个年代，对他这个阶层而言，正经的出路只有一条，就是科举。科举是不考历史的，为了准备考试，刘知几只能将钟爱的历史暂时搁置一旁，"于时将求仕进，兼习揣摩，至于专心诸史，我则未暇"。

高宗三十一年（680年），20岁的刘知几考中了进士，被朝廷授任为正九品怀州获嘉（今河南新乡获嘉县）主簿。

解决了工作问题，他又有时间了，又把老本行历史捡了起来。获嘉县刚好在京城长安和东都洛阳的中间点上，距离两地都不算远。刘知几有事儿没事儿就往这两个大城市跑，"公私借书，恣情披阅"。他看书很杂，同一时期的历史有几个人都写过，他就把这几个人写的书都找来看，甚至就连"杂记小书"这种路边野史他也不放过，"莫不钻研穿凿，尽其利害"。

其间他也曾几次上书言事，想靠才华见解引起朝廷的重视。这就是他幼稚了，当官这事还得要跑要找，人家不会因为你有点才华、有点见解，就请你来当官的。他的奏表呈上去如泥牛入海，杳无音讯。

起初，刘知几尚不在意，年轻就是最大的资本，至于机会嘛，多的是！但一年两年三四年，五年六年七八年，九年十年十多年，躺了一年又一年。这下刘知几可郁闷坏了，写了《思慎赋》抒发苦闷。仕途长期停滞，他虽有不甘，也只能躲进历史的故纸堆里来消耗自己过剩的心力了。

在年轻人群体中，历史算是比较小众的，不仅现在是这样，唐代亦如此。刘知几自述："及年以过立，言悟日多，常恨时无同好，可与言者。"后来，一个偶然的机会，他结识了一个叫徐坚的朋友。

浙江湖州长兴人徐坚比刘知几大一岁，家世也有些来历，他的大姑正是当年力压武媚娘的太宗宠妃——徐惠徐充容。徐坚以进士及第，历汾州参军、万年县主簿、东都留守判官、太子左庶子、秘书监、左散骑常侍、崇文馆学士、集贤院学士，也是一名历史学者。

两人爱好相同，见解也相同，一见如故，相得甚欢。刘知几高兴坏了，欢呼道："虽古者伯牙之识钟期，管仲之知鲍叔，不是过也。"徐坚仕途比他顺，交际当然也比他要广。通过徐坚，刘知几又陆续结识了朱敬则、刘允济、薛谦光、元行冲、吴兢、裴怀古等同好，"所有扬榷，得尽怀抱"。

以上这些人大多是史学界的后起之秀。如徐坚参修《则天实录》，元行冲著有北魏编年史《魏典》30卷，吴兢写有《贞观政要》，朱敬则著有《十代兴亡论》《五等论》等。这些友人大大纾解了刘知几心中的郁结："德不孤，必有邻，四海之内，知我者不过数子而已矣。"

然而，刘知几这个九品主簿足足干了18年，直到武周十年《三教珠英》立项。这一年他已经39岁了。

刘知几为什么能入选呢？我分析可能的原因有两条：第一，经过近四十年的学习沉淀，他已经成为闻名全国的文史学者。第二，他的朋友圈管用了，好友徐坚和刘允济也一并入选，很有可能就是这两人举荐的刘知几。这就是社会现实，搞学术也得混圈子，要不然知名度和机会从哪里来？！

其他学士就是宴会时赋诗助兴用的，干不了编书这种细致活儿。《三教珠英》实际上是由张说、徐坚、刘知几等人主编的。他们历时两年多，到武周十二年（701年）年底编成了1313卷的《三教珠英》，确实是个大工程，可惜后来全都佚失了。

我之所以写刘知几，并不仅仅因为他参与编纂了《三教珠英》，而在于他写出了中国第一部史学理论著作《史通》。

因为参修有功，次年刘知几便被调到秘书省著作局任从六品著作佐郎，不久又升迁为左史，在门下省负责撰写帝王起居注。这样，在经过二十多年的职场人生后，他终于从一名业余历史学者变成了专业史官，实现了最初的梦想。

但很快刘知几就高兴不起来了，因为理想很丰满，现实却很骨感。官方修史是要在政治上预先定调子的，某个人某件事怎么写是有口径的，不是你史官想咋写就可以咋写的。作为一名职业史官，拿着大唐的俸禄，你的工作就是按上司的意志来写。上司说这个人是奸臣，你就得去寻找他是奸臣的佐证。上司说这个事儿办得好，你就得写出个一二三四来证明为什么好。这让富有独立思维和辩证精神的刘知几倍感压抑，他以为他是丹青书写人，其实就是一码字的。

为了自由表达自己对历史的见解和主张，刘知几就开始偷偷写《史通》了。经过长达近九年的笔耕，到中宗景龙四年（710年）二月，他终于写完了《史通》。

《史通》的独特之处在于它并非史书，而是以"史学"和"史学家"为研究对象的史学理论著作，并且还是中国乃至全世界第一部系统性的史学理论专著。在刘知几以前，中外压根儿没人注意到这个领域，何谈尝试?！刘知几是第一个吃螃蟹的人，不仅吃成了，而且吃好了。

全书共20卷53篇文章合9万余字，包括内篇10卷39篇、外篇10卷13篇以及1篇序文《序录》，其中内篇的"体统""纰缪""弛张"在《新唐书》前已经佚失，故全书现存50篇。

内篇是《史通》的主体部分，主要讲的是历史编纂学的内容。刘知几集中表达了自己对史书体裁体例、史料采集、表述要点和修史原则的见解。

开卷的"六家""二体"两篇对唐前史学的源流进行了全面的梳理和总结。

刘知几认为，古代史学大抵可分为六家，也就是六个种类，即《尚书》家、《春秋》家、《左传》家、《国语》家、《史记》家和《汉书》家。经过分析，他将六家总结为二体，即纪传体和编年体，并指出综合编年体和纪传体优点的断代纪传体，才应该是今后史书编纂的主要形式。这个观点其实不好说是创新，因为从班固的《汉书》到刘知几所处时代的国史，基本都是断代纪传体。刘知几的"六家二体"，与其说是阐述未来，不如说是总结过去。

因为最推崇纪传体，所以刘知几用"本纪""世家""列传""表历""书志""论赞""序例""题目"等篇章，对纪传体各组成部分作了全面详尽的分析。比如，他指出"本纪"既以编年为主，唯叙天子一人"，则应专载大事，而不必"巨细毕书，洪纤备录"。"列传"反倒应该"书事委曲"，把事情的前因后果写清楚。至于"表历"，刘知几认为没有存在的必要，理由是其内容与史传重复，"成其烦费，岂非缪乎"。他也很反感"论赞"，就是"太史公曰""史臣赞曰"这种史官个人见解的表述和评论性文字，"每卷立论，其烦已多，而嗣论以赞，为黩弥甚"。关于"书志"，刘知几主张删除天文、艺文、五行三种志，而增加都邑、方物、氏族等志。

在"采撰"篇中，刘知几专门探讨了史料的搜集和鉴别问题。他认为，史家修撰历史好比"珍裘以众腋成温，广厦以群材合构"，需要"征求异说，采摭群言"，"然后能成一家"。啥意思呢？就是说，史官写历史必须充分占有资料，相关的描述能找来的都找来，然后综合分析、去假存真，形成一个合理的观点。这其实是一种严谨的治学态度。就好比写唐史，不能抱着一部《旧唐书》就当权威了，《新唐书》《资治通鉴》《大唐创业起居注》等史料也要看。

关于撰史方法和写作技巧，刘知几也做了大篇幅的阐述，其中有两个显著的亮点：

第一，他反对冗句烦词、雕饰辞藻，特别是骈文入史，主张叙事简要。"国史之美者，以叙事为工，而叙事之工者，以简要为主"，所以刘知几提出要"省字约文，事溢于句外"，如此便能收到"一言而巨细咸该，片语而洪纤靡漏"的效果。他的这个观点，与古文运动的发起人韩愈不谋而合。

第二，他反对在文字上复古，主张用"当世口语"撰史。语言是不断发展的，秦汉人说话不同于上古人，隋唐人说话肯定也不同于秦汉人。既然语言在发展，那记录历史的语言也应该与时俱进，是什么时代，就用这个时代的语言来写史。这是对的，我们现在在修《清史》，如果用文言文来写，当代人就很难看得下去。

在"直书""曲笔"两篇中，刘知几明确提出必须坚持直书、反对曲笔，"不掩恶，不虚美"。这其实是所有有良知的史家共同的认知。历史这个东西，必须坚持秉笔直书，不能先入为主地植入价值观，更不能根据领导个人的好恶写成报告文学。评价一个人，不能一好百好一白尽白、一坏百坏、一黑尽黑；评价一件事，不能非左即右、非对即错，利弊都得讲清楚，顶多分个几几开。

《史通》的外篇同样很有价值，主讲史官和史书的沿革，此外还有刘知几对过去史书的一些评论。刘知几的一些观点相当前沿，远超时代。比如，他反对"历史宿命论"，认为一切朝代的兴亡和人物的成败，都不是天命，而是人事。他还反对以成败论英雄，有些人虽然成功了，但不见得是英雄，比如刘邦；有些人虽然没成功，但也不是狗熊，比如项羽。他还旗帜鲜明地反对"内中国而外夷狄"的大汉族主义历史观。

刘知几的批判精神在外篇中体现得最为淋漓尽致，他不仅敢于批评"唐初八史"①，还把矛头对准了唐朝的官修制度，认为官修制度是"一家独断"，有人浮于事、敷衍塞责、不敢直书、义例不明、缺乏史料五大弊端。很明显，在大唐史馆那几年可把刘知几给憋坏了，正好借此机会一吐为快。

刘知几对官修制度的抨击是有其合理性的，官修肯定会在政治上

---

① 初唐修撰的《梁书》《陈书》《北齐书》《周书》《隋书》《晋书》《南史》和《北史》共八部史书的统称。其中，《梁书》《陈书》《北齐书》《周书》是私修官审，《南史》《北史》系个人创作，《隋书》和《晋书》则都是团队作业。

定调子，唐朝给隋朝修史，对隋朝的好，肯定是能少讲就少讲，最好不讲；对隋朝的坏，必然是能夸大就夸大，有时可能还会故意栽赃抹黑。史官受制于上司，当然不能自由表达。当然了，凡事一分为二，官修当然也有好处，比如可以集中力量办大事。仅唐初就编了八部史书，靠个人力量是根本不可能办到的。

当着唐朝的史官，抨击唐朝的官修制度和"唐初八史"，你们就说他胆子大不大吧？

讲真，坚持原则、反对传统、敢于批判、勇于创新，这才是一个史学家该有的样子！

刘知几还首次把视野投向了写史的人——史学家，史学家研究历史，他研究史学家。

他认为，史学家有三个等次：第一等是敢于奋笔直书、彰善瘅恶的史学家，代表人物董狐、南史氏。第二等是善于编次史书、传为不朽的史学家，代表人物左丘明、司马迁。左丘明写了《左传》，司马迁写了《史记》，这都是传世之不朽名著，为百代万世所景仰。第三等是具有高才博学、名重一时的史学家，比如西周的史佚和楚国的倚相。

在三等划分史家的基础上，刘知几提出了著名的"三长"论，即一个优秀的史学家必须具备史才、史学、史识三种特长。所谓"史才"，就是说你得具备很好的研究能力和文字功底，这是入史学家这行的基础；"史学"，就是说你得博学，学历史学到既通且广的程度；"史识"则是要求你不仅懂历史，还得有自己的见解，并且这种见解得精到卓绝。"三长"中，刘知几认为最重要的就是"史识"，这是成为优秀史学家最重要的能力素质。"三长"之说被后世史学圈推为"笃论"，影响至今。

《史通》是一部具有划时代意义的伟大作品，是中国史学家从撰述历史发展到评论史家、史书和史学工作的开创性著作，"总括万殊，包吞千有"，对唐以前的中国古代史学做了一个全面的梳理和总结，在许多方面都实现了零的突破。此书一经问世，迅速风靡大唐。刘知几真正做到了一书成名天下知。他的好友、同行徐坚甚至说出了"为史者应将《史通》置于座右"的话。

尽管刘知几尖锐批评了儒学的部分观点、经典和唐朝的官修制度及"唐初八史"，但他的真知灼见还是赢得了社会各阶层的普遍认同。唐朝的文化为什么能够繁荣？就是因为足够包容，不会搞文字狱，不会让一个人因言获罪！

晚唐柳璨仅仅因为给《史通》挑毛病，写出了十卷本的《柳氏释史》(又名《史通析微》)，便声名大噪，受到朝廷重用，并一路当到了宰相。他的成功有一多半应该归功于刘知几，因为大家都服刘知几，就柳璨能挑出刘知几的错误，当然要认可他了。

其实，《柳氏释史》之所以能火，完全是因为柳璨反驳了刘知几对儒家经史的批评，且不说他反驳的有没有道理，光是反驳这个举动就已经能得到广大儒生的支持了。

《史通》不仅冠绝唐朝，在后世的影响也一直很大。明清以来，《史通》流传更广，有无数史家或注解、或释义、或评论、或续写。当代史学家也非常重视对《史通》的研究工作，大家随便到知网上搜一搜，类似文章比比皆是。

刘知几写出了《史通》，《史通》也反哺了刘知几。作为一个人，他的自然生命当然是有限的，但《史通》却在历史的长河中赋予了他无限的生命。只要还有人翻阅《史通》，刘知几就一直活着。

## 03. 噶尔氏覆灭

不知大家有没有发现，一贯爱捣蛋的吐蕃人最近格外消停。正常，噶尔兄弟都死了，还折腾个啥呢！

武周九年（698年），也就是李显回京的那一年，吐蕃王朝最能打、最会打的男人——钦陵自杀了。他不想死，他是被逼的，直到死前他才明白，素罗汗山的胜利非但没有挽救噶尔家族，反而给了家族败落一股巨大的推动力。没庐妃和杜松芒波杰正是因为此战，越发坚定了赶快弄死他的决心。

当年，他们祖孙俩就出手了。这日，杜松芒波杰带着三千人的卫队突然离开逻些，声称要外出打猎。赞普不过打个猎而已，不是什么大不了的事情，大家都没当回事，尤其远在青海的噶尔兄弟更没当回事。

打猎倒是真的，但狩猎的对象可不是什么雪豹、藏羚羊，而是噶尔家族。杜松芒波杰在途经噶尔家族庄园时，突然命令卫队进行攻击，逢人便杀。住在庄园里的噶尔氏两千余口子全部被杀，连婴孩都不能幸免。随后，杜松芒波杰遣使青海，召钦陵兄弟回逻些议事。

都到这个地步了，谁回去谁就是大傻蛋，比武承嗣更傻的大傻蛋，钦陵当然不肯。要的就是你不肯，杜松芒波杰立即以不听王命为由，宣布噶尔家族造反，并组织军队向青海进发。赞普一声令下，吐蕃大小贵族群起响应。这也正常，你们噶尔氏霸住庄家的位置已经快五十年了，再赖着不退，别人还怎么玩啊？！

赞普大军来袭，钦陵所部不战自溃。天大地大，何处能容身呢？往西、往北、往东都是汉人，这些年来，从大非川之战、青海之战到寅识迦河之战，再到素罗汗山之战，他打死的唐军唐将数以几十万计，人家不可能容他。走投无路的钦陵溃败至今青海湟水流域宗喀地区时，挥刀自杀了。

回顾历史，当大臣的，尤其是当权臣的，当权力大到一定程度时就该寻思了：是该往前进还是该往后退呢？这种生死攸关的问题决不能意识不到，更不能拖着不想、不解决。

钦陵一死，噶尔家族彻底完了。赞婆还想活，率所部一千余人来降武周。不久后，钦陵的儿子弓仁又率吐谷浑部七千帐来降。

郭元振的预言应验了！

对于噶尔家族的覆灭和投奔，大周朝上上下下可以说是喜大普奔。这么多年了，一直想给人家点儿颜色看看，结果反被人家一次又一次地教做人。如今噶尔家族一朝覆灭，只能说是佛祖保佑了！对于投降的噶尔氏族人，周廷可以说是倒屣相迎。女皇专门派羽林飞骑到长安城郊迎接，给赞婆和弓仁加了国公、郡王等一大串头衔。

李勣的子孙往吐蕃跑，禄东赞的子孙往大唐跑，这不是戏，这是荒诞又真实的人生啊！

噶尔家族在感叹汉人仁德的同时，对本民族也感到寒心了。弓仁做了一个决定，就以父兄曾经担任过的大论一职为姓，改吐蕃姓噶尔氏为汉姓论氏。从此，中国姓氏里就多出了一个"论"姓。

武周十年（699年）八月，负责招降吐蕃人的娄师德病逝于军中。

其实狄仁杰说娄师德当宰相不行也是实话，娄师德的特长就是守边，治国这块儿确实不是他的长项。他长期待在河陇地区，前前后后加起来有四十多年。在波诡云谲的武周政治舞台上，只有两个宰相堪称不倒翁，一个是娄师德，一个是杨再思。那么多人来了又去，只有他俩始终都在。岑长倩、李昭德曾经何其得宠，结果落得个身首分离。连魏元忠、狄仁杰、姚元崇这样的忠直之士都被整过好几回。但再思是马屁拍得好。从来没人找过娄师德的茬，包括酷吏和诸武。唯一想搞他却没搞成的还是个谦谦君子，谁啊，狄仁杰！

他凭什么？娄师德的保身之道就是一个字，忍。他的人生哲理就是遇事不要慌，忍一忍就过去了，为了国家可以忍，为了自己更可以忍。他到底有多能忍呢？有一个成语很能说明问题。

武周四年（693年），他弟弟被任命为代州刺史。临行前，娄师德问弟弟："吾备位宰相，汝复为州牧，荣宠过盛，人所疾也，将何以自免？"我现在位居宰相，你又当了一州州长，咱们兄弟荣宠过盛，让别人眼红死了，将来可怎么办呀？

弟弟跪着回话："自今虽有人唾某面，某拭之而已，庶不为兄忧。"哥，从今往后就算有人朝我脸上吐吐沫，我也不生气，自己擦干就完事了。

没想到娄师德听了，满脸都是忧愁，说了一句千古名言："此所以为吾忧也！人唾汝面，怒汝也；汝拭之，乃逆其意，所以重其怒。夫唾，不拭自干，当笑而受之。"这正是我担忧的地方。兄弟啊，人家吐你脸就是为了泄愤，你不要擦，擦了人家的气儿消不了，就会更加凶猛地整你。所以，你就笑着等吐沫星子自己干了就好啦！

后人就这件事总结了一个成语——唾面自干。

像娄师德这样好不好呢？对他个人当然是好的，保住了官禄爵位。但这种人有一个致命的缺陷，就是不讲原则地退让。是，他是没有和谁红过脸，但也没见他帮过谁啊！岑长倩、李昭德被冤杀，魏元忠、狄仁杰、姚元崇挨整，甚至于武承嗣想夺李旦的皇嗣之位，何曾见他说过一句话？好在他守边很有作为，否则就是一个只知明哲保身的禄蠹。

周廷让赞婆扼守要地——今甘肃武威古浪境内的洪源谷，归新任陇右诸军州大使唐休璟节制。杜松芒波杰得知后，派大将麹莽布支兴兵进犯，想一举干掉赞婆。

武曌让唐休璟担任陇右诸军州大使是个明智的决定，此人长期在安西任职，当过安西都护府副都护、西州都督，对安西、吐蕃的情况都很了解，"自碛石西逾四镇，绵亘万里，山川要害，皆能记之"。果然，面对吐蕃的进犯，唐休璟一点儿都不犯怵，还很自信地对诸将说："噶尔兄弟已经死了，麴莽布支刚刚担任大将，对军事不熟悉，带着一批贵族子弟来和我们掰腕子，看着挺唬人，其实不过是一群乌合之众。看我今儿怎么摩擦他们。"

两军在洪源谷打了一仗。唐休璟身先士卒，一马当先。周军气势如虹，六战皆捷，大败吐蕃人，斩首两千五百级，还擒拿了两员吐蕃大将。古代战争，如果光是斩首就能达到两千五百级，实际打死的敌人至少在万人以上。可以说，这是自白水涧之战后，汉人对吐蕃的又一巨大胜利。

杜松芒波杰到底是年轻气盛，吐蕃国中最能打的还真就是他恨得咬牙切齿的钦陵兄弟，钦陵兄弟一死一降，吐蕃的战力就直线下滑了，刚好碰到的又是唐休璟这样的良将，焉能不败？！

唐休璟受到封赏自不待言，凉州都督郭元振也因此战有功而被封为主客郎中。武周十二年（701年），郭元振接替唐休璟，成为陇右诸军州大使。

凉州辖境南北不过四百余里，吐蕃也好，突厥也罢，一打就打到了城下，搞得城里总是人心惶惶的。郭元振就琢磨了，好歹也是一个重要的边州，天天惶恐万分那还了得？经过实地考察，他决定择险要之地建造两座卫星城，充当凉州的屏障。这两座卫星城选址十分科学，在南部边境硖口筑和戎城，在北部沙漠中建白亭军。随后，他又以这两城为支点，修筑了许多堡寨、烽燧、屯兵点，不仅将凉州的交通线牢牢地控制在了手中，而且使得凉州可以控制的范围辐射到了方圆一千五百里。如此一来，不仅凉州的安全得到了保障，而且大大限制了吐蕃人、突厥人的活动范围。此外，郭元振还在凉州力推屯田，囤积了足够数十年之用的军粮。此后直到安史之乱爆发，突厥人、吐蕃人都没再出现在凉州城下。

武周十三年（702年）九月，吐蕃遣使求和，女皇设宴款待，唐休璟作陪。武曌发现吐蕃使者时不时就会盯着唐休璟看两眼，就问他为什么盯着那个人看。吐蕃使者解释道："洪源之战，此将军猛厉无敌，故欲识之。"女皇大喜，随后提拔唐休璟为右武威、金吾二卫大将军。

但吐蕃人狼子野心不死，这次求和后的第二个月，他们又在剑南方向试探了一下。杜松芒波杰亲自率军进犯茂州（今四川茂汶县），结果被茂州都督陈大慈接连打败四次，斩首一千余级。

周朝能赢，靠的是唐休璟、郭元振这样的良将。吐蕃会输，是因为失去了钦陵这样的良将。这再次证明了将才的重要性。

## 04. 狄仁杰去世

回过头来再说周朝这边，现在被张氏兄弟搞得乌烟瘴气。

张易之给母亲韦氏阿臧特制了一顶七宝帐，顶上镶嵌着金、银、珠、玉等各种珍宝，床身以象牙制成，簟①席是用犀牛角制成的，褥

---

① 簟，音电。

子是鼲①貂皮的，毡褥是蛮氎②毛的，床席用汾晋之"龙须"及临河之凤翮③编织而成。

哥哥这么豪奢，当弟弟的也不能落后啊！你追我赶地比赛奢侈。张昌仪的府邸建得比诸王和诸公主的府邸都要宏大。有人看不惯，大晚上在他家院门上写字："一日丝能作几日络？"一日的丝能织几日的薄纱？意思就如《小兵张嘎》里的一句台词：别看今天闹得欢，就怕将来拉清单。张昌仪把字迹除掉，结果又被人写上。如是六七次，张昌仪烦了，干脆也在门上写字："一日亦足。"咋了，哥们儿红火一天是一天！

张氏兄弟不仅奢侈，还很残忍。张易之喜欢吃烤鸭和烧鹅，但他的吃法可以说是毫无鸭道、惨绝鹅寰。怎么做的呢？把鹅鸭放入一个大铁笼子，下面搁一盆炭火，中间摆上一盆调汁。鹅鸭被炭火烤得受不了，就跑去喝调汁解渴。就这么烤了喝喝了烤的，到最后就烤熟了。由于调汁喝得足，又是由内至外渗透的，所以做出来的烤鸭和烧鹅味道特别香。张昌仪最残忍，喜欢虐杀狗，在地上钉四个铁橛子，把狗的四只爪子绑在橛子上，然后放出鹰鹞活吃狗肉。肉都吃尽了，狗还没死，号叫声极为惨厉。旁人都听不下去，他却乐得哈哈大笑。

张氏兄弟还充分利用他们对女皇的影响力和控制力，大肆卖官鬻爵。且不说张易之、张昌宗，就说他们的弟弟——首都市长、洛阳令张昌仪吧，谁来找他办事，他都敢给办。有一次张昌仪参加早朝，有个姓薛的拦住他的车驾，奉上黄金五十两，想要个官当当。张昌仪毫不客气地收了，然后把简历丢给了天官侍郎张锡。张锡不小心把简历

---

① 鼲，音浑。
② 蛮氎，音穷文。
③ 翮，音和。

给弄丢了，跑来问张昌仪想要得官的这个人姓甚名谁。张昌仪骂他："不了事人！我亦不记，但姓薛者即与之。"真不是个办事的人！我也没记住啊，得了，干脆把所有姓薛的都选了吧！张锡只能照办，把入选的六十多个姓薛的人全部授予官职。

很多投机分子想走捷径，就抱上了他们的大腿。比如，宰相韦承庆、韦嗣立、杨再思、房融、崔神基、崔神庆等，此外还有诸武和宗楚客、宗晋卿兄弟。但宗氏兄弟和诸武不和，尤其和武懿宗不对付，加之太过贪婪，索贿受贿无所不干，营造府第僭侈过度，遭到了李氏和武氏的一致声讨。史载，连一向豪奢的太平公主，在看过二宗的府邸后都自愧不如："看了他们的宅子，我们这些人真是白活半辈子了！"于是，二宗又被贬官外放。但武曌惦记外甥，没多久又把他们召了回来。这些人现在全部簇拥在张氏兄弟的羽翼之下，形成了一个势力集团。

不过，尽管如此，仍然有很多正直的大臣不把张氏兄弟放在眼里。

魏元忠的耿直是娘胎里带的，看不惯张家的嚣张跋扈，从不买账。张易之的奴仆在洛阳横行不法，兼着洛州长史的魏元忠说抓就抓、说杀就杀。武曌本打算提拔张昌期为雍州长史，遭到魏元忠的坚决反对，硬是没搞成。但魏元忠说了一句话，让武老太太很不爽，他说："老臣身为宰相，不能尽忠死节，以至于让小人待在陛下身边，这是臣的罪过！"那老太太就想了，你说我身边有小人，就是说朕识人不明，是个昏君喽?! 从此以后，她就开始疏远魏元忠。

当然还有狄仁杰。一次，南海进献了一件特别奢华漂亮的集翠裘。武曌让张昌宗穿着，陪她下双陆①棋。刚好狄仁杰来奏事，武曌

---

① 陆，音六。棋子的移动以掷骰子的点数决定，首位把所有棋子移离棋盘的玩者可获得胜利。

非让他和张昌宗下棋。狄仁杰拗不过,只得坐下。

武曌问他:"你们赌什么东西?"

狄仁杰回答道:"三局两胜,就赌张昌宗身上这件皮袍。"

武曌又问:"你用什么东西相抵呢?"

狄仁杰指着身上穿的三品紫袍说:"我用这身官服。"

武曌笑了:"你还不知道吧,昌宗身上这件皮袍价值超过千金,你那件没法比。"

狄仁杰正色道:"我这件袍子是尊贵无价的官服,他那件不过是宠臣的衣服,怎么能和我的比呢?"

武曌都被怼得哑口无言。张昌宗羞赧沮丧,连连败北,最终把集翠裘输给了狄仁杰。狄仁杰出来后,随手就将集翠裘赏给一个家奴穿上,策马而去。家奴捡着大便宜了!

狄仁杰如此言行,直追当年的李昭德,但武曌就是信他,愣是没计较。可惜天不假年,狄仁杰老了,病倒了。

武周十一年(700年)正月,武三思和吉顼同日罢相,吉顼最惨,直接被贬为县尉。

好好的,这是怎么了?很简单,吉顼受宠,有点儿膨胀了,和武家人不对付。当初平叛契丹、收复赵州后,武懿宗和吉顼公然在朝堂上争功。武懿宗又瘦又矮,形象气质就差了一大截,说话也不利索,当然说不过长得又高又帅、口才还特棒的吉顼。但吉顼这次过了,"声气凌厉",训武懿宗跟训孙子似的。武曌很不高兴,你不过是我们武家的一条狗而已,怎么敢对主人狂吠呢?当场就说了:"顼在朕前,犹卑我诸武,况异时讵①可倚邪!"吉顼在朕的面前都敢这么轻视我们武家人,何况他背着朕的时候呢?!

---

① 讵,音巨。

但吉顼没有意识到问题的严重性。几日后他向武曌奏事，刚援古引今地说了几句，就被武曌打断了："卿所言，朕饫①闻之，无多言！太宗有马名师子骢，肥逸无能调驭者。朕为宫女侍侧，言于太宗曰：'妾能制之，然须三物，一铁鞭，二铁檛，三匕首。铁鞭击之不服，则以檛挝其首，又不服，则以匕首断其喉。'太宗壮朕之志。今日卿岂足污朕匕首邪！"你说的这些道理，朕早就听得耳朵都起茧子了，不要再说了！当年太宗有匹马叫狮子骢，体格强壮、性情凶悍，连太宗都不能驯服它。朕当时还只是一个宫女，就站出来对太宗说，臣妾能制服这个畜生，只需三样东西，一铁鞭，二铁檛，三匕首。先用铁鞭打它；如果不服，再用铁檛打它的头；如果还不服，就用匕首割断它的喉咙。太宗狠狠夸奖了我一番。就你小子还不够格玷污朕的匕首呢！这番话把个吉顼吓得惶惧流汗，拜伏求生。

因为吉顼支持李显，诸武早就对他不满了，此时见武老太太已经发了怒，趁机落井下石，揭发他的弟弟假冒朝廷官员。武曌将吉顼贬官外放。

临走前，吉顼流着泪对武曌说："臣这一外放，就再也见不到陛下了，希望陛下能准许我说两句话。"

毕竟是得力的干臣，武曌还是给他几分面子的，赐座，问他要说啥。

吉顼问："把水和土搅拌成泥，有没有斗争？"

武曌说："没有！"

吉顼又问："那用一半的泥做成佛像，另一半的泥做成道教天尊像，有没有斗争？"

武曌回："当然有了！"

---

① 饫，音玉。

然后，吉顼就说了："宗室和外戚只有各当其分，天下才会安定。陛下既然已经立了太子，怎么还能让外戚当王呢？将来他们必定会争斗！"

武曌何尝不知，但事已至此，不好解决了，只得说道："朕亦知之。然业已如是，不可何如？"

武周十一年（700年）七月，周廷彻底平定了两番叛乱。女皇以李楷固为左玉钤卫大将军、燕国公，赐姓武氏。她召公卿合宴，向狄仁杰敬酒："公之功也。"还要当场封赏狄仁杰。狄仁杰却说："此乃陛下威灵，将帅尽力，臣何功之有？！"固辞不受。

李楷固有个女婿叫李楷洛，李楷洛的儿子正是与郭子仪齐名的中唐名将李光弼。试想，如果没有狄仁杰力保李楷固，就不会有李楷洛，更不可能有李光弼了。狄仁杰为大唐种了一个小小的因，却结了一个大大的果。

两个月后，狄仁杰病逝于洛阳，享年70岁。武曌废朝三日，追赠狄仁杰为文昌右相，赐谥号"文惠"。

终武曌之世，狄仁杰是最受她尊重的大臣，这一点岑长倩、李昭德、魏元忠都比不上。为啥呢？一是因为狄仁杰是君子，二是因为他能力出众，三是因为他直言敢谏。武曌这个人好赖还是能分清楚的，国家需要狄仁杰这样的重臣，所以她从不称呼狄仁杰的名字，而是尊称为"国老"。

一次，狄仁杰跟着武曌出游，忽然来了一阵风把他的头巾吹掉了，坐骑受惊狂奔不止。猜猜武曌做了啥？她居然让太子李显追撵、制服受惊的马儿，并给狄仁杰捡头巾。这相当于让储君、未来的皇帝为狄仁杰牵马坠镫了。臣子当到这个份儿上，真是登峰造极了。

狄仁杰年纪大了，每次入朝武曌都不让他跪拜，还说："每次看到国老跪拜，朕的身子也痛了！"宰相需要轮流值班，武曌特批狄仁杰免值:"从今往后,如果不是军国大事,就不要去打扰国老了!"

狄仁杰没了,武曌是发自肺腑地感到伤心,哭着说:"朝堂空矣!"打这以后,每当有什么国家大事拿不定主意时,她总会长叹一口气说:"天夺吾国老何太早邪!"

其实,狄仁杰给她推荐了不少人,有夏官侍郎姚元崇、监察御史桓彦范、泰州(今江苏泰州)刺史敬晖、荆州(今湖北荆州)长史张柬之等几十人,都是一代名臣。这些人武曌都用了。有人曾对狄仁杰说:"天下桃李,悉在公门矣。"狄仁杰却说:"荐贤为国,非为私也。"

以上这些人里头,后来戏份最重、贡献最大的当数张柬之。

和苏定方一样,襄州襄阳(今湖北襄阳)人张柬之也是一个大器晚成的典型,而且他比狄仁杰还要大五岁,仅比女皇小一岁。

张柬之的起点其实相当不错,因为"涉猎经史,尤好《三礼》",所以年纪轻轻就被吸纳入体制,"补太学生"。进入太学后不久,他就得到了初唐史学大咖、国子祭酒令狐德棻的器重。令狐德棻认为他是奇才,将来必定位居宰辅。又过了没多久,张柬之就高中了进士,成为青城①县丞。

然而,在短暂的冲高之后,张柬之的人生就进入了一个相当漫长的筑底期。到底有多长呢?这么说吧,他硬是从领导和同事口中的"小张"熬成了"老张"。

至于原因,有人分析是他出身贫寒、上头没人所致。这可能也是一方面原因,但我注意到了《资治通鉴》中的一个细节:高宗二十七年(676年)十月,"郇王素节,萧淑妃之子也,警敏好学。天后恶之,自岐州刺史左迁申州刺史。乾封初,敕曰:'素节既有旧疾,不须入朝。'而素节实无疾,自以久不得入觐,乃著《忠孝论》。王府仓曹

---

① 一说清源县,具体地址不详。

参军张柬之因使潜封其论以进。后见之，诬以赃贿，丙午，降封翻阳王，袁州安置"。

什么意思呢？张柬之曾经给武曌情敌萧淑妃的爱子郇王李素节当过王府仓曹参军，所以才会长时间沦为政治的边缘人。

已经满头白发的张柬之觉得自己这辈子也就这样了。哎，命运女神偏在这时翻他牌子了。临朝六年（689年），武太后开制科选拔贤良。张柬之在应试的一千多人中考了个第一名，一鸣惊人。朝廷也被惊到了，破格提拔他为监察御史。这一年，张柬之已经64岁了。

等他再次在史书中露脸时，已经是九年后的武周九年（698年）了。是年，武曌决定让魏王武承嗣幼子淮阳王武延秀赴漠北，迎娶后突厥默啜可汗之女。此时官居凤阁舍人的73岁老翁张柬之上书反对："自古未有中国亲王娶夷狄女者。"这就属于公开和领导唱反调了，女皇大怒，将他贬官合州（今广东湛江雷州市）刺史。

偏偏狄仁杰非常欣赏这位老大哥。

一次，女皇问他："朕欲得一佳士用之，谁可者？"

狄仁杰反问道："未审陛下欲何所用之？"

女皇说："欲用为将相。"

狄仁杰对曰："文学蕴藉，则苏味道、李峤固其选矣。必欲取卓荦奇才，则有荆州长史张柬之，其人虽老，宰相才也。"

女皇很犹豫。一来她觉得此人没啥大本事；二来这人年纪太大了，即便用他，说不定没几天就死在岗位上了。不过，狄国老都开口了，这个面子得给，所以就将张柬之由荆州长史提升为洛州司马。

几天后，她又让狄仁杰推荐宰相。狄仁杰悻悻然地说："前荐柬之，尚未用也。"

女皇很诧异，用了啊，已经提拔为洛州司马了呀！

狄仁杰老大不高兴："臣所荐者可为宰相，非司马也。"陛下，我推荐的可是宰相之才，不是州司马那种水平。

女皇不得已，勉强将张柬之提拔为秋官侍郎。

我一直觉得，狄仁杰一再力荐张柬之，就是为了后来那一出。

狄仁杰有三个儿子，其中两个还可以，狄光嗣官至州别驾，狄光远官至州司马，也就一般水平；主要是狄景晖比较浑蛋。这小子刚当官时还比较谨慎，但随着官位不断晋升就不能自已了，特别是升任并州参军后贪赃枉法，引得当地民怨沸腾。狄仁杰早年任并州刺史时，并州百姓曾为他立了一座碑。后来狄景晖在并州胡搞，乡民就把狄仁杰的碑给砸了。

狄仁杰得知后非常生气，断然罢免了儿子的官职，连俸禄都停了。不少大臣出面说情，狄景晖也跪在父亲面前挥泪求饶。但狄仁杰没有收回成命，他语重心长地对儿子说："贤者当举，贪者当罚。这是用人之道、兴邦之法。"狄仁杰如此处置，倒也全了他良臣的美名。可他的后代子孙还是不争气，没有一个成为名臣的。

## 05. 魏元忠三贬

狄仁杰去世后，武曌身边就少了能匡正她的人了，加之她已老病缠身，长时间不能上朝，为了保持对朝廷的控制，干脆就以二张为耳目。二张逐渐插手朝政，势力越发膨胀。

太子李显的嫡长子邵王李重润、女儿永泰郡主以及郡主的丈夫嗣魏王武延基年轻气盛，对张氏兄弟的嚣张跋扈极为不满。武周十二年（701年）九月的一天，他们私下里嘀咕二张，却被人听了去并告诉二张。二张马上就跑到武曌面前告状。

一边是亲孙子、亲孙女、亲侄孙，一边是男宠、面首，你们猜武曌会怎么处理？她居然逼令李重润、武延基、永泰郡主三人自杀。李重润是李显和韦氏唯一的儿子，不出意外，他将来就是皇帝。可武曌偏要让他出意外，就是要他死。武延基是武承嗣的长子、武曌的亲侄孙，她连眼睛都没眨一下，照杀。永泰郡主年仅17岁，还怀着孕，有说她怀着孕就被赐死的，也有说她虽未被赐死但却受惊难产而死的，总之是死了。三个血脉亲人却大不过两个男宠。

一日之内，儿子、女儿、女婿都被杀了。你说李显和韦氏恨不恨张氏兄弟，恨不恨母亲、婆婆？当然恨啊，简直恨得要死！可再怎么恨，他们也不敢有丝毫的流露，甚至还得越发用力地巴结张氏兄弟。是是是，都是这几个娃儿的错！对对对，该杀该杀，你们不杀，我们也得把他们杀了。

武周十三年（702年）八月，李家三巨头——李显、李旦、太平联袂上表，请求母亲加封二张为王。女皇老归老，还没糊涂，男宠何德何能，哪里够封王呢？没同意。李家三巨头锲而不舍地再次上表。最终，武老太太开心地打了折扣，封张昌宗为邺国公、张易之为恒国公。

张氏兄弟认为武家人已经是奴才了，就剩李家人还不服，那就接着收拾，把李旦、李显、太平都收拾了，将来天下就是我们张家的了。不过，在收拾李家人之前，先得把那些碍事的大臣，特别是那几个又臭又硬的老顽固除掉，免得他们碍手碍脚。

老顽固还有谁呢？其实也没几个了，首当其冲的是魏元忠。

司礼丞高戬是太平公主的情夫，平日与魏元忠过从甚密。张昌宗就跑到武曌面前，说魏元忠曾和高戬私下议论，说什么"太后老矣，不若挟太子为久长"。这话当然触了武曌的逆鳞。第一，她自己说老可以，别人说老就不行！第二，朕还活得好好的，身体倍儿棒，吃嘛嘛香，还想向天再借五百年呢，你们这些人就急着选边站队、盘算后事了?! 她很生气，连调查的程序都不走了，直接将魏元忠、高戬下狱，还让张昌宗与他们当庭对质。

光张昌宗一个人说肯定不行，得有第三人佐证啊！找谁佐证呢？张氏兄弟合计了一番，就想到了张昌宗的下属、珠英学士张说。张说答应得好好的，放心，绝对配合，肯定搞死老魏头。

转天当堂对质，魏元忠、高戬以及张昌宗各执一词，公说公有理，婆说婆有理。张昌宗急了眼，祭出了撒手锏："张说当时在现场，曾亲耳听到魏元忠说过这话，请陛下召他上殿对质。"武曌就召张说入殿。

张说正要往里走，凤阁舍人宋璟把他拉住了，神情庄重地说道："做人，名誉是最重要的，这是鬼神难欺之事，决不能为了自保而构陷忠良。即便因此获罪流放，那也是莫大的荣耀。你尽管按名誉行事，如果发生意外，我会叩阁力争，与你同死的。张说，这件事你要想好办好，你能不能受万代敬仰就看这一次了。"

殿中侍御史张廷珪则对张说说："朝闻道，夕死可矣！"

同为珠英学士的刘知几也说："无污青史，为子孙累！"

张说什么都没说，昂首入殿。

魏元忠不怕张昌宗，但他就怕第三人佐证，尤其还是女皇非常认可的张说。所以，张说一进门，他就大呼："张说，难道你要和张昌宗一起陷害我吗?!"他嗓门大，张说比他嗓门还要大："魏元忠，你可是宰相啊，怎么说话和市井小民似的?!"

张昌宗催促张说快快做证。张说开始说了："陛下您看，当着您的面张昌宗就这么逼迫我，可想而知背着您时他是如何变本加厉地逼迫我呢！今天，当着您和群臣百官的面，我必须以实情相告，我没有听魏元忠说过那样的话，是张昌宗逼迫我做伪证的。"

这话一出，二张就急了："张说与魏元忠同反！"武曌问证据何在。张昌宗说了："张说曾说魏元忠是伊尹、周公之流亚。伊尹放逐了商君太甲，周公实际上掌控了王权，这不是造反是什么？"

张说也是豁出去了："张易之兄弟是孤陋寡闻的小人，只听过有关伊尹、周公的只言片语，又哪里懂得这两位先贤的德行呢?！当时魏元忠刚做宰相，我以郎官的身份前往祝贺。魏元忠对前去祝贺的客人说：'无功受宠，不胜惭愧，不胜惶恐。'我确实对他说过：'您承担着伊尹、周公的职责，拿着三品的俸禄，有什么可惭愧的呢！'伊尹和周公都是人臣楷模，从古到今一直受到人们的仰慕。陛下任用宰相，不让他们效法伊尹和周公，那要让他们效法谁呢？我明知今天依附张昌宗立刻就能获取宰相高位，为魏元忠辩解马上就会被满门抄斩，但我害怕日后魏元忠的冤魂向我索命呀！"

如此，事实也就很清楚了，魏元忠是被冤枉的。没想到武曌居然说："张说是个反复小人，应该一起治罪！"可见，这次她就是想办魏元忠。朝会不欢而散。

隔了几日，她又派人去问张说，魏元忠和高戬到底说没说过那样的话。张说还是坚持说没有。

你们反对，这事儿我还不办了？武周十四年（703年）九月，武曌悍然下诏，将魏元忠贬到广东肇庆高要任县尉，高戬和张说皆流岭表。魏元忠临行前对她说："臣已经老了，此去岭南九死一生。陛下将来肯定会想念臣的。"武曌很奇怪，我都讨厌死你了，你还说我将来肯定会想你，为什么？魏元忠指着张易之和张昌宗说："这两个小子将来肯定会生出祸乱！"说罢，昂首挺胸，扬长而去。二张不干了，一再喊冤鸣屈，搞得武曌也很烦躁："哎呀，好了，魏元忠已经走了！"

事情到此就该结束了吧？没有！

太子李显派崔贞慎等八名仆人代表他到郊外为魏元忠饯行。这就是他不谨慎了。果然,张氏兄弟一直盯着他呢,马上伪造了一个叫柴明的人的状纸,说崔贞慎等人是魏元忠一党,阴谋与魏元忠造反。

事情一旦涉及太子,性质就变了。武曌十分警觉,叮嘱监察御史马怀素:"据朕所知,这些都是事实。你稍微过问下做做样子,马上具表上奏。朕把他们都杀了就完了!"

马怀素却没有这么干,坚持公正调查。进度不快啊,武曌急了:"谋反的事情已经很明白了,怎么处置这么缓慢呢?"

马怀素就请这个叫柴明的出来对质。女皇耍赖:"我也不知道柴明在哪里,你按照案情处置就行了,用不着找告状的人!"

马怀素说,没有证人,结论无法成立。

武曌怒了:"你想把谋反的人都放了吗?"

马怀素毫不退让:"陛下掌握着生杀大权,想给谁定罪,只需要陛下一句话。但是如果你让臣负责调查审理,臣就得照章办事了!"

武曌知道这事可能办不了那么利索,嘴一秃噜把实话说了出来:"怎么,这些人你打算都不定罪了?好歹定上几个呗!"

马怀素非常执着:"臣智识愚浅,实不见其罪!"

武曌只好作罢。

魏元忠如果知道女皇这么想搞死他,估计要寒心了,你为她的江山社稷考虑,她却处心积虑地想弄死你。这已经是他第三次出贬了,也再次证明了伴君如伴虎的道理:用你的时候,各种甜到发齁的词儿都敢往你身上招呼;一旦不用你了,就看你哪儿哪儿都不顺眼,连呼吸都是讨厌的。

## 06. 倒张行动

吉顼外放，狄仁杰病逝，魏元忠出贬，接下来就轮到宋璟了。

宋璟是河北邢台南和人，17岁就考中了进士，仕途很顺遂，一路官至凤阁舍人。他也从不买张家的账，还积极利用各种场合打张家的脸。

一次宫廷夜宴，张氏兄弟的座席居然在他之上。宋璟就很不高兴了，我是国家大臣、朝廷要员，你们这些面首座次居然在我之上，人间还有正道吗？

张易之素来忌惮宋璟，想借这个场合和他套近乎，就起身让座："您是当今第一人，为什么在下位落座呀？"

宋璟故意说道："本人才智低劣，职务卑微，张卿反说我是当今第一人，这是什么道理？"

天官侍郎郑杲是二张的走狗，站出来为主人吠叫："宋大人，你称呼'五郎'为卿，这可不太妥当啊！"

宋璟犀利回击："根据他的官职，称他张卿最为合适。你又不是张卿的家奴，为什么要称他为'郎'呢？"

在座的人都下傻了，现在还有人敢这么怼张家人吗？

张氏兄弟各种见缝插针地进谗言陷害宋璟。大臣们虽然多，但能干活儿、能干大活儿的不多，刚挤走了一个魏元忠，再把宋璟弄走，谁来干活儿？所以，武曌没同意。张氏兄弟这次算是碰到硬茬了，魏元忠只是怼他们，而宋璟走得更远，不仅怼，还想扳倒他们。

张家人贪赃枉法的证据又多又清晰。很快，宋璟就吹响了清算张家人的号角。武周十五年（704年）七月，张同休、张昌期、张昌仪因贪赃枉法证据确凿而被下狱。几天后，正主张易之、张昌宗也被降敕配合调查。

张家人的势力不小，司刑正贾敬言具表上奏："张昌宗强市人田，应征铜二十斤。"张昌宗罪恶滔天，哪里是交区区二十斤铜就能豁免的?!贾敬言显然是在避重就轻，为张昌宗开脱。武曌很配合，回复："可。"

宋璟不肯退让。几天后，御史大夫李承嘉和御史中丞桓彦范上奏："张同休兄弟贪赃一共四千余缗，依照法律，应该罢免张昌宗的官职。"张昌宗硬扯："臣有功于国，虽然有一些过错，但还不至于被罢官。"可能伺候女皇到位也算有功于国吧?!武曌就问宰相们："张昌宗有功劳吗？"马屁精杨再思第一个发言定调子："昌宗炼制不老仙丹，陛下服用后效果很明显，这可是天大的功劳。"武曌很开心，还是杨爱卿懂事，当场宣布赦免张昌宗，官复原职。但张同休和张昌仪均被贬官外放。

武周朝姓韦的宰相比较多，有韦待价、韦方质、韦什方、韦思谦的儿子韦承庆和韦嗣立，以及韦巨源和韦安石叔侄俩，一共七个。其中，最耿直的要数四度出任宰相的奇人韦安石。韦安石曾多次面斥张昌宗、张易之兄弟。一次宫廷宴会，张易之居然把一群商人引入宫中。古代社会讲究士农工商，商人的社会地位是最低的。这伙人也就是碰上张易之，否则这辈子都不可能入宫。他们仗着有张易之撑腰，在宫中大呼小叫，非常放肆。韦安石瞅着来气，当场跪奏曰："商贾贱类，不应得预此会。"不待武曌回应，他就命人将这伙人都轰了出去。武曌不好责怪韦安石，只得当场劳勉之。

韦安石紧咬不放，继续检举张氏兄弟的过错。武曌不得已，只得让韦安石和新晋宰相唐休璟一同审问二张。但这不过是虚晃一枪，因为第二个月她就将韦安石和唐休璟罢相外放。唐休璟离京前，偷偷去见了太子李显："二张骄横跋扈，将来必定为乱，殿下一定要及早防备啊！"

看出形势不妙的可不止他一个，还有姚元崇。武周十五年五月，他以母亲年迈为由请辞。女皇同意了，免去了姚元崇除相王长史以外的所有职务。但次月她就转过弯儿来了，爱卿呀，你还不到退休年龄呢，不能躺平，回来接着当宰相吧，主管兵部。姚元崇为了保护李旦，向女皇进言："臣事相王，知兵马不便。臣非惜死，恐不益相王。"女皇深以为然，便于八月改任他为春官（即礼部）尚书，带宰相衔。

可姚元崇刚回朝就把张氏兄弟给得罪了。张易之在老家定州（今河北定州）建了一座寺院，为了充门面，非要调长安大德寺中的十名僧人到定州。这些僧人不干，跑到礼部告状。姚元崇不顾张易之屡次说情，愣是判决断停此事。那张易之岂肯善罢甘休？向女皇一顿捅咕，导致姚元崇被贬为司仆寺卿，但仍保留宰相衔。

恰在这时，突厥降户中冒出个叫叱列元崇的带头造反。女皇很忌讳，不让姚元崇叫本名了，让他用字做名，改叫姚元之。

九月，女皇派姚元之去灵武出差。临行前，女皇问他谁能接任宰相。姚元之果断推荐了张柬之："张柬之沉厚有谋，能断大事，且其人已老。惟陛下急用之。"

这次武曌听了。十月，将近八十岁的张柬之终于成为宰相。他不仅是唐朝，也是整个古代任相年龄最大的人。

这时，武曌的身体已经很不好了，待在宫中静养，有时几个月都不出来一次。大臣们很担忧，万一老太太哪天两腿一蹬嘎嘣了，那遗诏还不是由着二张来写，这可不行，必须得让太子、相王、公主他们也住到宫里去。天官侍郎崔玄暐上奏："太子和相王都很孝顺，应该入宫服侍陛下。宫闱重地，不应该让异姓人出入。"武曌同意了。

老太太一病，朝廷的矛盾迅速尖锐起来。二张深知老太太没几天可活了，积极串联党徒。朝臣这边，甚至有人敢将指证二张谋反的大字报张贴于通衢闹市。这在以前是不可想象的，以前你贴个试试，别说诛九族鸡犬不留了，连家里的鸡蛋都给你摇散黄了！

宋璟再次发起对二张的打击，让一个叫杨元嗣的指控张昌宗和术士李弘泰过从甚密，李弘泰说张昌宗有天子之相，劝张昌宗在他老家定州修建佛寺，收买人心。女皇让宰相韦承庆、司刑卿崔神庆和宋璟共同调查审理。

二庆都是张氏的人，上奏说："张昌宗说他早将李弘泰说过的话向陛下作了汇报。根据法律规定，张昌宗属于主动自首，应当免予处罚；李弘泰妖言惑众，须逮捕治罪。"

宋璟的上奏针锋相对："张昌宗受到陛下如此恩宠，还要召见术士看相占卦，他还想要什么？李弘泰说他为张昌宗占得纯乾卦，这是天子之卦。如果张昌宗认为李弘泰的所作所为是妖言妄行，那为什么不将李弘泰捆起来送到有关部门治罪？虽然他说已经将此事上奏天子了，但终究还是包藏祸心，应当处以斩刑，并没收家产。"

女皇不作声。宋璟拿话逼她："如果不将他立即拘禁，恐怕会人心不稳。"武老太太只得说："你们先暂停审理此案，等我仔细看看文书诉状再说。"宋璟刚刚退下，左拾遗李邕就上前帮腔了："刚才听宋璟的话，我认为他是一心为安定国家着想，并没有考虑自身安危得失，希望陛下同意他的意见。"但武曌明确予以拒绝。

很快，敕书接连下达，先是让宋璟到扬州审理案件；不一会儿又改了，让他去幽州审理案件；然后又改了，让他协助李峤安抚陇蜀之民。总之，就是要把他支走。宋璟也是豁出去了，明确上表拒绝："依照惯例，如果没有事关军国大事的重大案件发生，作为御史中丞的我不应出使地方。"

桓彦范和崔玄暐接着上书，要求处死张昌宗。这么多大臣上疏，武曌要是再没个态度就说不过去了，只得妥协，让有司议定张昌宗的罪。结果可想而知，死罪。

这武曌就不能接受了，找来宋璟说："张昌宗已经把那件事情告诉我了。"宋璟毫不退让："张昌宗是因为被逼得走投无路了才这么说的，并不是他的本意。况且他所犯下的是谋反大罪，不允许因自首而免刑。如果张昌宗图谋不轨还能免死，那要国法干什么?!"

老太太有气无力地为张昌宗辩解开脱。宋璟却声色俱厉地说："张昌宗承受着他不应该承受的恩泽。臣深知此言一出就会大祸临头，但正义驱使着我非说不可，即使因此而死也没什么可遗憾的！"

这话撂得太狠，武曌勃然变色，面露杀气。杨再思趁机宣敕让宋璟退出。好个宋璟，大声回怼杨再思："圣明天子就在眼前，用不着麻烦你擅自宣布敕命！"

武曌无奈，只得让张昌宗前往御史台接受审讯。

宋璟大喜，这小子这次犯我手里了，看我不弄死你。岂料，审讯刚进行到一半，宦官就带来了武曌的敕书，当场赦免张昌宗。宋璟悔得直拍大腿："哎，没先把这小子的脑袋打烂，真是我终生的遗憾哪！"

## 07. 神龙政变

宋璟等人之所以不能成功，就在于他们的脑洞开得还不够大，也可以说他们的胆子还不够大。因为，他们解决问题的大前提没有变，依旧是维护武周政治，维护女皇当家，并且斗争方式也局限于合法途径。但只要武曌还是皇帝，说了还算，她决不会坐视自己的面首被收拾。所以，不管宋璟、韦安石等人怎么较真、怎么折腾，注定都是徒劳的。

好在有人和他们不一样。不知道大家有没有发现，在这波斗争浪潮中，有一个人始终没有出头，从未说过一句话。他就是新晋老宰相张柬之。张柬之从一开始就觉得宋璟他们的努力都是无用功，甚至于他是带着嘲笑的眼光看他们在折腾。到底是年轻人啊，方向不对，努力白费。

但不说话不等于没行动。事实上，张柬之已经在暗中筹划一个大动作了。只是这个大动作的目标可不是张氏一族，张家太小了，张柬之要的是彻底终结牝鸡司晨的武周朝，让江山重新回归李唐正朔。

就问你们他胆子够不够大？大唐开国以来，他不仅是年龄最大的宰相，也是胆子最大的宰相，裴炎在他面前都不算个啥！都说老人志气消磨，不敢冒险，我看未必，张柬之就是一个典型反例，都八十岁的人了，胆子比天都大，干劲比谁都足。他抛开旁枝末节，直接想到了政变的法子，大唐复辟是必然的，晚解决不如早解决，既然武老太太铁了心要护二张，干脆连她一起收拾！

他串联了一帮和他有同样想法、胆子也很大的大臣，有天官侍郎崔玄暐、中台右丞敬晖、司刑少卿桓彦范、相王府司马袁恕己、右羽林卫大将军李多祚、右羽林将军杨元琰[①]、右散骑侍郎李湛（与唐敬宗同名）、左威卫将军薛思行和太子李显的女婿内直郎王同皎。其中，最核心的成员是张柬之、崔玄暐、敬晖、桓彦范、袁恕己五人。张柬之还是很聪明的，带上了一个太子的人——王同皎，又带上了一个相王的人——袁恕己，如此政变成功，可两不得罪。

腊尽春回，转眼就是新的一年。武周十六年正月，武曌宣布改

---

① 琰，音掩。

元"神龙"。这时她的健康状况已经很糟糕了，她也明白自己行将就木、时日无多了。人到了这个地步，免不了会回顾自己的一生。武曌想，她这一生杀的人太多了，有些人有罪，确实该杀，但有些人其实没罪，为了政治需要，编织罪名也杀。可能是良心发现，也可能是为了救赎，她破天荒地下了一道大赦令："自文明以来得罪者，非扬、豫、博三州及诸反逆魁首，咸赦除之。"啥意思呢，就是说自她临朝称制那年起到现在，所有获罪的人，只要不是徐敬业叛乱和李唐宗室叛乱的主谋，全部赦免。

但这份迟到的良心发现已经无法挽救病入膏肓的她了。很快，武曌就陷入了半昏迷状态。如此，张易之、张昌宗兄弟就实际把持了大周朝的最高权力。

不能再拖了！张柬之当机立断：干！

宫廷政变能不能成，就看能不能控制羽林军。大家看古装电视剧，经常能看到御林军，其实这种叫法是错误的，正确的叫法应该是羽林军。羽林军首创于汉武帝时代，取"为国羽翼，如林之盛"之义。张柬之那边属于羽林军系统的只有一个李多祚，所以他陆续将桓彦范、敬晖、李湛等人提拔为羽林将军。为了打消二张的疑虑，他又刻意任用二张一党的建安王武攸宜为右羽林大将军。

但光有羽林军的支持还不够，还要得到李家人的支持，否则将来会被视为谋逆，落得跟徐敬业、李贞等人一样的下场。张柬之首先将自己的打算告诉了太子李显。李显表示同意。然后，他又告知了相王李旦和太平公主，相王和太平公主也支持。你说李旦胆子小吧，这事儿他居然敢干！

李家三巨头都支持了，接下来就是两横一竖，干了。

正月二十二日，政变爆发！

张柬之定计兵分两路，他和崔玄暐、桓彦范率羽林军五百人直驱玄武门，迎接太子李显入宫；袁恕己随相王李旦统率南牙兵马，抓捕城中的韦承庆、房融、崔神庆等二张党羽。

一切都在按计划推进。没想到，关键时刻李显想掉链子。张柬之等人都已经到玄武门外了，派李多祚、李湛、王同皎去东宫迎接他。李显终归是个尿包，当初都答应了，现在却害怕了，磨磨蹭蹭不出去。李多祚、李湛是臣子，也不敢强迫他。

王同皎出面规劝老丈人："先帝把皇位传给殿下，殿下无故遭到幽禁废黜，皇天后土、士民百姓无不义愤填膺，迄今已经有二十三年了。现在上天诱导人心，北门羽林诸将与南牙朝臣同心协力，立志诛灭凶恶的小人，恢复李氏的江山社稷。希望殿下暂时到玄武门去，以满足大家的期望。"

李显畏畏缩缩："凶恶的小人的确应该剪除，但天子圣体欠安，你们这样做肯定会惊扰天子！请诸位日后再图此事。"说到底，他不怕二张，但他是真的怕他妈。

李湛觉得这么劝不是办法，就忽悠李显："诸位将帅宰相为了国家不顾身家性命，殿下怎么忍心让他们面临鼎镬的酷刑呢？请殿下亲自去制止他们好了。"①

哎，李显还真就信了，跟着他们出来了。

行，你只要出来就行，后面的事情就由不得你了。李多祚、李湛、王同皎簇拥着李显直抵玄武门。此时，玄武门守军已经反正。张柬之率军突入宫中，直奔武曌的寝宫迎仙宫。好巧不巧，刚好在走廊中碰到二张。那还有什么好说的，众将士一拥而上，将二张乱刀砍

---

① 以上两句规劝、忽悠中宗的话，《资治通鉴》载，第一句为王同皎所说，第二句为李湛所说；《旧唐书》载，两句话均为李湛所说；《新唐书》载，两句话均为王同皎所说。

死。刀剑面前，人人平等，美男也不能幸免。然后，他们继续前进，将武曌所在的长生殿团团围住。

张柬之、李显等主要大臣进入殿中。女皇听见响动，挣扎着坐了起来，努力了半天才看清这些人，她厉声质问："是谁作乱？"李显一听母亲的声音，就吓得往后缩。还是张柬之胆子大，上前禀告："张易之、张昌宗阴谋造反，臣等已奉太子的命令把他们杀了，因为担心走漏消息，所以事先没有向您禀告。在皇宫禁地举兵诛杀逆贼，惊动天子，臣等罪该万死！"

什么，五郎六郎都死了？那一瞬间，武曌的心碎了，她知道接下来要发生什么，但她还想试着挽回，就扭头转向李显："这件事是你让干的吗？那两个小子已经被诛杀了，你可以回东宫了。"可事到如今，傻子才信她的忽悠呢！

不待李显回话，桓彦范便上前一步："太子哪还能回到东宫去呢？当初天皇把太子托付给陛下，现在他年纪已大，却一直在东宫当太子，天意民心早已思念李家。群臣不敢忘怀太宗、天皇的恩德，所以尊奉太子诛灭逆臣。希望陛下将帝位传给太子，以顺从上天与下民的心愿！"别闹了，老太太，你已经完了，赶紧传位吧，大唐要复辟了！

是的，完了，全完了，她这一生的心血全都归零了。武曌好恨啊，她盯着这几个主谋，恨不得将他们千刀万剐。然后，她发现了人群中的李湛，这是李义府的儿子。她问李湛："你也有份儿吗？朕对你们父子不薄，你却这么对朕！"这话太犀利了！确实，武曌对李义府的宠任那是有目共睹、人所皆知的。李湛满面羞惭，无法回答。

武曌又对崔玄暐说："别人都是经他人推荐之后提拔的，只有你是朕亲手提拔的，你怎么也反朕呢？"崔玄暐这时已经不给她面子："我这样做，正是为了报答陛下的大恩大德。"

武曌无话可说了，颓然栽倒在床上，不再说话，两行老泪从眼眶滚落，斗了一辈子，就落了这么个结果?！这是她心死亡的一天。

李显等人退了出来，他们还有很多事要办！

接下来就是张氏一族的灭顶之灾了。张昌期、张同休、张昌仪等人一个都没跑脱，全部被杀，并且和张易之、张昌宗的尸身一同在天津桥①上被枭首示众。洛阳百姓欢呼雀跃，蜂拥而上，将二张的肉切成小块。那肉又肥又白像猪的脂肪，有人竟然煎着吃掉了。二张的母亲韦氏阿臧被没为官奴，就连她那被强迫的老公李迥秀也受到牵连，被贬官外放。

二张的一个姐妹嫁给了出身弘农杨氏的宣州士曹参军杨珣。杨珣单传一子杨钊。这位杨钊就是杨贵妃的堂兄，大名鼎鼎的乱唐奸相杨国忠是也。天宝九载（750年），张昌期的女儿通过表哥杨国忠向玄宗申诉，恳请昭雪张易之、张昌宗兄弟。玄宗浑然忘却了当年张氏兄弟迫害他爹的勾当，居然以二张有从房州迎回中宗的功劳为由，恢复了张氏兄弟的官爵。

这次政变是唐朝历史上的第二次玄武门之变。和第一次玄武门之变有所不同的是，这次政变并非发生于长安太极宫玄武门，而是发生于洛阳太初宫玄武门，因其发生于神龙元年，故史称"神龙政变"。

---

① 天津桥是隋唐洛阳皇城前的桥梁，类似于北京的金水桥。

## 08. 李唐复辟

二十三日，武曌昭告天下，当然也有可能是张柬之等人冒用她的名义发的诏书，宣布由太子李显代理工作，并大赦天下。朝廷派遣十位使者携带天子玺书分赴各道，解释神都政变情况，并安抚各地官民。

二十四日，武曌被宣布退位，传位太子李显。

二十五日，李显即皇帝位，大赦天下。短短一月之内，三次大赦天下，堪称前无古人后无来者，那一年的罪犯真是有福气啊！李显加封李旦为安国相王、太尉、宰相，太平公主为镇国太平公主，拜张柬之、崔玄暐、袁恕己、敬晖、桓彦范为宰相并赐爵郡公，李多祚赐爵辽阳郡王，王同皎加封右千牛将军、琅琊郡公，李湛为右羽林大将军、赵国公，其余有功之臣也各有封赏。中宗最得意魏元忠，当日即派人前往肇庆高要，征召魏元忠回京，拜为宰相。

翌日，武曌被搬离了迎仙宫，迁入紫微城以西的上阳宫。负责警戒，其实就是看守她的，正是李义府的儿子李湛。父亲忠臣，儿子奸臣；父亲奸臣，儿子忠臣，世事无常啊！

两天后，李显带领文武百官来到上阳宫，为母亲上尊号为则天大圣皇帝。也正是从这一刻起，武曌其人才和"则天"二字直接挂钩。之后的唐皇不管怎么追谥她，都有"则天"二字。所以，后世就以武则天称呼她。这也是我在此前的故事中很少称呼她"武则天"的原因。大家如果穿越回武则天当政的时代，一开口就喊她"媚娘"，那肯定是个死，那是李世民父子才能叫的；如果喊她"武则天"，她多半是一脸蒙。

则天是什么意思呢?《论语·泰伯》载:"巍巍乎,唯天为大,唯尧则之。"意思就是说,以天为法,治理天下。要我说这个解释并不准确,应该叫她武责天,责备的责,就是要跟老天爷叫板,逆天而行。

群臣百官中唯有姚元之一人呜咽流涕。张柬之等人都惊呆了,赶紧出言提醒:"今日岂公涕泣时邪!恐公祸由此始。"姚元之一边泣涕涟涟一边说:"元之事则天皇帝久,乍此辞违,悲不能忍。且元之前日从公诛奸逆,人臣之义也;今日别旧君,亦人臣之义也,虽获罪,实所甘心。"我侍奉陛下的时间很长,现在突然要分开了,心情万分悲痛。况且我前几天追随诸公诛灭恶逆之徒是尽臣子的本分,今天辞别旧主也是在尽臣子的本分呀!即使因此而受到惩罚,我也心甘情愿。果不其然,当天他就被中宗罢相,外放为亳州刺史。

如果这个故事到这里就结束了,大家一定会感叹姚元之重情重义。可是,事情并没有这么简单。张柬之等人后来遭到武氏家族的反攻倒算,死得那叫一个惨,而姚元之没有直接参与神龙政变,并且因为有今天的这一哭,所以得到了诸武的谅解。人和人真的有段位差别,同是宰相,张柬之看事情远不及姚元之深远。

二月初四是历史性的一天,李显下诏恢复大唐国号,并规定郊庙、社稷、陵寝、百官、旗帜、服色、文字等,都恢复到高宗永淳年间以前的旧制,西京长安恢复为首都,神都恢复洛阳旧名。他,还有相王和太平公主,从此都不再姓武了,恢复李姓。这样,在消失了16年之后,大唐的旗帜又在这片土地上升了起来。

我依稀看到,李渊、李世民、李治祖孙三代手拉着手、肩并着肩纵情高歌:咱老李家,今儿晚上真呀真高兴(吼)!咱老李家,今儿晚上真呀真高兴(嘿)!

初五,二张余党遭到清算,韦承庆、韦嗣立、房融、崔神庆、宋之问、宋之逊、郑愔、沈佺期等二十余人或流放或贬官。宋之问在贬官广东云浮罗定途中，写下了他的著名诗篇《度大庾岭》："度岭方辞国，停轺①一望家。魂随南翥②鸟，泪尽北枝花。山雨初含霁，江云欲变霞。但令归有日，不敢恨长沙。"我不敢怨恨朝廷，只希望朝廷有朝一日能把我召回来。

相比之下，沈佺期最惨，被判流放驩州（今越南演州及安城县一带）。在流放前，他还牵连了两个儿子、两个哥哥和三个弟弟，且他本人也遭受了牢狱之灾。时值盛夏，监狱里不着光不见风，臭虫跳蚤横行，加之心情又不好，沈佺期得了疟疾，差点儿死在里头。当年秋天，他踏上流放之路，辗转一年才到达驩州。

覆巢之下居然还有两枚完卵：一枚是马屁精杨再思，不仅没有被清算，还被任用为户部尚书、同中书门下三品、西京留守；另外一枚就是崔湜，他跟随二张的时间不长，且有家族势力做靠山，不仅未受牵连，还成了神龙政变功臣桓彦范的亲信。

唐廷随即对武则天临朝称制以来除徐敬业、裴炎谋反案外的所有冤假错案，进行了清理和昭雪。已经死了的，该恢复名誉就恢复名誉，该恢复待遇就恢复待遇。家人有被流放的，全部召回原籍；被罚没为官奴的，全部恢复自由人身份和原有待遇。无人祭祀的宗室，从宗室中选择继承人承继香火。至于宗室中跟武则天走得比较近的那几个人，比如千金公主、李千里等，李显也并未为难，李千里还被封为成王，拜左金吾大将军。李显还特别下诏为王皇后和萧淑妃平反，废除武曌强加给她们的枭氏、蟒氏，恢复本姓。不久，唐廷又对酷吏进行了总清算，所有酷吏，已经死了的，全部追夺官爵；还活着的，全

---

① 轺，音姚。
② 翥，音住。

部流放岭南恶地。

李显还追赠李重润为皇太子，赐谥号"懿德"。李重润由此成为继隐太子李建成、章怀太子李贤后，唐朝第三位被追封的太子。李显又将儿子的灵柩从洛阳迁回关中，陪葬于高宗乾陵，并给予"号墓为陵"的最高礼遇。所谓"号墓为陵"，包括两层意思：一是指称陵不称墓，这点李重润就比李贤强，李贤的墓叫章怀太子墓；二是指墓葬和随葬品以皇帝等级安排，李重润实际享受的是孝敬皇帝李弘的待遇。考虑到儿子死时尚未婚配，李显又礼聘国子监丞裴粹的亡女与李重润结冥婚，合葬一处。

李显二次为帝，是为唐中宗，他总共用了两个年号，神龙[①]的年号他没有改，用了两年多，于神龙三年九月改元"景龙"[②]，用了三年多。为什么都和龙有关呢？我查了资料，很有可能和他生肖属龙有关。李显出生于显庆元年十一月乙丑日，按农历是丙辰龙年，换算成公历是公元656年11月26日，按星座属于射手座。

---

① 神龙元年（705年），神龙二年（706年）。
② 景龙元年（707年），景龙二年（708年），景龙三年（709年）。

# 第七章 武氏余孽

## 01. 韦武合流

神龙政变,拨乱反正,复周为唐。所有人都觉得未来可期,在经历了近五十年的牝鸡司晨后,国家终于要回到正常轨道上了。但现实狠狠地打了所有人的脸,啪啪作响。

二月十四日,中宗册立韦氏为皇后,同时追赠已故老岳父韦玄贞为上洛王,老岳母崔氏为上洛王妃。怎么样,是不是熟悉的配方、熟悉的味道?

人们都傻了,历经那么多年的苦难,铁树都能开花,怎么就你李显开不了窍?大唐开国至今快一百年了,外戚里拢共就俩异姓王,一个是武后她爹,一个是韦后她爹,而且是前后脚,这事儿不能不重视。

左拾遗贾虚己上疏:"异姓不封王,这是古今通制。如今大唐刚刚复辟,百废待兴,百姓对陛下寄予厚望。可陛下您一上来就封岳父为王,私心太重,会令百姓失望。再说了,高宗当年追赠太后的父亲为太原王,结果怎样您是知道的。殷鉴不远,陛下一定要防微杜渐啊!"中宗充耳不闻,不听不听,王八念经。

他没有吸取当年的教训,执着地要宠妻,而且现在理由更足了,韦家因我而家破人亡,岳父流死广西钦州,岳母为钦州蛮夷所杀,几个大舅哥、小舅子死于广西玉林容县,两个小姨子流放边疆,我老婆跟着我吃苦受罪,没有她就没有今天的我,我理应加倍回报他们。他是这么想的,更是这么做的,的确做到加倍了,而且加了不止一倍。

在他的有意培植下,韦氏一族的势力迅速膨胀,韦皇后的族叔韦温成为宰相,其余如韦捷、韦灌、韦璇、韦璿、韦播等均走上重要岗位。尤其韦后,为本家人谋福利的劲头非常足,她要弥补家族失去的这些年,能为韦氏子弟争十分,她决不会只出九分力。她恨不恨婆婆?当然恨,简直恨透了,婆婆让她家破人亡、骨肉分离,婆婆要了她一双儿女的性命,焉能不恨?但在内心深处,她也由衷地钦佩婆婆,确实是旷古绝今的女中豪杰。嗟夫,大女人生当如此!她想,婆婆能办到的,自己一定也可以办到。

中宗是高宗的翻版,而韦后立志要做武后的翻版。于是,历史很快就重演了,韦后干预朝政,中宗也践行了"异时幸复见天日,当惟卿所欲,不相禁御"的承诺,纵容甚至支持她干预。大臣们惊奇地发现,皇帝御座后已经消失了十余年的紫色纱帐又出现了。没错,韦后也垂帘听政了。

这种糊涂事,也就李显这个扶不起的阿斗能干得出来!他对不起列祖列宗,更对不起这些年受过的苦难。政治与感情是天然疏离的,君王作为一种高级政治动物,绝不能为感情所误。

天下人都不满意,但最不满意的还是神龙政变的一众功臣。哦,我们刚刚为你扳倒武氏,你马上又扶起了一个韦氏,咋那刺激呢?逗我们老哥几个玩儿呢?我们为你的江山奋不顾身,江山到手了,你却要拱手交给韦氏一族?!不行,绝对不行!

张柬之指使桓彦范等人陆续上表,所说的自然还是"牝鸡司晨,惟家之索"的老调,希望中宗不要让韦后垂帘听政。但表奏呈上去如泥牛入海,杳无音信。他们低估了中宗对韦氏的感情。须知,李显对韦氏的感情远超当年李治对武氏的感情。李治和武氏没有共患难过,而李显和韦氏却一起经历过生死考验,并且长达15年。所以,任谁说、怎么说、说多少遍，就是不好使！张柬之等人一筹莫展。

更要命的是，在韦氏之外，武氏居然也翻了身。神龙政变是成功了，但并不彻底，因为这场政变只是打倒了张氏和武家的总头子武则天，并未铲除武家。

其实，政变后洛州长史薛季昶和朝邑（今陕西渭南大荔县朝邑镇）尉刘幽求就曾劝过张柬之他们，搞彻底一点儿，把武家人都灭了得了。但膨胀的张柬之却觉得已经够了，他不无轻蔑地说："大事已定，彼犹机上肉耳，夫何能为！所诛已多，不可复益也。"如今大事已定，诸武已经是砧板上的肉，掀不起什么风浪了！杀戮已经够多了，没必要再增加了！

为什么果决如张柬之会有这样的想法呢？主要原因有三条：第一，武周末期，由于张氏的崛起，武氏屈附张氏，由矛盾的主要方面退居次要方面，面目显得不那么可憎了。第二，武老太太当年让李家和武家广泛联姻、盟誓互不相杀的安排起了作用。中宗的三个驸马都是武家人，杀了他们，让公主们守寡，那不合适啊！道理就是这么简单，武家和李家是亲戚，杀了武家人就得罪了李家人。第三，现在天下又是李家的了，武家能保命就不错了，还敢造次？所以，张柬之等人才没把武家人当回事。

韦氏的崛起是不可控的，但忽略武氏却是张柬之他们犯下的致命错误。虽然张柬之等人并未动他们，但诸武却很恐慌。他们觉得张柬之等人之所以不清算他们，是因为武则天还在；一旦武则天去世，武家的灭顶之灾就来了，就好比西汉吕后去世后吕家被族灭一样。他们急需新的靠山以确保安全。中宗当然是个靠山，但这个靠山耳朵根子软，不托底。还有谁说话比皇帝都好使呢？自然是韦后。于是，能不能拿下韦后就成了武家人生死存亡的关键所在。武家现在的带头大哥武三思还真就把韦后给拿下了，不打引号的那种拿下。

怎么拿下的呢？这就不得不提到另外一个女人——上官婉儿。

上官婉儿何许人也？她就是当年为高宗起草废后诏书而遭武则天杀害的上官仪的孙女。上官父子被杀时，她刚刚出生，就和母亲郑氏一同被配没掖庭。在为奴的日子里，郑氏将爱女培养成了一个聪明伶俐、熟读诗书的文艺才女。婉儿的才情很快传遍了宫中。

高宗二十八年（677年），婉儿年方十四，当时还是皇后的武则天听说她很有才，专门召见，现场出题考她。好个婉儿，文不加点，须臾而成，且文意通畅，语言优美，好像是夙构而成的一般。武则天就喜欢有才华的人，正好身边缺一个文字秘书，当场就取消了婉儿的奴隶身份，让她掌管宫中诏命。没想到这丫头对政事特别开窍，处置事务十分周到妥帖。武则天称帝后，几乎所有的诏敕都是上官婉儿写出的。她是宫人，不是国家干部，但业务工作干得比舍人都好。所以，前朝后宫给她起了一个绰号，叫"内舍人"。

总的来说，在上官婉儿陪伴武则天的大部分时间里，武则天对她很好。但也有不好的时候，上官婉儿曾经和张氏兄弟眉来眼去。这也正常，大多数女人很难抵挡帅哥的诱惑，才女也不行！武老太太发现后，为了惩罚她，就在她脑门儿上黥①了字。一个姑娘脑门儿上刻了字，这没法见人啊！为了遮瑕，上官婉儿就在黥字的位置上画了一朵红梅。没想到画了之后比不画前更好看了。一时间，大唐女性竞相效仿，就形成了贴"花子"的风潮。这里的"花子"当然不是叫花子，而是指古时妇女贴或画在面颊上的装饰。

李唐复辟，武则天倒了，但上官婉儿没倒。她人长得漂亮，能说会道，还能处理公文，宫里需要这么一个人。李显夫妇经常让她批阅奏章。而婉儿也非常勤勉，甚得第一夫妇的欢心，甚至于韦后居然同

---

① 黥，音晴。

意丈夫将上官婉儿收入后宫。

上官婉儿有个情人，正是梁王武三思。为了取悦韦后，她心甘情愿地将武三思献给了韦后。韦后知道丈夫对自己不错，而且言听计从，但她这个丈夫不像个男人，远没有武三思俊俏和有男子气概。她几乎没有任何犹豫，就投入了武三思的怀抱。

武家的基因很好，男帅女靓，所以武家的男人善于征服女人，武家的女人善于征服男人。武延晖征服了中宗的一个女儿新都公主，武延基征服了中宗的另一个女儿永泰公主，武崇训征服了中宗最宠爱的女儿安乐公主，他爹武三思则征服了中宗最宠爱的老婆韦氏和小妾上官婉儿。武家四个男人征服了中宗最爱的五个女人，就问你们服不服？

武三思在床上卖力，韦后自然要在床下为他说好话。果然，中宗对武氏一族越来越信任、越来越重用。武周时代，武三思出入宫中那也得按规矩来。现在好了，他出入宫中简直就跟回自己家似的，想什么时候来就什么时候来，想什么时候走就什么时候走。武三思和韦后下双陆棋，中宗居然还在旁边帮他们数筹码。并且，中宗还多次微服去武三思的梁王府玩耍。

有人单纯地以为，中宗就是一个傻憨憨，完全不记恨和防备诸武。在我看来，他其实有他的考虑。

首先，武家人并没有迫害过他，这一点很重要。当初扳倒他的是裴炎，并不是武家人。即便他在房州时，武承嗣和武三思也没有迫害过他。所以，就骨子里而言，他并不恨武家人，更何况他的三个女儿还都嫁给了武家人！

其次，他身边最重要的六个女人，他妈、他老婆、他小妾、他的三个女儿都说武家人的好。这一点也很重要。

当然，最关键的是中宗对张柬之等人其实很畏惧、很戒备。他觉得这些人简直就是裴炎的翻版，什么都敢想，什么都敢干，万一自己哪天让他们不满意了，他们再搞个政变咋整？所以，他急需培植忠于自己的势力。谁会忠于自己呢？中宗觉得，就是外戚韦氏和外戚武氏了。

另外，武则天对他说的一番话也起了作用。中宗每隔十天都会去上阳宫看望母亲。之前他见到的母亲，从来都是盛装打扮、丰神俊秀的冻龄女神。但当他第一次在上阳宫见到母亲时，他惊呆了，眼前这个皮糙肉松、邋里邋遢、憔悴沧桑的老太太是谁，确定是我娘吗？那一瞬间，他的心很疼。说到底，他们毕竟是血浓于水的母子，没有哪个儿子能忍受母亲如此凄惨！

而且，中宗平生第一次看到母亲落泪了。是的，武则天哭了，自长女安定公主死后，她就再也没有哭过，但现在她哭了，这是心如死灰的眼泪。她哭着对儿子说了这么一句话："我自房陵迎汝来，固以天下授汝矣，而五贼贪功，惊我至此。"孩儿啊，我把你从房州接回来时，其实已经决定要把皇位传给你了，而张柬之、桓彦范等五贼贪求大功，发动兵变，才害得为娘如今这么凄凉啊！

中宗原本就是个心软的人，当场号啕大哭，拜谢死罪。别说他本就对张柬之等人心存芥蒂，即便没有，听了这番话也有了。

## 02. 册拜五王

谁和张柬之他们有深仇大恨呢？当然是武家，大周朝就是武家的，张柬之等人推翻大周朝，那就是推翻了武家的千秋大业。武家人恨不得将他们几个食肉寝皮。武则天是倒了，但武家却在短时间内傍上了韦家，不仅重整旗鼓，还掌了权。

张柬之等人懊悔不已，多次劝说中宗除掉诸武。中宗当然不会听从。他们只得退而求其次，希望皇帝能抑制诸武。但中宗还是置若罔闻。这下张柬之等人就彻底没辙了，原来皇帝根本就是和武家穿一条裤子的，前途不妙啊！

张柬之摸着床头悲叹，手指抠床栏抠得都出血了："主上昔为英王，时称勇烈。吾所以不诛诸武者，欲使上自诛之，以张天子之威耳。今反如此，事势已去，知复奈何！"陛下当年做英王时是何等英勇和刚烈呀！我之所以没杀诸武，是想留给他杀，好让他初登大宝能立威，没想到却成了眼下这个局面！唉，这可如何是好啊！

中宗非但没有听他们的，反而变本加厉地重用诸武。武三思由闲散的太子宾客晋为司空、宰相，太平公主的驸马、右散骑常侍武攸暨晋为司徒、定王，连隐居嵩山的安平王武攸绪也被召回朝中任太子宾客。武攸绪是武家的异类，回来露了个面儿，打了圈儿酱油就撤了。而武三思和武攸暨则来了一手以退为进，坚决辞掉了一切要职。中宗还觉得他们高风亮节，又加他们为开府仪同三司。

中宗的所作所为不仅让大臣们大失所望，也让他的弟弟李旦失望不已。李旦坚决请辞太尉及知政事，中宗同意了。随后，中宗又想立李旦为皇太弟。李旦当然也必须得坚决推辞。中宗对弟弟、妹妹的态度十分满意，又给他们加实封，皆满万户。李旦好歹是个亲王，之前还当过皇帝，太平却只是个公主。初唐明文规定，公主食封最高三百五十户。武则天杀薛绍时，为了抚慰太平，将她的封户加到了史无前例的一千二百户，已经突破了祖制。中宗更激进，直接给妹妹的封户翻了几番。太平公主由此成为唐朝食封户数最重的公主。

由于中宗毫无政治才能，胡搞瞎搞，刚刚复辟的大唐朝就出现了三股政治势力犬牙交错的局面。这三股势力，一股是张柬之、崔玄晖、敬晖、桓彦范、袁恕己、王同皎等复辟功臣，一股是以相王李旦和太平公主为首的李唐宗室，还有一股就是韦武联盟。中宗对前两股势力持怀疑和防范态度，重用第三股势力。三股势力之间，第一股势力和第三股势力矛盾尖锐对立，第二股势力则明哲保身，隔岸观火。这也充分说明了张柬之等人的悲哀，他们为李家的江山豁出性命，可李家人偏偏不信任他们。

韦氏居于幕后，武氏冲锋在前，发起了对功臣的打击。很快，崔玄晖就被远远地打发到四川当检校益州长史去了。

不过，中宗虽然防范功臣，但并无加害功臣的想法，他也看出韦、武两家和功臣有倾轧的倾向。为了弥合这两股势力的裂痕，中宗在五月初七下诏，确定张柬之等人及武三思、武攸暨、术士郑普思等16人皆为立功之人，赐以丹书铁券，只要不是谋逆大罪，可以恕十死。

这些人功劳再大，还能比得上李世民、裴寂、刘文静？当年开国时，这三人也不过才恕三死而已。这是一个极其荒唐、低级的约定。张柬之等人可是反正的功臣，立下的是拨乱反正、匡复社稷的盖世奇功。武家人属于革命对象，怎么能被当作功臣呢？

但最荒谬的却是将郑普思列入名单。中宗也很迷信，对术士青睐有加，所以他复辟后身边就云集了一群术士。其中最有名的是胡僧慧范、道士叶静能和术士郑普思。

西域胡僧慧范早年是张氏兄弟的座上宾，后来不知怎的又傍上了韦后。神龙政变后，韦后红口白牙，非说慧范也参与了诛杀二张的策划。中宗就加慧范为三品银青光禄大夫，赐爵上庸县公。慧范和武三思一样，也可以随时出入宫中，而且中宗还多次微服私访慧范的外宅。所以，我严重怀疑韦后和慧范有一腿。胡僧其实很受大唐名媛的青睐，至于为啥受青睐，这个我不多说。叶静能是当时道教的头面人物，曾出任国子监祭酒。郑普思和他老婆第五英儿都是术士，自称懂长生不老之术，为中宗炼制丹药，并且其女儿还被中宗收入了后宫。

这些人云集在韦后周围，"上及韦后皆重之，势倾内外，无敢指目者"。桓彦范他们多次劝说中宗诛杀慧范等人。中宗非但不听，还一再提拔慧范等人。如郑普思，不过搞了点有毒化学品，献了一个女儿，居然忝列功臣，还恕十死。这不是扯淡嘛！

如此安排，也难怪张柬之等人觉得受了奇耻大辱。敬晖等上表，目标直指诸武，要求中宗削除所有武姓王，打击武氏家族，并表示与诸武一同受封是他们几个的奇耻大辱。

上表之前有一个小插曲：张柬之请人代笔，问了一圈，绝大多数人都不干，最后还是中书舍人岑羲捉笔，另一位中书舍人毕构当堂读表。这说明朝臣们已经看出来了，与张柬之等人走得太近不是好事。

此消彼长，随着张柬之等人势力日渐削弱，武三思的势力则像滚雪球一样迅速膨胀起来。一大批投机分子簇拥在他的旗下，形成了一个庞大的势力集团。这个集团的骨干成员有兵部尚书宗楚客、将作大匠宗晋卿、太府卿纪处讷、鸿胪卿甘元柬、御史中丞周利贞、侍御史冉祖雍（李道宗的外甥）、太仆丞李俊、监察御史姚绍之、中书舍人崔湜、中书舍人郑愔。其中，崔湜和郑愔正是武三思的谋主。

桓彦范为了对付武家，将崔湜安插到武三思身旁做卧底。崔湜看出中宗猜忌张柬之等人，果断出卖桓彦范，投靠了武三思。可叹桓彦范毫不知情，还把他当亲信。结果，张柬之等人的所有谋划，武三思一清二楚，每次斗法都是武三思赢。

郑愔不是珠英学士，并非才华不够，毕竟人家可是17岁就中了进士的厉害人物。他之所以未能入选，主要是因为颜值不够，长得太丑。郑愔最初的靠山是来俊臣；来俊臣受诛后，转而依附二张；受二张牵连，出贬宣州（今安徽宣城）司户。他嗜财如命，外放后仍然继续贪污。有司掌握了证据，准备办他。郑愔得知后急坏了，擅自潜回洛阳，悄悄拜会了武三思。

见了武三思，他不说话，放声大哭，哭得稀里哗啦。武三思怎么劝都劝不住。忽然，他又不哭了，改大笑了，笑得前仰后合。武三思很奇怪，这是疯了吗？郑愔却说道："我之所以初见大王时要哭，是哀叹大王眼瞅就要身死族灭了。后来之所以又笑了，是恭喜大王得到了我郑某人的辅佐。大王虽然现在很受天子的宠爱，但你要知道张柬之他们五个都握有大权且胆识过人，他们废太后都易如反掌，大王觉得你的能力水平与太后相比如何？他们五个恨不得生吞了大王，不灭掉你们武氏一族誓不罢休。大王如果不设计除掉这五人，迟早完蛋！"这话可算是说到武三思的心坎儿里去了，马上请教怎么办。

郑愔一二三三二一这么一说，武三思大喜，不久即举荐郑愔出任了中书舍人。

崔湜和郑愔给武三思出了一个妙招，劝说皇帝册拜张柬之、桓彦范、崔玄暐、袁恕己、敬晖等五大功臣为王，明升暗降，褫夺实权。武三思依计照办，和韦后一起跑到中宗面前吹风。中宗同意了，降敕封张柬之为汉阳王、桓彦范为扶阳王、崔玄暐为博陵王、袁恕己为南阳王、敬晖为平阳王，同时"罢知政事"，只要求他们于每月初一、十五朝见天子。

此令一出，五王彻底失势，从前都是朝廷核心骨干，每日在三省六部当值，掌握实际权力，现在都成了闲散的王爷，连面圣的机会都寥寥无几了。

武三思重用亲信，排斥异己，将所有亲附张柬之等人的大臣或贬官，或外放，或边缘，迅速掌握了朝廷实权。

但是，朝野的反对声极其汹涌。为了平息怨情，中宗只得将武三思和武攸暨由一字王降为两字王，将河内王武懿宗等12个两字王降为公爵。

张柬之既寒心又害怕,于七月表请回老家襄阳养病。中宗同意了,以张柬之为襄州刺史,"不知州事,给全俸",不用主持工作,但拿全额工资。启程前,中宗还装模作样地"亲赋诗祖道,又令群公饯送于定鼎门外"。

张柬之黯然返乡,忐忑地等待着未知的命运。

## 03. 女皇驾崩

当朝廷风起云涌、即将动乱之际,十一月二十六日,即公元705年12月16日,武则天去世了,享年82岁。她在上阳宫里安静又落寞地度过了生命的最后十个月,终究还是没能挺到新的一年。

咽气前,她留下了遗嘱,很简单:"去帝号,称则天大圣皇后。王、萧二族及褚遂良、韩瑗、柳奭亲属皆赦之。"这说明,到了生命的最后一刻,她已坦然接受了一生奋斗清零的结果。

我们很难说这个女人天生就爱权力,但自14岁入宫后,她就卷入了权力的纷争。特别是高宗二年从感业寺回宫后,她就和权力紧紧地绑在了一起,并且全身心地爱上了权力。她这一生如果非要用一句话概括,那就是:从政治的圈外人,到政治的圈里人,直到成为这个圈的圆心。

为了权力,她让千万人头落地,其中不乏许多亲人。这是一个极其孤独又极其强大的灵魂。关于她的孤独,前文我已经说过了,此处不再赘述。或许正因为孤独地面对了许多明枪暗箭、大起大落,所以她觉得人性靠不住,对谁都不相信。对于非亲人,她曾在人生的不同阶段信任、重用过某些人，比如近侍团儿、岑长倩、索元礼、薛怀义、来俊臣、李昭德、吉顼、魏元忠、狄仁杰等，但只要这些人危及了或者被怀疑危及了她的统治，她都会毫不犹豫地予以打击，甚至杀掉。对于亲人，做她的亲人在某种程度上是很不幸的，平辈的武元爽、武元庆、韩国夫人，下一辈的李弘、李贤、李显、李旦、魏国夫人、贺兰敏之、武承嗣，乃至更晚辈的李重润、永泰郡主、武延基，这些人的痛苦经历，诸位都是知道的。

她也从来没有真正地爱过谁，包括自以为被她爱着的李治。当年"看朱成碧思纷纷，憔悴支离为忆君。不信比来长下泪，开箱验取石榴裙"的感人诗句，不过是她的套路而已。李治死了不到一年，她就给他戴上了绿帽子，而且此后是一顶接着一顶，几乎就没断过。她爱薛怀义吗？把薛怀义利用榨干，最后乱棍打死，这肯定不是爱！昙花一现的沈南璆就更不用提了。至于二张，不过是供她晚年娱乐的男宠。还有她的孩子们，哪一个不是怕她怕得要死？李弘，可能是被她害死的；大女儿安定公主，有可能是她亲手弄死的；李贤，是她派丘神勣逼死的；李显的第一任王妃赵氏是她活活饿死的，儿子李重润、女儿永泰郡主是她赐死的，李显的皇位是她拿掉的，人更是被她软禁房州长达15年之久；李旦的正妻刘氏、侧室窦氏也是她害死的；包括太平公主，驸马薛绍说杀就杀了，武则天让她嫁给武攸暨，她就得嫁给武攸暨。

可以说，她谁都不爱，只爱她自己和权力。当然，也没有人爱她，都怕她。

武则天不仅智略过人，而且才华横溢，精通史籍诗文，著有《垂拱集》一百卷、《金轮集》十卷，今已全部佚失。其诗词中为后世所熟知者，除了前文已经提及的《如意娘》和《曳鼎歌》，还有著名的《腊日宣诏幸上苑》：

明朝游上苑，火急报春知。

花须连夜发，莫待晓风吹。

她还精于书法，尤其擅长行书和草书，可能受太宗的影响，还会写飞白①。武周十年，她在封禅嵩山返回途中，于缑②山升仙太子庙，题写了《升仙太子之碑》。碑额六字用飞白体写成，碑文共33行，每行66字，行书和草书相间，接近章草书体。历代书法爱好者都视《升仙太子之碑》为书法艺术珍品。此外，汉语大写数字也是她发明的，动机是为了反贪。据明末清初的著名学者顾炎武考证："凡数字作壹、贰、叁、肆、伍、陆、柒、捌、玖等，皆武后所改及自制字。"

评价完她个人，我再评价下她的政治表现。

细算起来，从二圣时代（664—674）到天后时代（674—683），再到临朝称制（684—690），到武周女皇（690—705），武则天实际掌握中国最高权力长达42年。总的来说，她的执政成绩很不错，虽然不及太宗和后来的玄宗，但打个"良好"肯定没问题。

用人方面，史书评价她"明察善断，多权略，能用人"，确是实情。类似来俊臣、索元礼这样的酷吏小人她会用，像魏元忠、狄仁杰这样的贤臣她也会用。所以，武则天一朝号称"君子满朝""酷吏满朝"。

治国方面，除了对外不行，治内的成绩单还是很漂亮的，国家蒸蒸日上。有人说，政治都乱成那样了，国家还能好？须知，乱是乱，但那是统治阶级内部的乱，并未影响到社会的基本面。由于她注意整顿吏治，赏罚分明，重视农业，轻徭薄赋，与民休息，所以百业

---

① 所谓"飞白"，就是在笔画中具有丝丝露白特点的书法，难度极大。
② 缑，音勾。缑山位于洛阳市偃师区东南20公里的府店镇府南村。

兴旺、社会安定。有一则数据很能说明问题，高宗永徽三年（652年）全国的人口数为380万户，到她退位这一年几乎翻了一番，达到了615万户，平均年增长率为0.721%。这在中国古代是一个很高的增长率。她上承太宗"贞观之治"，下启玄宗"开元盛世"，所以史学家郭沫若称赞她"治宏贞观、政启开元"。这是一个很中肯的评价。

关于她治国的缺点和不足，我认为就三条：

第一条是外事不力。这方面她确实不擅长，而且为了政治安全，清洗了大批忠于李唐的杰出将领，比如程务挺、王方翼、黑齿常之等，直接导致对外战事一再失利。正北方向，后突厥雄起，她毫无办法，长城以外、大漠南北统统丢失。东北方向，契丹崛起，屡败汉人，靺鞨人还建立了大震国，辽河以东全丢了。西北方向，也就是沾了吐蕃内讧的光，否则西域也保不住。在内事方面她可以拿"优秀"，但对外方面确实是"不及格"水平，一平均就是个"良好"了。有件小事，武则天很有可能是中国最早开展熊猫外交的统治者。日本史料记载，临朝二年时武则天曾赠予倭国两只大熊猫。

第二条就是酷吏政治。她鼓励告密，重用酷吏，导致一大批奸猾狠毒的小人上位，冤狱屡兴，民怨沸腾。虽说她对酷吏是利用，是不得已而为之的选择，但败坏了政治生态、玷污了个人清誉也是不争的事实。

第三条就是过度崇佛。武则天崇佛，一是因为她本人打小就信佛，二是出于政治需要，需要一种不同于唐朝的意识形态。所以，她在扶植佛教方面可以说是不遗余力，直接把佛教定为国教，导致佛教空前膨胀。这对于唐朝后来的宗教发展影响很深。

至于别人抨击她的宠爱男色、大兴土木，我反倒认为并不是什么大的过错。谁当皇帝都是为了享受，如果不能享受，那当这个皇帝是图啥？英明如太宗、玄宗，哪个没有大兴土木过，哪个不是三宫六院七十二嫔妃？况且，在武则天统治的时代，国家太富裕了，虽然花了不少钱，但百姓生活水平并未受到影响。

再说一些关于她的历史评价。与大家想象的不同，终唐一代，官方对她的评价始终是很正面、很高的。原因很简单，之后所有的皇帝都是她的子孙，没有人会说自己的祖宗不好。但进入宋代后，随着程朱理学占据显学之位，正统儒家观念重回统治地位，重男轻女的思想流行，武则天就逐渐受到了批判，以致如此强悍的女人居然连名字都没能留下来。明朝的思想巨匠王夫之就曾抨击她为"鬼神之所不容，臣民之所共怨"。

今天的我们能客观地看待她的功与过。中国历史上的女性当权者不乏其人，但成为正统皇帝的有且只有武则天一人。我以为，她是千古第一奇女子，不折不扣的女中豪杰。不管世人怎么评价她，史书上永远白纸黑字记载着这样一句话："庚辰，太后可皇帝及群臣之请。壬午，御则天楼，赦天下，以唐为周，改元。"这是真的牛啊！

放眼世界，我认为能与武则天相比肩的女性统治者只有两人：一位是俄罗斯历史上唯一被冠以"大帝"之名的女沙皇叶卡捷琳娜二世，另一位是开创了英国"黄金时代"的"童贞女王"伊丽莎白一世。

武则天死后，与高宗合葬乾陵。关中唐十八帝陵中，乾陵是唯一一个陵前立有两块碑的：一块是高宗的碑，碑文上刻的是武则天撰文、中宗手书的《述圣记》；另一块是武则天的，但上面一个字都没有，这就是著名的"无字碑"。

关于"无字碑"的由来，众说纷纭。主要有三种说法：第一种，武则天立"无字碑"是为了夸耀自己，表示功高德大，非文字所能表达，一句话：姐就是女皇，自信放光芒！第二种，说她自知罪孽深重，感到还是不写碑文为好。第三种，说她有自知之明，立"无字碑"是将功过是非留予后人评说。其实，我以为还有一种可能是唐廷所立，这娘儿们不好评啊，干脆，啥都不题了！

值得一提的是，"无字碑"在唐朝和五代时确实无字，到宋金时始有人在其上题刻，但多模糊不清。唯独金朝天会十二年十一月十四日，公元 1134 年 12 月 1 日，金太宗的弟弟在乾陵附近打猎时，一时兴起在上面题的《大金皇弟都统经略郎君行记》至今清晰可辨。这位王子是用契丹小字题的词，配以汉字翻译。由于是对译，且十分清晰，所以已经成为当代契丹文字学界解读契丹小字的主要依据。

关于武则天的影视作品多如牛毛，最早的是 1939 年方沛霖执导的黑白电影《武则天》，国人对武则天的痴迷可见一斑。就用 1985 年台湾版《一代女皇武则天》的主题曲为这个传奇的女人收尾吧：

蛾眉耸参天，丰颊满光华。
气宇非凡是慧根，唐朝女皇武则天。
美冠六官粉黛，身系三千宠爱。
善于计谋城府深，万丈雄心难为尼。
君临天下威风凛凛，憔悴心事有谁知怜？
问情何寄，泪湿石榴裙；
看朱成碧，痴情无时尽。
纵横天下二十年，深宫迷离任凭添。
两面评价在人间，女中豪杰武则天。

## 04. 功臣惨死

起初，诸武担心武则天死后他们的末日就要到了。现在好了，武则天是死了，但他们却没事，反倒是张柬之等人的末日马上就要到了。

神龙二年（706年）正月初十，在武三思的捣咕下，中宗下诏将在朝的平阳王敬晖、扶阳王桓彦范、南阳王袁恕已分别外放为滑州、洺州、豫州刺史。现在只缺一个能杀人的理由了，可这样的理由不好找，武三思大为踌躇。

五王受欺负，可把王同皎气坏了，他联合洛阳人张仲之、祖延庆，以及武当丞周憬、校书郎李俊、抚州司仓冉祖雍等中下级官员，密谋铲除武三思。适逢武则天病死，王同皎等人觉得这是个好机会，商定趁来年年初武则天下葬之日，埋伏弓箭手射杀武三思。

但成大事选择合作伙伴至关重要，奈何王同皎识人不明、谋事不周，计划很快就泄露了。

到底怎么泄露的，说法有很多。《资治通鉴》说是宋之逊在王同皎他们家帘下听见了密谋。《旧唐书》说是冉祖雍"具以其计密告三思"。《新唐书》说宋之逊的堂妹是祖延庆的老婆，所以祖延庆没有防备宋家人，将计谋泄露给了宋之逊的儿子宋昙；并且，宋之逊大哥宋之问在寄宿张仲之家中时也获知了他们的计划。

但不管哪种说法，最终的指向都是一致的：王同皎等人被害，与宋之问、宋之逊兄弟脱不了干系。

有人说了，宋氏兄弟不是被流放岭南了吗，怎么忽然就掺和进这事儿了呢？当然是回来了呗！宋氏兄弟他们听说朝中武三思掌了大权，顿时觉得复出的机会来了，冒着杀头的风险，偷偷从流放地跑回洛阳。

不管他们具体藏在了王同皎一伙儿谁的家中，也不管到底是他们当中的谁最先听到了密谋，反正最终他们兄弟叔侄三人都知道了。宋氏兄弟都没带犹豫的，当即决定出卖王同皎等恩人，并马上派宋昙密告武三思。另外，冉祖雍原本就是武三思的党羽，而李悛则是宋氏兄弟的外甥，二人也拿王同皎等人的身家性命向武三思提交了投名状。

在宋氏兄弟的参谋下，武三思很快就拿出了反制手段，指使李悛上书中宗："同皎潜谋杀三思后，将拥兵诣阙，废黜皇后。"

别看区区几个字，但内涵很深。这句话的前半句是成立的，王同皎的确要杀武三思，但后半句完全是子虚乌有的欲加之罪。武三思用心歹毒，加上这半句，王同皎针对他个人的犯罪行为就升级成针对帝后的谋反行为了，必死无疑！

女婿可是政变过一次的人，且又是张柬之一伙儿，再搞个政变大有可能！中宗很重视，马上下令抓捕乱党。

周憬逃到比干庙自杀身亡，临死前大喊："比干，古之忠臣也。倘神道聪明，应知周憬忠而死也。韦后乱朝，宠树邪佞，武三思干上犯顺，虐害忠良，吾知其灭亡不久也！可悬吾头于国门，观其身首异门而出。"其余如王同皎、张仲之、祖延庆等人迅速被捕。

中宗很重视，指派御史大夫李承嘉和监察御史姚绍之调查，又让宰相杨再思、李峤和韦巨源负责审理。张仲之历数武三思的罪状，还把他和韦皇后的丑事抖搂了出来。杨再思和韦巨源都不敢听，假装睡觉。其余如李峤都是韦氏一党，竟用刑打断了张仲之的手臂。好个张仲之，依旧大呼："吾已负汝，死当讼汝于天！"现在我输给了你，我死后一定会到上天那里告你！

三月初七，一千人等被杀于洛阳都亭驿。王同皎是个血性汉子，

"临刑神色不变"。"天下莫不冤之。"

李悛、冉祖雍加封朝散大夫。三宋并授五品官，宋之逊为光禄丞，宋之问为鸿胪丞，宋昙为尚衣奉御。宋氏兄弟喜不自胜，穿着五品的红色官服到处显摆。天下人却都说："之问等绯衫，王同皎血染也。"宋之问等人的官袍是用王同皎的鲜血染成的啊！

宋之问的诗文不仅文采出众，而且非常见品格。比如，他在短歌《冬宵引·赠司马承祯》中写道："明月的的寒潭中，青枯幽幽吟劲风。此情不向俗人说，爱而不见恨无穷。"在《题张老松树》中他更是自喻："百尺无寸枝，一生自孤直。"光看他的诗文，谁都觉得这是一个清芬高洁之士。但谁又能想到，一个作诗很见品格的人，做人为官却是个下三烂的货色。

所以，我们评价一个人的时候，不能光看他说了什么或者写了什么，更要看他做了什么。语言和文字是会骗人的，但行为，特别是有参照系的行为，往往最能呈现出一个人的本色。

王同皎只是开胃菜，武三思的真正目的是五王。谁都知道王同皎和张柬之他们关系很好，那么张柬之等人有没有参与王同皎的谋反呢？想一想这几个人当年政变时的胆大与果决，中宗的后背一阵阵发凉，不能再留着这几个祸害了！除了归家养老的张柬之，敬晖、桓彦范、袁恕己、崔玄暐四人均遭降职。

反正的功臣眼看就要身首异处了，天下人无不愤慨。四月，一个叫韦月将的处士检举武三思与韦后通奸，日后必将谋乱叛逆。被捅了腰眼儿的中宗勃然大怒，下令将其斩首。结果却被宋璟拦住了，说这事不符合程序，要经过调查核实。

中宗气坏了，衣服都没穿好，趿拉着鞋从寝宫一路跑到南衙宋璟的办公室质问："朕以为你早把韦月将斩首了呢，怎么到现在还没执行？"

宋璟那是相当硬的一个人，硬是不退："有人上书揭发皇后与武三思有私情，陛下不问就要杀掉上书的人。我担心天下臣民一定会对此事窃窃私议。"

中宗气得鼻子不是鼻子眼睛不是眼睛的。

宋璟接着硬杠："必欲斩月将，请先斩臣！不然，臣终不敢奉诏！"

一些大臣也趁机进言，说入夏杀人有违时令。中宗无奈，只得下令对韦月将处以杖刑，流放岭南。但武三思不肯放过韦月将，于当年秋天授意广州都督周仁轨将其斩首。

见宋璟如此不识相，韦后和武三思就联手让中宗将宋璟外放为检校贝州（今河北衡水）刺史。

排挤走宋璟，武三思终于可以直奔主题了，指使郑愔控告五王与王同皎合谋政变。六月初六，中宗将五王全部贬为远州司马，并削除王爵。

武三思对这个结果当然不满意，又给中宗加了一剂猛料。他派人写了一张揭发韦后种种不德行为的大字报贴在天津桥头，闹得洛阳城中尽人皆知。中宗颜面扫地，勒令御史大夫李承嘉彻查此事。李承嘉是武三思的人，上奏说："敬晖、桓彦范、张柬之、袁恕己、崔玄暐使人为之，虽云废后，实谋大逆，请族诛之。"

中宗此时已经恨透了张柬之等人，但考虑到曾赐给他们免死铁券，便下令将五王再次流放到更远的州，并将五人族中所有满16岁的男丁全部流放岭外。是的，这就是丹书铁券，只承诺不杀你，可没承诺让你舒服。而且我们回顾历史就会发现，历代被赐丹书铁券的人几乎都没好下场。

武三思还不甘心，又怂恿太子李重俊、儿媳安乐公主上表，奏请将五王夷三族。这就走得太远了，中宗顾忌自己的声誉，没有同意。

这下连武三思都觉得可以了，既然杀不了就不杀了。可崔湜却提醒他:"日后敬晖等人如果回到朝中,仍将是您的心腹之患。不如派人把他们都杀了,以绝后患。"武三思问谁可以办这件事。崔湜就推荐了表哥大理正周利贞。武三思马上提拔周利贞为检校右台侍御史,让他借监察岭南之机诛杀五王。

张柬之很幸运地在这个当口病死于泷州(今广东云浮罗定市),享年82岁。崔玄暐也在周利贞抵达岭南前病死。但其余三人就没这份好运了。敬晖惨遭千刀万剐。袁恕己被逼喝下了好几升有毒的野葛汁,毒性发作,他疼得用手扒土,以致指甲都扒掉了,而后被乱棒打死。桓彦范则被绑在竹筏子上拖行,直至肉尽骨现才被杖死。可怜五王为李唐江山拼上身家性命,到头来竟落得这般下场!

当然啦,历史是一场因果,辅佐朱温灭唐建梁的敬翔正是敬晖的子孙。

中宗其实也有杀五王的心思,只是不想背上诛杀功臣的骂名而已。周利贞替他办了想办而不能办的事情,回朝后就被提拔为御史中丞。

当年跟着张柬之等人一起搞政变的人几乎全完了,只剩下李多祚和李湛。

张柬之64岁入仕,年近八十才当上宰相。他这一生惊天动地的大事就干了一件,就是扳倒武则天、复周为唐,但只此一件便足以永载史册了。

在唐朝的所有宰相中,论能力,张柬之绝不是最强的,房杜、姚宋、狄仁杰都比他强;但论贡献,只有刘文静能与他平分秋色,刘文静缔造了大唐,张柬之则挽救了大唐。大唐宰相,实际上应该首推刘张。

景云元年(710年),睿宗专门下诏褒奖张柬之:"故吏部尚书张柬之翼戴兴运,谟明帝道,经纶謇谔,风范犹存。往属回邪,构成衅咎,无辜放逐,沦没荒遐。言念勋贤,良深轸悼,宜加宠赠,式贲幽泉。"追赠张柬之为中书令,赐谥号"文贞",并授其一子官职。八年后,玄宗诏许张柬之配享中宗庙庭。后来的德宗也追赠张柬之为司徒。

以上是官方的认可,张柬之在民间的口碑也很高。杜牧盛赞道:"汉阳王张公柬之,亦进士也,年八十为相,殴致四王,手提社稷,上还中宗。""手提社稷",这委实是一个很高的评价。但我更喜欢南宋学者徐钧为张柬之写的诗:

八十衰翁气尚存,挥戈一整旧乾坤。
惜哉千载多遗恨,馀烬犹存竟燎原。

"八十衰翁气尚存,挥戈一整旧乾坤。"张襄阳虽死犹生矣!

剪除五王后,武三思彻彻底底地把持了大权。他对一众大臣说:"我不知代间何者谓之善人,何者谓之恶人;但于我善者则为善人,于我恶者则为恶人耳。"我不知道什么叫好人、什么叫坏人,我只知道与我为善的就是好人,和我作对的就是坏人!

狂不狂?真狂!嚣张不嚣张?真嚣张!但天狂必有雨,人狂必有祸。老天爷看他这么猖狂、这么嚣张,马上安排人来收拾他了。

## 05. 李重俊之乱

五王之死不过是大动乱的前奏而已,朝中很快又出现了新的党争。这一次，对峙的主角变成了安乐公主和她的太子哥哥李重俊。

中宗共有四子八女。其中，次子李重润①、四女长宁公主、五女永寿公主、六女永泰公主和七女安乐公主系韦皇后所生。长子李重福、三子李重俊、四子李重茂、长女新都公主（下嫁武延晖）、次女宜城公主、三女定安公主（下嫁王同皎）、八女成安公主（下嫁韦捷）均为庶出。

八个女儿中，中宗最疼爱的就是安乐公主。这孩子是他们一家当年贬往房州途中，韦后在马车上生的。路上哪儿有什么保障条件呀?! 孩子出生后，中宗用自己的衣服裹住了女儿，干脆就用"裹儿"做了此女的乳名。这孩子没赶上好时候啊，所以中宗心里有很强烈的补偿心理，对安乐十分疼爱，把这孩子惯得没边没沿儿的。在接下来的故事里，大家将充分感受到这位公主到底有多么任性胡闹。

四个儿子中，中宗最疼爱的当然是前太子李重润。可惜李重润因为和妹妹永泰公主、妹夫武延基编派二张的不是，已经被武老太太赐死了。余下三子都是庶出，按理说应该册立老大谯王李重福为太子。但李重福的王妃是张易之的外甥女，不仅韦后讨厌他，群臣也不待见他。韦后曾经向中宗污蔑李重福："重润的死是重福捣的鬼！"搞得中宗对这个儿子也很不爽，外放为均州（今湖北丹江口市）刺史。李重福处于均州地方的严密监视之下，事实上是被软禁了。

老大出局，就轮到老三了。神龙二年（706年）七月，老三卫王李重俊被册立为太子。

诸位可能不理解了，安乐公主和李重俊这对兄妹有什么可争

---

① "两唐书"（《新唐书》《旧唐书》）说李重福是中宗的次子，这是错误的。因为这两本书自身都记载李重福死于景云元年（710年），时年31岁。依此倒推，李重福当生于永隆元年（680年），比生于开耀二年（682年）的李重润大两岁，是中宗的庶长子。

的?！我提醒大家，看这个时期的历史一定要解放思想，脑洞大一点，再大一点。原因很简单，安乐公主她想当中国第一个皇太女、第二个女皇帝。

有人说，她是不是疯了？不，她没有疯。武则天的出现，给那个年代很多女人打了一针强心剂，使她们的意识发生了大觉醒：原来，我们女人还可以这样！并且，武则天身体力行地带坏了她身边的三个女人，一个是儿媳韦氏，一个是女儿太平公主，还有一个就是孙女安乐公主。

安乐公主就想了，既然奶奶能当皇帝，那我为什么不可以呢？

不仅她这么想，她妈也是这么想的，就是嘛，婆婆能当，我女儿为什么不能当？再说了，我女儿可是正经八百的李家人。其实，韦后还有一个更加隐晦的想法，安乐是她的女儿，安乐当了皇帝，这江山迟早是她们韦家的。所以，她力挺女儿当皇太女。她支持，她的那伙人，以梁王武三思为首，自然同声附和。

中宗当然不干了，这不胡闹嘛，我妈母鸡打鸣那么多年还不够，你还想来，开什么玩笑?！你要什么，朕都可以给你，这事儿免谈！但韦武集团当然不会轻易放弃。在韦后的授意下，武三思处心积虑、想方设法地对付太子李重俊。他们根本不把太子放在眼里，尤其安乐公主和她的驸马武崇训，提起李重俊一口一个"奴才"。

我再次提醒大家，一定不要把寻常百姓的骨肉亲情往帝王家庭上套。对这种非典型家庭来说，什么父子之情、夫妻之情、兄弟之情、姐妹之情、叔侄之情……在权力面前啥也不是！

凡此种种，李重俊不可能不知道，他心中的愤恨积压已久，皇后要搞他，公主要搞他，连武家人都要搞他。毕竟是李家人，祖先流传下来的血性还是有的，年轻气盛的李重俊动了清君侧、除国贼的念头。

朝中对韦武集团不满的大有人在，李多祚就是其中一个。此外还有同为羽林军将领的李思冲（高宗朝宰相李敬玄之子）、李承况、独孤祎之、沙吒忠义等人，以及吴王李恪的长子成王李千里和他的儿子天水王李禧。如此看来，李千里当年那么孝顺武则天，其实也是套路。这些人团结在李重俊旗下，想拨乱反正，匡扶大唐社稷。政变这事儿果然有瘾，回回都有李多祚。

七月初六，李重俊假传中宗的命令，调集羽林军三百余人，悍然发动兵变。他和李多祚先率军直扑梁王府，将武三思、武崇训父子及其亲属十余人杀死，随后留李千里父子把守宫门，其余人马突入宫中。

到底是年轻人和武夫的组合，做事不分轻重缓急，他们不先去控制中宗和韦后，反而先去抓上官婉儿。婉儿很机灵，发现了叛军的行动，马上跑去告诉中宗："观其意欲先索婉儿，次索皇后，次及大家。"乱军想先抓我，再抓皇后，然后抓陛下。这里特别强调下，婉儿口中所说的"大家"，不是咱们现代人讲的那个"大家"，而是唐朝后宫对皇帝的尊称，放到这里特指中宗。

中宗大惊失色，赶紧带着韦后、安乐公主和婉儿登上玄武门城楼躲避。此时宫中守卫部队已经察觉，右羽林大将军刘景仁率领羽林飞骑一百多人及时赶到。但双方兵力悬殊，帝后危在旦夕。

天意注定韦后是有人收拾的，但可惜不是李重俊。关键时刻，兵部尚书宗楚客和左卫将军纪处讷率两千人马赶到了玄武门。宗楚客和纪处讷的及时增援太关键了，从他们抵达的那一刻起，强弱逆转，李重俊的兵变已经不可能成功了。

又过了一会儿，李重俊和李多祚才率领人马赶到太极殿前。果然，李重俊一看这阵势就慌了。叛军没有人敢上前攻击，问题是中宗这边也没有人敢上前制敌。羽林军除了威胁皇帝，战力基本上是渣渣。

那么多男人没一个敢站出来，反倒让一个不是男人的人出了风头。宦官杨思勖主动向中宗请战，要求下楼杀敌。有人笑了，他一个娘娘腔能有几斤几两？大家还真错了，这杨思勖可不是一般战士，他是广东湛江廉江人，本姓苏，从小进宫，被杨姓宦官收养后改姓。此人酷爱格斗，武艺高强，是唐代宦官中最勇猛的一个，没有之一。果然，杨思勖下去后，没几个回合就把李多祚的女婿羽林中郎将野呼利杀了，还把野呼利的头砍下来提溜在手上。面对如此勇猛的人，连身经百战的李多祚都不由得头皮发麻。

中宗的胆子大了起来，手扶栏杆向楼下的叛军将士喊话："你们都是朕的卫士，为什么要跟着李多祚谋反呢？！如果你们能杀掉谋反的人，不必担心没有荣华富贵。"

叛军听了，立即掉转刀口将李多祚等人斩杀。成王李千里、天水王李禧父子战死。只有李重俊带着一百多名骑兵杀出一条血路，逃入了终南山。可惜大势已去，他在树林中休息时，被反水的部下砍了脑袋。

中宗接下来的举动，充分说明了他是个大傻蛋。他居然用儿子的首级祭奠武三思和武崇训，并挂在朝堂外示众，还追赠武三思太尉、梁宣王，武崇训开府仪同三司、鲁忠王。

这里我又要提到宋之问了，他居然上表歌颂武三思父子的功德。而中宗居然十分满意，转年就提拔他为考功员外郎、修文馆直学士。一同入修文馆的还有沈佺期。但沈佺期经过一场大难已经幡然醒悟，他一改初衷，不再搞政治依附，从此本分做人、踏实做事，平平稳稳地干到了太子少詹事，死于玄宗开元之初。

李重俊发动的兵变是唐朝历史上的第三次玄武门之变，和神龙政变一样，也发生在洛阳太初宫玄武门。这场政变虽然未能达到预期目的，却基本铲除了武家的势力。武家能鼓捣事儿的也就武三思了，他一死，剩下的如武懿宗之流都是酒囊饭袋，武家的大旗彻底倒了。现在回头看，武家人里头真正算得上聪明人的，也就是隐居嵩山的武攸绪了。

睿宗即位后专门下敕书褒奖武攸绪，说他"久厌簪绂，早慕林泉，守道不回，见几而作，兴言高尚，有足嘉称"。唐玄宗李隆基对隐居的武攸绪也很尊重，"令州县数加存问，不令外人侵扰"。开元十一年（723年），武攸绪病死，年69岁。

有人倒霉，就有人走运。杨思勖被提拔为银青光禄大夫，行内常侍。增援及时的宗楚客和纪处讷不仅被晋升为宰相，而且成了韦后的心腹干将。后武三思时代，朝中最有实权的就是他们俩了，江湖人称"宗纪"。

当然，最高兴的还是安乐公主，认定皇太女之位非己莫属。宗楚客、宗晋卿、纪处讷、冉祖雍、姚廷筠、杨再思、李峤、袁守一等人迅速站到了她这边儿，日夜谋划，准备除掉最后的绊脚石——相王李旦和太平公主。冉祖雍上奏，诬陷相王和太平公主也是李重俊一党，要求中宗抓捕他们。

中宗明显是对弟、妹起了疑心，派吏部侍郎兼御史中丞萧至忠审理此案。萧至忠是个厚道人，哭着劝他："陛下富有四海，不能容一弟一妹，而使人罗织害之乎！相王昔为皇嗣，固请于则天，以天下让陛下，累日不食，此海内所知。奈何以祖雍一言而疑之！"陛下富有四海，难道连一个弟弟、一个妹妹都容不下吗？非要让人迫害他们？相王早年已经是皇位继承人了，人家多次请求太后把位置让给你，甚至于绝食明志。这件事儿世人都知道。陛下怎么能因为冉祖雍的片面之词就怀疑相王呢？

如果不是萧至忠提醒，估计中宗都忘了他的皇位是弟弟让给他的了，他醒悟了过来，下令停止调查。

十一月，整个中央班底西迁回了长安。中宗复辟后即已下诏，首都仍为长安，神都洛阳改为东都。之所以迁延至今，是因为长安宫殿闲置多年，需要改建扩建，一些官邸也需要重新修缮。

这是一个大事，这意味着时隔22年（684—706）后，唐朝的政治中枢又迁回了关中。

安乐扳不倒相王和太平，转头就去办魏元忠了。

李重俊起兵时，在永安门附近遇到了魏元忠的儿子太仆少卿魏升，胁迫魏升一起入宫。结果，魏升为乱兵所杀。关于李重俊事件，当时的定性就是谋反，这是政治原则问题。但魏元忠却公开表达了对李重俊的同情："元恶已死，虽鼎镬何伤！但惜太子陨没耳！"武三思这个恶棍已经死了，我就算下油锅也认了，只可惜了太子呀！就冲这句话，怎么办他怎么有。但中宗记着魏元忠的好，并未计较。

可韦后、安乐不干呀，指使宗楚客、纪处讷弹劾魏元忠，说他与李重俊通谋，应当灭三族。中宗还是没有答应。但魏元忠害怕了，上表请辞，想退官回家。中宗批准了。奈何韦后一党死咬魏元忠不放，中宗不得已，又先后将魏元忠贬为渠州司马、务川尉。宗楚客等人还不甘心，又让监察御史袁守一接着弹劾，非要弄死魏元忠不可。中宗不高兴了，罕见地发了飙："守一欲借前事以陷元忠，其可乎？"袁守一你想干啥？！韦后一党这才心不甘情不愿地停止了对魏元忠的迫害。

可惜魏元忠接连受贬，急怒攻心，已是油尽灯枯，行至重庆涪陵时，病发而亡。

# 第八章 韦氏乱政

## 01. 冻杀乌质勒

当唐廷内部血雨腥风之际，遥远的西域发生剧变，乱了十来年的西突厥十箭终于又有了新的盟主，但这一次既不是阿史那这，也不是阿史那那，而是突骑施。

在讲突骑施之前，我们稍稍回顾一下前情。

话说当年高宗击败阿史那贺鲁之后，依照十箭两厢分治的传统，在右厢五弩失毕部设濛池都护府，以阿史那步真为继往绝可汗、濛池都护；在左厢五咄陆部设昆陵都护府，以阿史那弥射为兴昔亡可汗、昆陵都护。

从此，西突厥就由一元体制进入两汗并立的二元体制。禄东赞当权后，吐蕃开始染指西域。步真借唐将苏海政之手害死弥射，导致西突厥倒向吐蕃。后来西突厥两次叛乱，从阿史那都支到阿史那车薄，都被裴行俭、王方翼搞定了。

武则天临朝称制时，分别以弥射之子元庆、步真之子斛瑟罗为二代兴昔亡、继往绝可汗。这两位可汗虽然还是阿史那子孙，但他们生于长安、长于长安，在十箭群众心中毫无威信，回来后也罩不住场子，西域照样还是乱哄哄的。后来，元庆被来俊臣害死，朝廷只能靠斛瑟罗勉强维持对西域的统治。

正是在斛瑟罗当可汗期间，突骑施崛起了。这里的突骑施不能和五弩失毕之一的突骑施贺鲁施画等号，而应该画大于号，它是一个以突骑施贺鲁施为主、辅以车鼻施（铁勒一部）和处木昆律（五咄陆之一）二部的部落联盟，所以唐人又称其为"三姓突骑施"。突骑施人是今哈萨克人的祖先。哈萨克斯坦的历史书认为，突骑施汗国是哈萨克人建立的第一个汗国。

当时的突骑施酋长乌质勒是个能人，"能抚下，有威信"，不仅将本部落治理得井井有条、蒸蒸日上，而且在整个十箭中也拥有很高的威望。

主弱臣强，斛瑟罗就和乌质勒不对付了。恰在这时，崛起的后突厥在鲸吞铁勒诸部后，开始向西经略。坐镇碎叶的斛瑟罗被打得抱头鼠窜，带着余众六七万人一路逃回唐境。武则天就拿后突厥没办法，已经做好了失去西域的思想准备。危难关头，乌质勒挺身而出，仅凭突骑施自己的力量，大败后突厥默啜可汗，重新夺回碎叶城，并交还安西军。天降大礼包，武则天惊喜非凡，从此开始注意突骑施和乌质勒。

不久，吐蕃与后突厥联手来夺安西。这次他们打出了一块招牌：阿史那元庆的儿子俀子。父亲被杀后，俀子逃亡西域，投了吐蕃人。然后大家就知道了，王孝杰在乌质勒帮助下，接连挫败吐蕃、突厥联军，稳住了安西。

武周十年（699年），后突厥卷土重来，打死了周朝碎叶镇守使韩思忠。危难关头，乌质勒带领突骑施人赶到，再次大败后突厥。

这三场战役过后，突骑施基本奠定了十箭老大的地位。周廷也充分认识到了突骑施的重要性，曲意笼络，册封乌质勒为瑶池都督。靠着突骑施的帮助，在外事上频频失利的周廷总算没把西域丢掉。乌质勒分设了二十个都督，每个都督统精兵七千人，全部落共十四万精兵，已经成为安西地区不折不扣的霸主。

乌质勒之所以这么热心卖力地帮助周朝，当然也有私心，他想得到女皇的认可和支持,成为十箭可汗。

但周朝显然不是这么想的。对于汉人来说,一个分裂对立、相互掣肘的十箭就是最好的十箭。为了制衡崛起的突骑施,武则天再次把阿史那氏这杆破旗祭了出来,让斛瑟罗"还镇碎叶,重主十姓"。并且,为了进一步加强对天山以北地区的控制,武则天于武周十三年(702年)下诏在庭州设立北庭都护府,取代高宗设立的金山都护府[①],管辖天山以北、巴尔喀什湖以南、阿尔泰山以西、两河流域以东的广大地区。

至此,赫赫有名的唐代六大都护府——安东都护府、安北都护府、单于都护府、安西都护府、北庭都护府、安南都护府——就集齐了。北庭都护府最初归安西大都护府管辖。李旦二次为帝后,将北庭都护府也升格为大都护府,与安西大都护府分治天山南北。设置北庭都护府是武则天在外事上为数不多的建树之一。

斛瑟罗虽然回到西域,但十箭人已经认可了乌质勒,根本不理他。斛瑟罗很不高兴,和乌质勒的矛盾越来越大,终于全面决裂。他们两人打起来,安西就乱了套。最终还是乌质勒的群众基础更扎实、能力更强,又把斛瑟罗赶回了内地。斛瑟罗回来后不久就气死了。

乌质勒这么一搞,相当于驱逐了周廷认可的可汗,挑战周廷的权威。武则天册拜斛瑟罗之子怀道为十姓可汗。但这位可汗待在内地,只是名义上的可汗,十箭还在乌质勒手中。周廷也并未发兵讨伐乌质勒,不是怕打不过,主要是担心把突骑施推向吐蕃那边。反过来,乌质勒其实也一样,在汉人和吐蕃人之间,他更倾向于汉人。汉人控制西域多少年了,吐蕃人才来几天?!

中宗复辟后,继续拉拢乌质勒,册封他为怀德金河郡王。你可要

---

① 显庆四年(659年),高宗设置金山都护府,隶属于安西大都护府。

怀念我们汉人的恩德哟!

神龙二年(706年),中宗一道敕书,郭元振从凉州都督调任检校安西大都护。郭元振到任后做的第一件事情,就是只带了几十个亲兵直奔乌质勒的牙帐。那天刚好是个大雪天,乌质勒请郭元振入帐聊天。郭元振不干,非要在营门口谈,乌质勒只好陪着。咱也不知道两人究竟聊了些啥,反正郭元振车轱辘话来回说,聊了很久。当天晚上,老迈的乌质勒就死了,冻死的。一次谈话没谈走鱼尾纹,没谈走大肚腩,却把突骑施老大给谈没了。

当年算杀论钦陵,如今冻杀乌质勒,郭元振真乃一代鬼才也!

乌质勒的儿子娑葛不干了,认定郭元振故意冻死他爹,当即就要点起大军来攻郭元振。好个郭元振,听说后不慌不忙,换了身孝服,又一次跑到突骑施大本营,说要吊唁乌质勒。娑葛都蒙了,一时不知该如何是好,只得放他进来。郭元振一进灵堂就放声大哭,哎哟,老哥哥啊,你怎么就死了呢,让我灰发人送灰发人,以后可怎么活啊?!这就有点儿诸葛亮哭周瑜的意思了。娑葛却被感动了,与郭元振握手言和,还折箭盟誓,表示永不叛唐,并献良马五千、骆驼二百、牛羊十余万作为安西军资。

中宗接报大喜,册封娑葛为新任怀德郡王。

## 02. 拉一突遏一突

娑葛当上突骑施一哥后,马上就和父亲的部将阿史那忠节闹翻了。因为忠节是阿史那之后,而娑葛想当西突厥的头领,他一面暴打忠节，一面向唐廷表忠心。

郭元振的意见是彻底放弃"阿史那"这面破旗，承认娑葛并引为己用，使其成为大唐抗击吐蕃的得力助手。所以他表奏朝廷，请求征召忠节"入朝宿卫"。

但忠节不想离开故土，当他败退至播仙镇（今新疆巴音郭楞州且末县西南）时，播仙镇经略使周以悌给他出了个主意："当今朝中是宰相宗楚客、纪处讷二人说了算，你不如暂时留在播仙镇，用重金贿赂二公，让他们发安西军攻打娑葛。同时请求朝廷册封阿史那元庆的儿子阿史那献为十姓可汗，并让北庭都护郭虔瓘发拔汗那国军队协助。如此既能除了娑葛，又保全了你的部落，岂非一举两得?!"阿史那忠节听了，猛拍大腿，马上派人到洛阳向宗楚客、纪处讷行贿，按照周以悌所说的请他们帮忙。

郭元振听说后立即上表陈明利害。可钱都揣进宗楚客兜里了，他才不会退呢！最终，中宗决定以牛师奖为安西副都护，率军征讨娑葛。突骑施使节刚好在京城，得知消息后立即驰报娑葛。

这下娑葛可真翻脸了，率两万精骑兵分四路袭扰西域。郭元振虽然坐镇疏勒，但兵微将寡，不敢出战。娑葛先在塔里木河口大破忠节，杀唐将吕守素，继而又在今新疆阿克苏库车县西北的火烧城打得牛师奖全军覆没。然后，他遣使上表，索要宗楚客的人头。

中宗当然不可能接受，一面召郭元振入朝，以周以悌代之；一面册拜阿史那献为十姓可汗，置军焉耆，以讨娑葛。

娑葛凶归凶，终究不想与唐廷全面开战，便致书郭元振："我对唐朝本无恶感，只是和阿史那忠节有仇，现在宗楚客收了贿赂，要灭我族，我岂能坐以待毙？听说朝廷准备立阿史那献为可汗，我不能答应，只怕以后西域将永无宁日了！请您和朝廷商议解决之道。"郭元振把娑葛的信原封不动呈给中宗。

宗楚客大怒，诬陷郭元振"有异图"。监察御史崔琬看不下去了，上奏揭发宗楚客作威作福，与外族交结，为国家生怨。跋扈的宗楚客居然当着中宗的面儿硬撕崔琬。中宗是怎么干的呢？他居然把崔琬、宗楚客叫到一起喝酒，让他们放下争论，结为兄弟。朝中大臣听了直摇头，背后给中宗起了个外号叫"和事天子"。

最终，还是郭元振的意见得到了绝大部分重臣的支持。景龙三年（709年），中宗将周以悌流放，恢复了郭元振安西大都护的职务，还听从他的建议，赦免了娑葛的叛逆之罪。娑葛得了台阶，随即遣使请降。中宗册拜他为可汗，赐名守忠。此举相当于在政治层面承认了突骑施对西突厥的领导地位。突骑施由一个部落一跃而成为汗国，隔阿尔泰山与后突厥对峙。

成功羁縻突骑施，可以算作中宗为数不多的外事建树之一。此外，他在外事上还有一大建树，就是采纳了朔方军大总管张仁愿的建议，修筑三受降城，严重削弱了后突厥。

张仁愿是陕西渭南临渭区人，本名仁亶①，为避李旦的名讳，改名为仁愿。此人文武全才，武则天时官至检校幽州都督。武周九年（698年），默啜举兵入寇，连破赵州、定州，进犯幽州。张仁愿亲自率军出城迎战，身先士卒，击退了突厥大军，但他本人也受了箭伤。武则天对他的忠诚能干很是肯定，不仅派人赐药，还让他兼任了并州大都督府长史。

此后，张仁愿受到了进一步重用，一度负责幽州、平州（今河北秦皇岛卢龙县）、妫②州（今河北张家口怀来县）、檀州（今北京密云）四州防御，成为帝国的重要藩篱。

---

① 亶，音旦。
② 妫，音归。

中宗复辟后，加张仁愿为左屯卫大将军、检校洛州长史。

神龙二年（706年）十二月，突厥大举入侵宁夏，在鸣沙（今宁夏中宁县东鸣沙州）击败唐朔方军大总管沙吒忠义，夺走陇右牧马一万多匹。中宗遂任命张仁愿为朔方军大总管、御史大夫，屯边防御突厥。

张仁愿到任后，经过实地考察，想出了一个遏制、削弱突厥的办法。他上书朝廷，建议在黄河北岸修建三座城池，首尾相应，可以直接威胁突厥漠南地区，如此突厥人就不敢再渡河威胁朔方了；另外，突厥人如从其他方向入寇，朔方军就可以由这三座城出击，直捣其腹心，可起到围魏救赵的作用。关于城的名字，他也想好了，叫受降城。

朝中当然有支持的，也有反对的。反对派的代表人物便是军中另一名宿唐休璟。唐休璟的反对理由主要是两条：第一，自秦汉以来，黄河一直是草原民族和华夏民族的天然分界线；第二，在敌人的地盘上筑城，筑了也白筑，守不住的。但中宗最终还是采纳了张仁愿的意见。

张仁愿趁着默啜西攻突骑施的机会，仅用了两个月就筑完了三受降城。

三城均位于今内蒙古，西受降城位于今巴彦淖尔市乌拉特中旗乌加河乡库伦补隆村，中受降城位于今包头市九原区敖陶窑子，东受降城位于今呼和浩特市托克托县的大皇城，三城组成了一道带状防御体系。唐朝常年在三受降城保持着三万左右的驻军规模，直到安史之乱。张仁愿又向北拓地三百多里，在今包头固阳东的牛头朝那山以北设置烽火台一千八百所。

原本，漠南之地是后突厥汗国的中枢所在，汗庭黑沙城就在呼和浩特以北，离东受降城很近。这三座城建起来以后，突厥人就在漠南待不住了，默啜只得率部众后撤至漠北。唐廷随即控制了漠南地区，使后突厥汗国遭到了严重削弱。此后，史书中就很少再看到突厥入寇的记载了。一直到汗国灭亡前，突厥人都无力返回漠南。

武则天在世时，想都不敢想收回漠南的事，现在张仁愿办到了。事儿虽然是他办的，但中宗能采纳他的意见也值得点赞。中宗拜张仁愿为宰相，封韩国公，又加镇军大将军。

不知大家发现没有，高宗父子对内很弱很昏，但对外都很强很英明，真是怪哉！

## 03. 奇葩皇家

中宗一家有着极其典型的补偿心理，都想把过去十几年间丢失的快乐找补回来，从老公、老婆到孩子，一个比一个爱玩，一个比一个会玩。

我们先说中宗，刚当上皇帝就把上官婉儿拿下了，现在他又培养了两大爱好，都很健康。

一个是拔河。当然，他自己拔不了，太胖了，也没人敢和他拔。他主要是喜欢看别人拔河，有时候让宫女们拔给他看，有时候让大臣们拔给他看。一次，也不知道他哪根筋抽住了，非要让三品以上的大臣们拔河。大家想啊，三品以上大员都是些老头子，哪能做得了这种运动！韦巨源、唐休璟二人年纪最老，拔了一次河，差点儿没丢了老命。

另一个是打马球。这项运动把男人最喜欢的坐骑和竞技游戏很好地结合了起来，据说发源于吐蕃，一进入中土就受到了上层贵族的青睐，后来还从大唐传到了更东边的靺鞨和新罗。当时半个亚洲都在打马球，可以说这项运动是公元8世纪最流行的体育运动。中宗就好这口，他和他的两个驸马——长宁公主驸马杨慎交和安乐公主驸马武崇训，打马球的水平都不赖。武崇训和杨慎交为了取悦他，甚至用油浇筑马球场。此外，宗室中还有一位马球高手，便是李旦第三子李隆基。

相比之下，女人们的爱好就比较简单粗暴，一个是色，一个是钱。

武则天好歹是在丈夫死后才给他戴绿帽的。韦后就很过分了，中宗还活着，并且还是皇帝，她就敢给他戴绿帽，那跟武三思好得是没羞没臊的。武三思死后，不甘寂寞的她又发展了散骑常侍马秦客、光禄少卿杨均等多名情夫。

有其母必有其女。安乐公主在这方面最随她，武崇训尸骨未寒，她就开始挑新丈夫了，挑来挑去，又挑了一个武家人。谁呢？正是当年赴漠北和亲而遭软禁的武承嗣幼子淮阳王武延秀。武周十四年，默啜请求将女儿嫁给太子李显的儿子。武则天考虑许久，最终同意了。转年，默啜就把武延秀送回来了。安乐公主和武延秀的婚礼仪制超过了之前所有的公主，用的是皇后才能用的仪仗，送亲的队伍是羽林军，迎接她车马的是前皇帝、她的叔叔相王李旦。

这母女俩还爱钱，怎么赚钱呢？卖官，而且是明码标价地卖。出钱三万，就可以帮助请托人度为僧尼。有人说了，花钱当僧尼，大脑是不是短路了？须知在当时僧尼是有特权的，一不用交税，二不用服徭役兵役，社会地位还很高，有门路的人争着抢着要当出家人。如果你肯多出二十七万，达到三十万，那么恭喜你了，你可以当官，无须经过门荫和科举，直接当官。

这种官在当时有个特定的称谓，叫作斜封官。按照规制，官员的委任状须经中书省红笔画敕、正面封装才算有效。斜封官就不同了，画敕用的是墨笔，而且是斜着封起来的。为什么会出现这种情况呢？

说白了就是具体办事人员不得已而为之的变通之举。依国家法度，所有官员都应该是正封官，但上司打招呼、递条子了，不能不办，那就只能搞变通，换一种颜色画敕，斜着封起来，以示这些人虽然是官，但都是走歪门邪路来的。

以韦后、安乐公主为首的大唐名媛们就将斜封官视为生财之道。这些名媛有谁呢？有韦后的另外两个女儿长宁公主和永泰公主（永寿公主已死），韦后的妹妹郕①国夫人，上官婉儿和她母亲沛国夫人郑氏，术士郑普思的老婆女巫第五英儿，还有韦后的贴身女官柴氏、贺娄氏，此外还有一个大咖级名媛——太平公主。太平公主虽然和韦后不对付，但也爱钱不是？！这些人天天请托办事，给有司打招呼、递条子。她们的外宅车水马龙、人进人出，挤满了前来买官的人。

名媛中最疯狂的就是安乐公主，除了宰相的位置，别的岗位她都敢卖，也能卖得成。她经常拿着一沓子委任状找老爸签。中宗看都不看，大笔一挥直接就签了。当皇帝当到他这个份上，真不如找块豆腐撞死算了。所以，巴结安乐公主的人最多，史称"宰相以下多出其门"。

有钱干吗？当然是挥霍啊！安乐和长宁姐妹俩比赛似的建宅邸，她们宅邸的奢侈华丽程度不让宫廷，"而精巧过之"。安乐公主甚至还让中宗把昆明池划给她。昆明池是国家公园，中宗还不算太糊涂，没答应。安乐不开心了，居然抢夺民田，引入水源，重新做了一个占地数里的大池子，"累石象华山，引水象天津"，并较劲似的取名为定昆池。

她有两件裙子，名叫百鸟裙，堪称旷世奇珍。百鸟裙，顾名思义就是采集一百种鸟的羽毛制成的裙子，并且上面织满了花卉和鸟兽的

---

① 郕，音成。

图案，且每个图案仅有米粒般大小。这还不是最称奇的地方。《新唐书·五行志》记载："日中影中，各为一色，百鸟之状。"不管从正面还是侧面看，在日光中还是在阴影中看，裙子的色彩都不尽相同。百鸟裙如果能流传到今天，其经济价值和文化价值绝不逊于汉代的金缕玉衣。穿上这件裙子，就是名副其实的"鸟"人了。

这么稀罕的玩意儿，价格当然高到惊人，一件价值一亿缗。咱们做一道简单的数学题，一个斜封官价值30万，两件百鸟裙值2亿，用2亿除以30万约等于667。也就是说，卖667个斜封官才刚够人家安乐做两件裙子。

这裙子太好看了，百官、百姓买不起又想穿，怎么办呢？就掀起了全民的捕鸟捕兽运动。《朝野佥①载》称，百官、百姓之家纷纷进入山林捕捉鸟兽，"山林奇禽异兽，搜山荡谷，扫地无遗"。

中宗除了没让她做皇太女、没给她昆明池，别的要求一概满足。

他们一家人因为在房州生活了15年，与平民百姓接触颇多，所以都很喜欢市井气息。这不，他们居然在宫里开设跳蚤市场，让宫女们摆摊卖货，还让公卿大臣们当顾客。有时候因为价格没谈妥，买卖双方争执起来，中宗一家就在一旁哈哈大笑。

## 04. 韦氏集团

此时，韦后一党已经把持了政权。宗楚客、纪处讷、萧至忠、韦

---

① 佥，音千。

嗣立（其兄韦承庆已于神龙二年病殁）、韦巨源、韦温（韦后的哥哥）、赵彦昭、张嘉福、岑羲、崔湜、郑愔，这些宰相全是韦后的人。

崔湜和郑愔在旧主武三思覆灭后，非但没有遭殃，反而迎来了仕途的狂飙疾进。

崔湜又搭上了中宗爱妃上官婉儿。其实，崔大才子和婉儿早有一腿。不只崔湜，崔氏四兄弟都是婉儿的入幕之宾。在婉儿的扶植下，景龙二年（708年），崔湜出任兵部侍郎，与担任礼部侍郎的父亲崔挹同殿为臣，品级相同，又同时担任尚书省副职，开唐朝之先例。不久，他又改任吏部侍郎、中书侍郎、同中书门下平章事，当上了宰相。而这一年崔湜年仅37岁。在他以前，仕途这么快的只有一个长孙无忌。

崔湜如火的仕途令同为珠英学士的张说十分羡慕。这两人一向不对付，谁都不服谁，互相较劲。崔湜曾在傍晚时策马出端门、下天津桥，悠然赋诗道："春还上林苑，花满洛阳城。鸳衾夜凝思，龙镜晓含情。忆梦残灯落，离魂暗马惊。可怜朝与暮，楼上独盈盈。"张说听后喟然长叹："唉，这般文采我还追得上。可像他这般年纪便有如此成就，我就比不上了。"

郑愔长得丑，入不了婉儿的眼，但人家也有道，傍上了韦后。韦后审美也算正常，当然看不上郑愔的相貌，但是看中了他的才华。早在高宗时代，民间就流传着一首《桑条歌》，歌词拢共九个字："桑条韦也，女时韦也乐。"我们知道，在古代越是歌词字数少、流传度高的歌谣，其内容往往惊天地泣鬼神，比如隋朝末年的《桃李章》，还有太宗时代的"女主武王，代有天下"。韦后很早就注意到这首歌了，里面有两个"韦"字，岂非预示着韦家将成为天下共主?!郑愔投其所好，作《桑条乐词》十首进献，由此受到了韦后的青睐。在韦后的提携下，郑愔继崔湜之后也当上了宰相。

同为宰相，权力也有大小。在当时的一众宰相中，最有实权的反倒是崔湜、郑愔这两个后起之秀，因为他们掌铨选，管着人事大权。崔、郑本身关系就好，又一同掌管人事，马上沆瀣一气，做起卖官鬻爵的勾当来。名媛们再厉害，顶多也就是搞搞斜封官，还是零售，但郑愔和崔湜却可以光明正大地搞批发，批的还是正经八百的正封官。

崔湜的父亲崔挹曾接受他人贿赂，为该人谋取官职。崔湜不知此事，没有录用这个人。这人就跑来质问崔湜："你亲戚收了我的钱，你怎么不给我办事啊？"崔湜大怒："谁？你把他名字说出来，我一定会把他抓回来杖毙的！"这人也不客气，当场揶揄他："你可拉倒吧，净吹牛，杀了这个人，你就得回家披麻戴孝了！"崔湜这才知道是父亲收的钱，羞愧得要死。

如此疯狂，不出事是不可能的。仅仅两个月的工夫，群众意见就很汹涌了。有人编了段子，说现在有三种朝廷官员都没有坐着办公的地方。哪三种呢？宰相、御史和员外官①。言下之意，授官授得太多太滥了。御史上表弹劾。中宗很生气，尽管有韦后、婉儿、安乐公主等人说情，仍旧将崔湜、郑愔分别流放为襄州刺史、江州（今江西九江）司马。但人家上头有人，没过多久两人便回到了朝中，崔湜任尚书左丞，郑愔任秘书少监。

顺便说一句，郑愔是唐朝历史上第一个著名的江州司马。后面还有一人，便是写出"座中泣下谁最多，江州司马青衫湿"的大诗人白居易。

朝堂上宰相的数量的确太多了，好在马上死了一个杨再思。

杨再思这个人很典型，他代表了中国古代政治中的一大类人——官场油子。这个人不是坏人，早年担任县尉时赴京公干，遇到小偷偷

---

① 员外官，没有编制的官员。

他行李，被他逮住了。杨再思却说："你是因为贫困才偷东西的，把我的公文留下，其他的你都拿走吧！"居然把小偷放了。而小偷居然真不客气，只给他留下了公文。杨再思两度拜相，加起来将近十年，从没见他弹劾过谁、迫害过谁，但也从未见他有过什么利国利民的政绩，他甚至没有举荐过一个人才。他的全部心思都用在取悦权贵、保住禄位上了。著名的"莲花似六郎"，堪称千古第一马屁。

时人对他这种骑墙折中的官场油子十分鄙视。有个大臣曾写了一篇《两脚野狐赋》，讥讽杨再思是狡猾的人形狐狸。杨再思虽然生气，也不过将该人贬官降职，并未痛下杀手。

一次，长安暴发水灾，身为宰相的杨再思毫无对策，只知闭门祈福。上朝途中，他遇到一辆牛车陷在泥泞中拉不出来，车夫发牢骚，大骂宰相不作为："痴宰相不能调和阴阳，招致水灾发生，又闭门不出，害我们行走艰难。"杨再思听后也不生气，只是派随从捎话给车夫："这主要是因为你的牛太瘦弱无力了，可不能全怪宰相啊！"大家瞅瞅，他还挺幽默！

你说他心中全无是非感吧，似乎也不对！有一次，韦后一党的韦巨源主持铨选，选拔了十名朝廷要员，除了杨再思没有打招呼，其他的宰相都打了招呼。杨再思难得露了一次真性情："我等实在有负于天下。"但话说过之后，他依旧是骑墙折中、取悦权贵。有人曾问他："您名高位重，为何要如此屈折、贬抑自己呢？"杨再思长叹一声道："世路艰难，直者受祸。我不这么做，又如何保全自身呢？"

因为没有是非，所以也没有敌人，张氏倒了，他还是宰相；武氏倒了，他依旧是宰相，稳稳当当，富贵而死。娄师德虽然也明哲保身，但人家起码有能力有担当，还干了一些利国利民的事儿。国家有杨再思这种窃据高位的大臣，真是莫大的不幸。

屁精代有人才出，各领风骚三五年。杨再思走了，窦从一来了。

此人出身非常好,他的祖先窦毅是李渊的岳丈,父亲是高宗朝宰相窦德玄。窦从一原来不叫这名儿,叫窦怀贞。但他为了搭上韦后,主动提出要避韦后之父韦玄贞的名讳,改名从一,寓意对韦氏从一而终、绝无二心。韦玄贞不过就是一个异姓王,还是追封的,压根儿就没有被避讳的资格,他算哪根葱啊?!窦从一这个马屁拍得韦后太舒服了。韦后大为感动,从此屡屡提拔重用他。

这还不算绝的。景龙二年(708年)十二月三十日宫廷宴会,中宗喝大了,拉着时任御史大夫的窦从一说:"听说你还没有老婆,朕都替你操心啊!今天是一年的最后一天,太有意义了,朕安排你结婚!"窦从一连连行礼称谢,皇帝赐婚,不是名媛,也得是美女啊,心中那个小确幸、小期待啊!

不一会儿,内侍领来了一个用罗扇遮面的盛装妇人。中宗对窦从一说:"这就是朕给你选的老婆。"在座的人都以为是绝色美女,可等到妇人撤去罗扇后,举座哗然,这不是皇后的奶妈王老太太吗?王氏不仅年龄比窦从一大了几十岁,而且出身蛮夷、身份卑微。大家以为窦从一肯定会拒绝,没想到他都没带犹豫的,欣然接受,跪谢隆恩。

打这以后,窦从一每次谒见第一夫妇或者进呈表状时,都骄傲地自称"翊圣皇后阿𤗅①"。"翊圣皇后"是韦后的尊号,"阿𤗅"是唐人对奶娘丈夫的称呼。窦从一自称"翊圣皇后阿𤗅",就是告诉大家:我是当朝皇后的奶爹。时人挖苦他,称他为"国𤗅",意思就是国民奶爹。窦从一不以为耻,反以为荣。

上行下效,乱自上作。没有中宗这样的君、韦氏这样的后,就不会有"两脚狐"杨再思、"国𤗅"窦从一这样的臣。

除了窦从一,还有一个马屁精,说出名字来绝对叫各位大跌眼

---

① 𤗅,音细。

镜，赫然便是唐休璟唐大将军。唐老爷子八十多岁了，虽然已经退休，但还想复出过过宰相的瘾。为了实现这个目标，他居然让儿子迎娶了韦后大红人尚宫贺娄氏的养女为妻，希望借助贺娄氏得以复起。景龙三年，84岁的他如愿以偿地被起复为太子少师、同中书门下三品，并监修国史。但他的一生清誉却就此化为乌有，时人都讥讽他晚节不保。

年轻时的人精，到老了却成老糊涂了，人这东西还真是复杂！

## 05. 金城出降

时间进入景龙四年（710年），这一年中宗55岁，正当盛年，吃嘛嘛香，身体倍儿棒！

正月，朝廷有一个重大外事活动，安排金城公主入藏与吐蕃赞普尺带珠丹①完婚。

唐朝和吐蕃怎么又和好了呢？这事儿咱得往前倒腾倒腾。

武周十四年（703年）四月，吐蕃赞普杜松芒波杰进献良马一千匹、黄金两千两，再次提请和亲。武则天当时答应了。但紧接着两国政局都发生了剧变。吐蕃方面，武周十五年（704年），云南洱海地区的六诏部落降而复叛。国中无将，也不敢有将，杜松芒波杰只得亲自出马，叛乱倒是平息了，可他本人却病死在回师途中。随后，"吐蕃国中大乱，嫡庶竞立，将相争权，自相屠灭……"汉人这边，神龙政

---

① 尺带珠丹，又称赤德祖赞、弃隶蹜赞、乞黎苏笼腊赞。

变,拨乱反正,大周朝没了,大唐朝又回来了。两国都乱,所以都顾不上和亲这事。

一直到神龙年间,双方都稳定下来了。吐蕃赞普换成了杜松芒波杰的儿子尺带珠丹,没庐妃立即重启了与唐廷的接触。神龙二年(706年),唐蕃两国在长安登坛会盟。这是唐蕃两国八次会盟中的第一次,史称"神龙会盟"。会盟约定:双方以赤岭(今青海日月山)为界,恢复经济文化交流,并进行和亲。神龙会盟后,唐蕃关系迅速升温,使臣往来不绝。转年三月,吐蕃方面就派人来提亲。中宗经过慎重考虑,决定将侄孙女金城公主许配给尺带珠丹。

杜松芒波杰其实有两个儿子,老大叫拉拔布,老二叫野祖茹。按常理,应该由长子拉拔布继承赞普之位,但不知出于怎样的考量,没庐妃却让长孙消失,扶幼孙野祖茹上位,成为新赞普尺带珠丹。尺带珠丹当时还是个小毛孩子。没庐妃为什么急着要和亲呢?因为她自觉年事已高,时日无多,要趁着健在时把这件促成两国和解的大事办成。

唐廷安排金城公主出降,可以说也是诚意满满。因为这位金城公主可不是一般人。她的父亲便是前太子李贤的次子雍王李守礼。李守礼妻妾众多,连儿带女多达六十余人,其中有名有姓的仅有三子一女,长子广武王李承宏,次子嗣盼王李承宁,三子敦煌王李承寀[①],还有一个就是金城公主李奴奴。

金城公主虽然也是假公主,但比之前和亲的所有假公主都要真。她的太爷爷和太奶奶都是皇帝,爷爷是前太子,两位叔爷都是皇帝,出身和地位要比其他假公主高得多。

吐蕃方面对这个安排极为满意,说是举国欢腾也不为过。强如突厥、薛延陀连个假公主都娶不到,而吐蕃却娶到了大唐两位公主,这

---

① 寀,音采。

充分说明了唐廷对吐蕃的重视和吐蕃自身的强大。但是,中宗留了一处伏笔,说你家赞普年纪太小,还不到成婚的年纪,这样,咱们定个时间,三年,三年之后你们来迎亲,正好这三年间让我家公主再发育发育,也让你家赞普蹿一蹿个儿。

没庐妃答应了,等了三年,于景龙三年年底派出了人数高达一千余人的庞大迎亲使团,团长尚赞咄不仅是吐蕃大相,还是没庐妃的亲弟弟,可见吐蕃方面对这次和亲的重视程度。尚赞咄很上道,大拍中宗的马屁,陪他打马球,故意让他赢,还写诗讴歌,把个中宗哄得要要的。

于是,这一年正月,中宗命左骁卫大将军杨矩护送公主到逻些完婚,他本人则亲自将公主送到了咸阳兴平。郑愔还写了一首《送金城公主适西蕃应制》:

> 下嫁戎庭远,和亲汉礼优。
> 笳声出庯塞,箫曲背秦楼。
> 贵主悲黄鹤,征人怨紫骝。
> 皇情眷亿兆,割念俯怀柔。

金城公主作别养父(中宗收李奴奴为养女),踏上了西去的路途。她还在路上跋涉呢,中宗就死了,而她的故国马上也陷入一场巨大的动乱当中。

## 06. 中宗暴毙

中宗一朝有三大矛盾，首先是韦武集团和五王集团的矛盾，然后是韦武集团和李重俊集团的矛盾，最后是韦氏集团和相王集团的矛盾。现在，前两个矛盾已经消失了，第三个矛盾抬头，并迅速激烈起来。这种矛盾表现在个人身上，就是侄女安乐和姑姑太平两个公主之间的PK。相王李旦人如其名，是个恬淡的人，能忍就忍，能让就让，但太平公主可不是善茬，非要较劲。

由于妻女的离间，一向友爱的中宗也开始怀疑弟弟妹妹了。这年四月的一天，他突然驾临长安隆庆池。

隆庆池这地儿有来历，说是在武则天时代，长安城东一个百姓家的井水突然喷涌不止，最后形成了一个占地面积达数十顷的大池子，官府定名为隆庆池。中宗为啥跑到这里呢？因为李旦五个儿子的府邸——五王宅就坐落在隆庆池北。有善于望气的术士不久前看过五王宅的气，说了这么一句话："常郁郁有帝王气，比日尤盛。"这个地方一直有帝王之气，最近好像比以前更浓郁了！中宗听了就不高兴了，专程跑到隆庆池，结彩为楼，大宴侍臣，还在水上泛舟，逗弄大象，目的其实是厌胜。

在太平公主的策动下，接连有人上书倒韦。先是有个叫郎岌的说："韦后和宗楚客将要作乱。"被杖杀。然后，许州司兵参军燕钦融也上表说："皇后淫乱，干预国政，宗族强盛；安乐公主、武延秀、宗楚客图危宗社。"郎岌是一介草民，说啥可以不搭理，但燕钦融可是朝廷命官。中宗召燕钦融入京，当面责骂。燕钦融也是个硬骨头，面对盛怒的中宗慷慨陈词，连眉头都没皱一下。

中宗还没发落，宗楚客却冒了出来，命令飞骑将燕钦融抬出去，扔到了殿外的石阶上。燕钦融脖子被摔断，当场殒命。中宗虽然没说什么，但看得出来很不高兴，他被燕钦融大义凛然的神色折服了，也被宗楚客的小人嘴脸和狂妄跋扈给恶心到了。你们这是在干吗，当着朕的面私刑处死朝廷官员，你们眼里还有朕吗？

中宗的不快，韦后很快就知道了。她了解丈夫，跟公公一样，脾气好归好，但谁要是让他急了眼，他也是会下死手的。而且，韦后心里一阵阵打鼓，难不成丈夫已经知道自己的勾当了？想到这里，她不寒而栗，不行，先下手为强，后下手遭殃！她和安乐公主、宗楚客几个一商量，干脆弄死中宗得了，先控制局势，再剪除相王和太平公主。中宗和韦氏是患难夫妻，"备尝艰危，情爱甚笃"，孰料在权力面前连个屁都不是！

韦后随即让情人马秦客找来毒药，再让另一情人杨均在中宗吃的汤饼里下毒。央视1993年出品的古装电视剧《唐明皇》中对这一段有非常细腻的呈现。中宗吃了加了科技与狠活儿的汤饼，于六月初二在神龙殿驾崩，年55岁。

中宗性格活泼，没有架子，从不与谁为敌，也很少见他对谁痛下杀手。但他真的不适合当皇帝，他就是一个扶不起的阿斗，实在没有那个才能。我们总说德不配位，其实德配不配位倒在其次，首要的是才能不能配位。才能如果与位置不匹配，对个人、对国家都将是巨大的灾难。

李显的一生就是四个字——糊里糊涂，糊里糊涂当上皇帝，糊里糊涂被废了，然后糊里糊涂又成了皇帝，最后糊里糊涂死了。

他和他爹一样悲哀，都深深爱着自己的女人，结果人家都不爱他们，一个被爱人夺了江山，一个被爱人要了性命。

韦后秘不发丧，立即将所有宰相召入禁中，禁止出宫。同时，火速调动京外部队五万余人入京，归韦氏子弟统领。京城全面戒严，韦家的中书舍人韦元徼①日日带队巡逻。这样，相王和太平即便有什么想法，也不敢轻举妄动了。均州的谯王李重福也是一个隐患，韦后派兵五百人赶赴均州，死死看住李重福。

这些安排可以说是非常到位了，所有可能跳出来竞争皇位的人都被防住了。但天不藏奸，韦后千算万算，终究还是漏了一个人。这个人就是上官婉儿。

早先，婉儿任左拾遗的表弟王昱曾劝沛国夫人郑氏："武氏，天之所废，不可兴也。今婕好附于三思，此灭族之道也，愿姨思之！"天意要让武家衰败，他们是不会再复兴的了。如今我姐却偏要和武三思搅在一起，这是要灭族的隐患，请姨妈三思！

郑氏觉得有道理，就劝婉儿在大事上不要糊涂。当时，婉儿还不理解，没有听。等到李重俊之乱时，叛军入宫后四处搜捕她，婉儿才知道自己已被天下人视为韦后一党，是人人得而诛之的奸佞之辈，这才感到害怕。所以，她幡然醒悟，在私下里积极向太平公主靠拢。

相王李旦比较迟钝，搞不清到底发生了什么。太平公主就比较警觉了，隐隐觉得七哥可能出事了。她密信婉儿，立即知道了宫廷内幕。和往常一样，韦后让婉儿起草中宗的遗诏。笔在婉儿手上，怎么写就很重要了。婉儿和太平公主商量，决定这么写：根据先皇遗愿，册立幼子温王李重茂为皇太子，皇后知政事，相王参谋政事。韦后也没多想，同意了。

结果呢，诏书都写好了，也盖了玉玺，就差下发了，宗楚客多了个心眼儿，非要看。婉儿不得已，只得给他看。宗楚客一看，坏了，怎么能这么写呢？日防夜防就是防着李旦，怎么能让他参与朝政

---

① 徼，音绞。

呢?! 宗楚客随即和韦温带着宰相张嘉福、岑羲等人来见韦后,要求更改诏书,请皇后临朝,罢相王政事。韦后同意了,不让李旦参与政事了,让他做太子太师。

韦后以为,这事儿只有婉儿知道,她肯定不会把修改遗诏的事说出去,至于另一个执笔人苏珦,他不敢说。她万万没想到,太平公主也是知道的。很快,他们篡改遗诏的消息,满朝文武就知道得差不离儿了。韦氏为什么排挤相王呢?难不成她想当武则天第二,谋朝篡位?舆论就对韦后集团很不利了!

韦后还不知情,觉得已经控制住局势了,于初四向中外发布了中宗驾崩的消息。随后,她临朝摄政,进相王李旦为太尉、雍王李守礼为豳王、寿春王李成器为宋王,以从人望,并宣布大赦天下,改景龙四年为唐隆元年。

初七,16岁的李重茂登上皇位。

韦后大权在握,下一步该咋办呢?宗楚客等人已经为她设计好了,就学武则天,援引图谶,说韦氏宜革唐命。当然,在此之前一定要把相王和太平公主除掉。韦后当然想不到,看似恭顺的宗楚客其实野心更大。他曾对党羽说:"当年我人微位卑时,做梦都想当宰相。现在我已经是宰相了,又想当皇帝。哎呀,哪怕只让我当一天的皇帝,我也心满意足了。"

宗楚客的这句话将人性的贪婪展现得淋漓尽致。明朝历史学家朱载堉①有首《不足歌》,对人性得陇望蜀的剖析尤为精到:"终日奔波只为饥,方才一饱便思衣。衣食两般皆俱足,又思娇娥美貌妻。娶得美妻生下子,又思无田少根基。门前买下田千顷,又思出门少马骑。厩里买回千匹马,又思无官被人欺。做个县官还嫌小,要到朝中挂紫

---

① 堉,音育。

衣。不足歌,不足歌,人生人生奈若何?若要世人心满足,除非南柯一梦兮!"

宗楚客的梦是不是南柯一梦呢?

是的,收拾他的人已经在路上了。

# 第九章

## 隆基开元

## 01. 唐隆政变

临淄王李隆基是李旦的第三个儿子,他的母亲就是当年被武则天杀害、连埋哪儿都不知道的窦氏。在一般人眼中,这个年方二十五的后生就是一个浪荡公子哥儿,他父亲会的,吹拉弹唱,他样样都会;他父亲不会的,豪饮、泡妞、赌博、下棋、马球……他一个不落。时任潞州(今山西长治潞州区)别驾的他已有一妻一妾——正妻王氏、侧室刘氏,并且刘氏已经给他生了一个儿子李琮①。但风流成性的李隆基又勾搭上了潞州一个姓赵的歌女,还生下了一个儿子李瑛。

中宗暴毙前不久,李隆基刚巧休假回长安。以他的年纪、地位和生活作风,韦后一党根本没把他放在眼里。没想到,这个被忽视的年轻人恰恰就是他们的掘墓人。高宗的子孙们很随他,大多胆小懦弱,唯独有两个例外,一个是已故的李重俊,另一个就是李隆基。看到韦后一党兴风作浪、磨刀霍霍,李隆基怒了,这些外姓人搬弄我们李家的江山,还想杀光我们,不行,我得上啊!他不仅想干,而且想强干,干脆搞个政变,把这些逆贼都杀了算了!

李隆基知道父亲怯懦,不能谋事,干脆撇开父兄,直接就去找姑妈太平公主商量。太平公主也是个狠人,早就想这么干了,立即表示

---

① 琮,音从。初名嗣直,后改李潭、李琮。本书从最后的名字,故用李琮。

支持。三郎你就放手去干，姑姑能出十分力，决不只出九分。李隆基随即开始策划政变。

他盯上了皇宫近卫军——万骑。万骑的前身叫百骑，顾名思义编制百人，这是由太宗李世民组建的贴身骑射部队，武则天时扩充为千骑，中宗时又扩充为万骑。和其他军队不同，万骑的来源只有两个，一个是官奴，一个是蛮夷，都是骁勇善战的虎狼之士。韦后一党把持着军权，从外地调动军队入京是不可能的，所以只要把万骑争取过来，政变就有了生力军。李隆基就去拉拢万骑的几个军头——葛福顺、陈玄礼和李仙凫。

结果，双方一拍即合。为啥呢？因为万骑和韦氏的关系很不好。万骑既然是中宗的卫队，立场自然倾向于中宗，不为韦氏所信任倚重。中宗驾崩后，韦后之所以调外军入京，而不是直接调动万骑，原因正在于此。韦后的侄子长安令韦播和外甥郎将高嵩还曾多次殴打万骑士兵。凡此种种，都搞得万骑对韦氏一族颇有怨言。所以，当李隆基和盘托出政变计划时，葛福顺、陈玄礼、李仙凫等人几乎没有犹豫就答应了。

但光有万骑是不够的，因为宫中还有北衙禁军羽林军，此外韦氏还掌握着五万精兵。

别怕，李隆基还有别的伙伴。

这些人中，段位最高的是兵部侍郎崔日用。此人的伯乐是宗楚客，早先也的确是韦后一党，但自从宗楚客等人毒害中宗后，崔日用就害怕了，这些家伙走得太远了，他不能跟。他是兵部侍郎，军队的风吹草动都逃不过他的耳目，听说临淄王李隆基与葛福顺等人过从甚密，就知道李隆基要搞事情了，便主动投靠了李隆基。

其他几个人的段位就有些拿不出手了。唯一有背景的是卫尉卿薛崇简，他是太平公主和薛绍的儿子，但不在要害岗位上，帮不上什么大忙。然后是两个后勤官员：一个是宫苑总监钟绍京，往大了说是大内总管，其实就是掌管宫门钥匙的；另一个是尚衣奉御王崇晔，管皇帝冕服、几案的。这两人都是不入流的小官，但对此次政变而言，他们的位置却十分重要，因为他们对宫里的情况十分熟悉，知道怎么走最合适，知道哪儿有兵哪儿没兵，尤其是钟绍京，各道宫门的钥匙他都有。再往下就真的是不入流了，一个是利仁府（今陕西渭南大荔县）折冲百济人麻嗣宗，这是京外一个县武装部的干部；另一个甚至都不在体制内，他就是之前劝说张柬之诛杀武氏余孽的前朝邑尉刘幽求。

以上诸人，在这场政变中发挥关键作用的是崔日用、钟绍京、刘幽求三人。我称他们为"唐隆三杰"。钟绍京是带路党，崔日用和刘幽求则是李隆基的谋主。

他们的政变计划分三步：

第一步，依托万骑诸将和崔日用，控制羽林军，进而掌控玄武门；第二步，钟绍京开门，大军入宫，诛杀韦后、安乐公主，控制少帝李重茂；第三步，大索京城，诛杀韦氏党羽。

当时就有人提出来，此事应该征得相王同意。但李隆基不同意："我曹为此以徇社稷，事成福归于王，不成以身死之，不以累王也。今启而见从则王预危事；不从，将败大计。"事情如果成了，自然推尊相王；如果不成，我们就以身死之，决不能拖累相王。如果告诉相王，他若是同意，就卷入了旋涡，陷入了风险；他若是不同意，我们就搞不成了。

但我们仔细想，后一句还能成立，前一句就成立不了了。李隆基如果失败了，李旦肯定没跑，韦后正愁没由头杀他呢！李隆基之所以不肯告诉父亲，其实是怕李旦不同意。

唐隆元年（710年）六月二十日，中宗驾崩后的第十八天，当日申时，也就是下午三点到五点间，李隆基与刘幽求等人便服入宫，潜入钟绍京的住所。翌日凌晨二更时分，忽有流星散落如雪，刘幽求道："天意如此，机不可失！"李隆基一声令下，政变爆发。

葛福顺等人率万骑突入羽林军营中，将韦璇、韦播、高嵩三人斩首示众，高声呼道："韦后毒害先帝，意图篡夺李唐江山。今晚我们应该同心协力诛杀韦氏一族，拥立相王为帝，个头高过马鞭的韦氏族人都得杀。谁要是心怀两端、帮助韦逆，灭三族！"羽林军将士对韦氏不满久矣，全都欣然从命。

羽林军款服，玄武门自然不在话下。这一步是最关键的，完成了这一步，宫中的韦氏和安乐公主已成待宰羔羊。

随后，李隆基派葛福顺率领左万骑攻打玄德门，李仙凫率领右万骑攻打白兽门，自己与刘幽求、钟绍京等人直奔玄武门。葛福顺、李仙凫经过小规模战斗，分别杀掉守门将领，突入宫中。三更时分，李隆基听到宫中杀声四起，知道葛、李二人已经得手，立即率羽林军经玄武门入宫。当时有一部分南牙府兵驻守在太极殿附近，守卫着中宗的灵柩，见万骑与羽林军反正，立即全员响应。宫中已无支持韦氏的一兵一卒。

韦后、安乐公主、驸马武延秀、尚宫贺娄氏尽皆被杀。安乐公主被杀时，还在对着镜子画眉呢！

还是婉儿脑子活泛，赶紧拿着她当初起草的由相王参谋政事的底稿来见李隆基，说殿下你看，我其实是支持相王的。没想到李隆基却冷冷一笑："此婢妖淫，渎乱宫闱，今日不诛，后悔无及。"刘幽求出面求情也不顶用。上官婉儿被当场斩首。

天明时分，李隆基才出宫去见李旦，详述了政变经过，并对起事前未与父亲商量表示道歉。李旦潸然泪下，抱着儿子说："社稷宗庙不附于地，汝之力也。"能保全咱们李家的社稷和宗庙，这是你的功劳呀！

随后，父子二人携手入宫，奉少帝李重茂出安福门安抚百姓。李重茂对中外臣民说了叔叔让他说的话："韦皇后窥伺神器已被诛灭，百姓不要惊慌。"并宣布了叔叔让他宣布的恩诏，免除全城百姓全年赋税的一半。李重茂还按照叔叔给的剧本，大赦天下，加封堂兄李隆基为平王，薛崇简为立节王，钟绍京、刘幽求为宰相。

京城各门早已关闭，全城搜杀韦氏党羽。韦温、韦巨源、宗楚客、宗晋卿、马秦客、杨均、术士叶静能等人相继被杀，与韦后一道暴尸街头。崔日用率军直扑城南杜曲，诛杀韦氏家族成员，甚至连襁褓中的婴儿都不放过。杜曲不只住着韦氏，还住着杜氏，以至于很多杜氏家族的人也冤死在乱军刀下。"城南韦杜，去天尺五"，两大家族荣耀在近上，但倒霉也倒霉在这个近上了。纪处讷和张嘉福虽然趁乱逃出了长安，但都在半道被捕获斩首。韦后一党的骨干成员全部覆灭。其他成员，如韦后的妹夫汴王李邕①、女婿杨慎交以及宰相萧至忠、韦嗣立、赵彦昭等人均被外放为地方刺史。

## 02. 李旦复帝

如果真的只是清除奸佞、匡扶社稷，那么做到这一步已经够了，下一步就该同心同德辅佐少帝李重茂了。

当然，如果毕竟只是如果，李隆基想要的其实更多。他可是李唐

---

① 唐朝有两个知名的李邕：一个是大臣李邕，著名的书法家；一个是宗室李邕，高祖李渊的曾孙，也是韦后的妹夫。

皇室自太宗李世民之后的头号人物，野心勃勃，雄心万丈。按《旧唐书》的记载，李隆基早有不臣之心，暗中结交笼络了一大批能人。民间风传隆庆池有帝王气，还说隆庆池应该改名为龙庆池。李隆基一直觉得，这个"隆"就是指他，他就是真龙天子。韦后临朝称制，改景龙四年为唐隆元年，又带个"隆"字。李隆基就越发自负了，以天命自居。

关于下一步，李隆基早就和姑妈太平公主商量好了，把少帝扒拉下来，把李旦推上去。姑侄二人唯一的分歧点在于速办还是缓办，公主主张速办，李隆基主张缓办。但李隆基的谋主刘幽求也主张速办，政变当晚他就公然鼓噪："大家已经商量好了要拥立相王，何不趁着今晚就把事儿办了呢？！"

政变后第二天，一些忠于少帝的宫女和宦官找到刘幽求，请他起草册立少帝之母为皇太后的制书。此举政治意义极大，因为一旦册立了皇太后，李旦如果想篡权，在法理和伦理上的处境就十分尴尬了。刘幽求是个明白人，以"国有大难，人情不安，山陵未毕，遽立太后，不可"为由拒绝了。李隆基当时在现场，急了，赶紧叮嘱他："此勿轻言。"是啊，阻挠册立皇太后，万一被人扣了帽子咋办？再说少帝的大哥谯王李重福还在均州呢，万一他以相王不册拜太后、意图篡位为由起兵，事情就麻烦了！

李隆基的意思是再等等，先除掉李重福再说。但太平已经等不及了，这推立新君的大功她要定了，就在二十三日"传达"了少帝的旨意，说少帝已经想通了，为了江山社稷，要将帝位禅让给叔叔李旦。

李旦坚决推辞。别人推辞都是假的，唯有他推辞，我认为是发自真心的，他是真不想当这个皇帝。刘幽求不敢去劝李旦，就跑来劝李隆基："相王以前就当过皇帝，他重新践祚是民心所向，您劝劝他吧！"

李隆基估计是假推辞："相王生性恬淡，不爱名位。他不是没拥有过天下,他是都让出去了,先让了母亲,再让了哥哥。让他取代哥哥的儿子,他肯定不会干的!"

刘幽求急了:"众心不可违,相王如果只想着独善其身,那江山社稷怎么办?"

李隆基也不推辞了,推父亲就是推自己,马上和大哥李成器一道去见父亲。一顿输出过后,李旦同意了。

二十四日早朝改在太极殿,少帝坐在御座上。由于中宗李显刚刚驾崩,眼下还属于国丧期间,所以少帝的御座并非坐北朝南,而是临时调整至东面,西面则摆放着中宗的梓宫。梓宫旁站着相王李旦。

此次朝会的主角完全属于太平公主。她朗声问群臣:"皇帝欲以此位让叔父,可乎!"

此言一出,刘幽求马上跪下来打配合:"国家多难,皇帝仁孝,想行禅让之举,实在是出于至公无私之心。相王替皇帝挑起重担,乃是叔父疼爱侄儿的表现。"这就是说着最大公无私的话,办着最自私自利的事了。随即,刘幽求宣读了少帝"起草"的传位诏书。

这一切发生得是那么突然,以致少帝当时都蒙了,我啥时候说要传位八叔了?他不知道应该怎么办,只好坐着不动。

太平公主急了,三步并作两步,拾级而上,径直走向御座,扯住他的胳膊说:"天下之心已归相王,此非儿座!"说着,她一把就把少帝薅下了御座。总计少帝李重茂在位还不足一个月。

李重茂也是她的侄子,也喊她"姑姑",列位,你们瞅瞅帝王家这个亲情!

太平公主又走到西面,拉着李旦的手,将他扶到了御座上,随后走下玉阶,带领群臣三跪九叩、山呼万岁。

政权交替这事儿,有时候难得要死,有时候却又如此简单!

新皇帝李旦随即宣布了第一道敕书,将逊帝李重茂重新封为温王。随后,他亲临承天门,宣布大赦天下。这样,在时隔二十年后,李旦重新成为大唐皇帝。老天爷真的很会玩,你不是不想当皇帝吗?我偏要让你当,一次还不够,非得让你当两次才够!

李旦庙号睿宗,二次为帝,在位仅两年多,却用了三个年号,景云、太极和延和。为了大家看着方便,咱们还是老办法,上北溟纪年①。

新君嗣位,就该定太子了,睿宗万分纠结。按照礼法,应册立长子李成器,但江山是三郎李隆基夺回来的,没有三郎,就没有今天的这一切,不册立他恐众心难服。如果历史有假设的话,这个时候只要太平公主力挺李成器,只怕这太子还真就让李成器当了。但历史没有假设,公主可能想说,但还没来得及说,李成器先说话了:"国家如果安定团结,那就应该遵循惯例立嫡长子;国家如果处于危险,那就应该立有功之人。平王隆基有反正的大功,臣请立他为太子。"李隆基虽然心里乐开了花,面儿上还得装着很认真地推辞,应当由大哥当储君。

李成器是不是故作姿态呢?还真不是,他一连几天哭着求父亲册拜三弟为太子,他是真的想让。一来他也很恬淡,不想当皇帝,只想当个无忧无虑、快快乐乐的王;二来三弟有再造之功,非他可比;三来他们这个家族,从高祖到中宗,连续三代四位嫡长子都没立住,李建成、李承乾、李忠、李重润的下场都很惨,他若是接了这太子之位,将来下场如何真不好说呢!

有大哥打样儿,老二李成义也拒绝接任太子。

当事人都这么说了,其他人纵然有反对意见,也不好再说什么了。况且,李隆基的那帮小伙伴又积极鼓噪。睿宗终于下定了决心,

---

① 睿宗元年 = 景云元年 / 唐隆元年(710年),睿宗二年 = 景云二年(711年),睿宗三年 = 太极元年 / 延和元年(712年)。

于二十七日册拜李隆基为太子。

帝位和储君之位都定了，下一步就该施政了。

第一件事当然是进行彻底的拨乱反正。

首先，清算武家。追削武三思、武崇训父子的爵谥，把他们的棺材劈开，挖出尸体挫骨扬灰。武则天为祖先所立的崇恩庙及昊陵（武士彠之墓）、顺陵（杨牡丹之墓）都被扒了。李显和武则天分开了15年，所以他们的母子之情还在，而李旦一直被母亲挟制着，谨小慎微地活着，对母亲意见大了去了，所以他对武家的清算就比李显要狠。李旦没有将武氏一族诛杀殆尽，已经算是仁至义尽了。但武家人的政治生命完全终结，只要这江山还姓李，姓武的永无出头之日。打从李旦这儿开始，直到唐朝崩溃，除了宪宗朝宰相武元衡，重要的大臣没有一个是武家人。

其次，清算韦后一党。追废韦皇后、安乐公主为庶人，将党附韦氏的大臣尽数罢免或贬官外放。宰相萧至忠、韦嗣立、赵彦昭、李峤继续贬官他州，岑羲罢为右散骑常侍兼刑部尚书。85岁高龄的唐休璟被致仕，右武卫大将军张仁愿罢为左卫大将军。崔湜被罢相，贬为华州刺史。郑愔由秘书少监左迁沅州（今湖南怀化芷江县）刺史。

此前宋之问贴韦后、安乐公主贴得太厉害，遭到了太平公主的忌恨和打击，已经在景龙三年（709年）被贬为越州（今浙江绍兴）长史了。现在睿宗上台，太平公主手握大权，更不可能容他，又将宋之问、宋之逊、冉祖雍三人流放岭南。窦从一因为在政变后杀掉了老婆王老太太，又改回本名窦怀贞，得到豁免，但现在也遭到清算，被贬为濠州司马。当然，漏网之鱼还是有的，胡僧慧范又傍上了太平公主，居然安然无恙。

然后是为五王、王同皎和李重俊平反，认定他们是匡复社稷的忠臣。李重俊还被追谥为节愍太子。

最后，封赏功臣。以宋王李成器为雍州牧、扬州大都督、太子太师。衡阳王李成义进为申王，巴陵王李隆范进为岐王，彭城王李隆业进为薛王。唐隆三杰——崔日用、钟绍京、刘幽求——均被册拜为宰相、国公。当然，睿宗又用了一些大臣，许州刺史姚元之、洛州长史宋璟、太仆卿郭元振、中书侍郎张说四人晋为宰相。

至此，唐隆政变取得圆满成功。李隆基冷不丁搞的这一下子，打了韦后集团一个措手不及，在关键时刻挽救了大唐。如果没有这一下子，韦后就坐庄了，将来这江山姓李还是姓韦真不好说呢！这是李隆基的历史贡献。

## 03. 李重福之乱

睿宗父子现在唯一忌惮的人是均州的中宗庶长子谯王李重福。

睿宗即位后即下敕，让李重福去集州当刺史。集州在哪里呢？在今四川巴中南江县，妥妥的边陲荒芜之所。说什么兄友弟恭，哥哥尸骨未寒，就这么迫害亲侄子，最是无情帝王家啊！

李重福当然不甘心，应声而动，就起兵造反了。

当初郑愔罢相出贬江州司马时，路过均州曾煽动李重福举兵倒韦。韦后虽然不咋地，但的确对郑愔有提携之恩，可郑愔仅仅因为一次受贬，并且还与韦后无关，就想对付这位恩人，其人品之低劣真是让人叹为观止。李重福当时就答应了，而且与亲信张灵均和郑愔进行了周密的策划，只可惜被李隆基抢了先。现在郑愔对睿宗不满，在贬官沅州途中又致信李重福，怂恿他起兵。

在李重福看来，叔叔李旦实际上是篡夺了他家的帝位，是可忍孰不可忍。经过书信密议，李重福定下了起兵的计划：潜入洛阳，控制左右屯营兵，而后袭杀留守裴谈，占据洛阳，举兵西征，清除相王一党，匡复社稷。说句实在的，这个政变计划的难度系数可比唐隆政变大多了。

他先派家臣王道赶到东都洛阳，暗中招募勇士。被贬的郑愔也擅自停留洛阳做前站内应，甚至连诏书都起草好了，拥立李重福为帝，尊李旦为皇季叔，以温王李重茂为皇太弟，张灵均为右丞相知武事，郑愔为左丞相知内外文事。但王道抵达洛阳不久，他们的计划就泄露了，崔日用的堂兄洛州司马崔日知捕获其党羽数十人。

八月十五日，李重福和张灵均潜入洛阳，寄宿在中宗第二女宜城公主驸马裴巽①的府上。这时，洛阳县官已经察觉到有些不对劲了，就跑到裴巽府上，准备按问张灵均。还问个啥啊，一进门就和李重福打了个照面！这县官倒也不含糊，立刻退了出来，通报留守裴谈。

李重福一看事情彻底暴露，立即率领张灵均、郑愔、王道等数百人向左右屯营进发。行至天津桥时，他们遭遇了留台侍御史李邕。李邕立刻拨转马头驰入营中，向将士们大呼："谯王没有原因突然来到东都，一定是要作乱了！兄弟们，这可是咱们获得荣华富贵的好机会啊！"随后，他分遣快马通报各门守将，关闭城门，兴军讨逆。

很快，李重福就来到了营门前。可营中将士早已准备妥当，矢如雨下。李重福无奈，又转向左掖门。守军关闭城门，拒不出迎。李重福大怒，命属下纵火焚烧城门。但这时左右屯营兵已经追杀了过来，他的这点人马不值一扫，顷刻间覆没。

李重福见大势已去，只得逃出洛阳城，躲入山谷。郑愔也真够可

---

① 巽，音训。

以的，居然乔装成妇女，藏入车中出逃，却被城门守军发现。他吓得浑身发抖，连话都说不出来。反倒是张灵均神态自若，看着郑愔恨恨地说："我和这种人举事，确实应该失败！"二人一同被杀于东都闹市。

郑愔的一生就是攀附的一生。他入仕之初，走的是酷吏来俊臣的门路。来俊臣倒台后，他转而依附二张。二张受诛后，他又贴上了武三思。武三思完蛋了，他又神奇地攀上了韦后。在依附韦后的同时，鸡贼的他还偷偷搭上了李重福。韦后覆灭后，他又想借助李重福复起，不仅害死了李重福，也断送了自己的生命。这就是一个典型的小人，为达目的，不择手段，看似聪明，实则聪明反被聪明误。

第二天，裴谈派兵搜山。走投无路的李重福跳河自杀，遭碎尸示众三日，时年 31 岁。

奏报传至长安，睿宗李旦专门下诏，昭告中外："集州刺史谯王重福，幼则凶顽，长而险诐。幸托体于先圣，尝通交于巨逆。子而不子，自绝于天。有国有家，莫容于代。往者颇不含忍，长令幽絷。自大行晏驾，韦氏临朝，将肆屠灭，尤加防卫。洎天有成命，集于朕躬，永怀犹子之情，庶协先亲之义。所以开置僚属，任隆刺举，冀其悛改，以怙恩荣。而讹误有徒，狂狡未息。便即私出均州，诈乘驿骑，至于都下，遂逞其谋。先犯屯兵，次烧左掖，计穷力屈，投河而毙。虽人所共弃，邦有常刑，我非不慈，尔自招咎。且闻其故，有恻于怀。昔刘长既殁，楚英遂殒，以礼收葬，抑惟旧章，屈法申恩，宜仍旧宠。可以三品礼葬。"

啥意思呢？我用一句话概括，尽管李重福大逆不道、自绝于天，但朕顾念兄弟之情、叔侄之情，"屈法申恩"，仍按三品官的标准安葬他。

这叔侄之情真是"感天动地"呀！

此时的崔湜在太平公主的关照下，已经从华州回朝任太子詹事了。但谁都没想到，在拔起李重福这根萝卜时，却意外带出了崔湜这块泥。有司搜检李重福书信，居然发现崔湜早在贬官襄州刺史时，就曾和郑愔一道与李重福书信往来，积极劝说李重福起兵倒韦，李重福还赠送他一条金腰带。

睿宗大怒，准备处死崔湜。这个时候就显示出崔湜朋友圈的强大了。唐隆政变功臣刘幽求素来与崔湜关系不错，觉得这个时候得拉兄弟一把，进言求情。甚至于一贯和崔湜不对付的张说都出来求情了。睿宗开恩，崔湜神奇般地又逃过了一劫。

随后，李旦将亡兄李显葬入定陵，定庙号中宗。大臣们认为韦后是悖逆罪人，不应与中宗合葬。李旦遂追谥已故英王妃赵氏为和思顺圣皇后，祔葬定陵。温王李重茂被软禁于房州当年李显的居所，于四年后暴死，年仅20岁，被追谥为殇皇帝。我估计他多半是被李隆基害死了。

中宗如果泉下有知，肯定后悔从房州回京，当这个天子做甚？

网上有个段子，管李显和李旦叫"六味帝黄丸"。说李显他爸是皇帝，他妈是皇帝，儿子是皇帝，弟弟是皇帝，侄子是皇帝，自己是皇帝；李旦也一样，父亲是皇帝，母亲是皇帝，哥哥是皇帝，儿子是皇帝，侄子是皇帝，自己是皇帝。

这种说法其实没道理，因为把侄子带上很牵强。严格地讲，李显和李旦都是"五福散"。另外，他们的老爸李治也是"五福散"，父亲是皇帝，老婆是皇帝，自己是皇帝，两个儿子是皇帝。唐朝真正的"六味帝黄丸"其实是后来的唐穆宗，父亲宪宗是皇帝，自己是皇帝，弟弟宣宗是皇帝，三个儿子敬宗、文宗、武宗都是皇帝，如果算上侄子懿宗，他可就是"七星丹"了。

## 04. 姑侄过招

朝廷的是非斗争永无休止，旧的斗争刚刚平息，新的斗争接踵而至。这次的斗争发生在太平公主和太子李隆基之间。原因无他，就是因为公主野心膨胀，想做第二个武则天。

此时的太平公主俨然已经成了副皇帝，丈夫武攸暨是楚国公，四子薛崇胤、薛崇简、武崇敏、武崇行均被封王，其家"田园遍于近甸，收市营造诸器玩，远至岭蜀，输送者相属于路，居处奉养，拟于宫掖"。睿宗视妹妹为贤内助，国家大事都要与太平商决。每次宰相奏事，他都先问："和太平商议过了吗？"然后才问："和三郎商议过了吗？"但凡太平想办的事儿，他就没有不听的。朝廷百官进退与否，全在太平一句话，权埒人主。

太平还垄断了斜封官大权，以前还有韦后一伙儿和她争这块蛋糕，现在都成她的了。她大肆卖官鬻爵，"趋附其门者如市"。

另外，她还结党营私。很多韦武余孽、中宗旧臣，如岑羲、崔湜、窦怀贞、萧至忠、左羽林大将军常元楷、知右羽林将军事李慈、左金吾将军李钦、中书舍人李猷、右散骑常侍贾膺福、鸿胪卿唐晙、胡僧慧范等，还有宗室中的新兴王李晋（唐太祖李虎玄孙），都投到她的门下，形成了一个庞大的势力集团。

李重福之乱后，崔湜忽然发现自己成香饽饽了，公主和太子都向他抛来了橄榄枝。这也正常，谁都想拉拢有才干的年轻人。李隆基尤为积极，不惜多次到崔湜府上微服私访，虽然并未言明，但拉拢之意昭然若揭。

这时就看崔湜怎么选了。从后来的历史看，选择太平就是选择死亡，如果选择李隆基，那崔湜将来必然是玄宗朝的重臣，可能都轮不到姚崇、宋璟露头。但崔大才子并没有卓迈的远见，他是一个重视眼前利益的人，说白了就是短视。公主的势力远超太子，比太子说话硬，比太子能办事，他当然选择公主！

太平野心极度膨胀，早已萌生了篡权之心，她忌惮李隆基年少英武，便打造舆论，说什么太子不是长子，本来就不应该立他。她还严密盯梢李隆基，哪怕李隆基犯了点儿小错误，总有人捅给睿宗。为了扳倒李隆基，太平一面在李隆基身旁安插耳目，一面积极剪除李隆基的羽翼，尤其是唐隆三杰。

在扳倒唐隆三杰时，有个人发挥了很不光彩的作用。此人便是魏征的外甥、褚遂良的学生、薛元超的侄子、睿宗的亲家、初唐书法四大家之一、时任太常寺少卿的薛稷。

薛稷首先对付的是同行钟绍京。对书法有研究的同学可能知道，钟绍京是著名书法家钟繇的第十七世孙，本人也是一代书法巨匠，当时宫中的门榜、牌匾等基本上都出自他的手笔。世人称钟繇为"大钟"，钟绍京为"小钟"。后世的书法大家曾巩、米芾、董其昌等人都对钟绍京推崇有加。钟绍京毕竟是个后勤出身的小官员，没有经过重要岗位的历练就当上了宰相，任意行赏施罚，能力又低下，大臣们都很厌恶他。薛稷怂恿他上表辞职，钟绍京单纯，真听了。没想到薛稷又跑去对睿宗说："钟绍京虽然有功劳，但是没有才德，怎么能出任宰相这种要职呢？外面百姓对陛下意见很大！"睿宗信了，随即将钟绍京罢相，改为户部尚书，不久后又外放为蜀州刺史。

踢走了钟绍京，薛稷又开始给崔日用穿小鞋，搞得崔日用很不爽，经常与他争吵。一次，两人在中书省当着一众臣工的面儿彻底闹翻，互相问候了对方的祖先，斯文扫地。睿宗很生气，将崔日用罢相，外放雍州长史，薛稷罢为左散骑常侍。

薛稷还想对付刘幽求，奈何刘幽求很谨慎，他找不到机会。

李隆基多聪明一人儿啊，知道肯定是姑妈在背后推波助澜，他一面谨小慎微，一面也勾连群臣小心应对。除了唐隆三杰，他还有一帮助手，宰相韦安石、姚元之、宋璟、张说、郭元振等人都支持他。

公主还试图拉拢韦安石，派人邀请韦安石到府中密谈。韦安石硬是给拒了。因为太平一党的拨弄，睿宗已经对李隆基产生了疑心，曾密召韦安石，叮嘱他："朕听说朝中文武都倾心于太子，你替朕观察留心着！"

韦安石就说了："陛下，您说的可是亡国之言啊！这肯定是太平公主的计谋。太子有功于社稷，仁明孝友，天下所知。希望陛下不要被谗言所蒙蔽。"

睿宗明显不想听："朕知道了，爱卿你不要再说了！"

为啥不让韦安石说话呢？因为太平公主就在帘后呢！不久，韦安石就被下狱了，亏得有郭元振出言相救，才得以免死。

睿宗二年（711年）正月，太平干脆摊牌了，邀请一众宰相开会，直接下达了任务：上书皇帝，改易储君。宰相们都惊呆了，这娘们儿也太嚣张了。耿直的宋璟当场就顶了回去："太子有大功于天下，将来绝对是有道明君，公主你怎么突然起这么蛾子？"

会后，宋璟和姚元之一合计，立即去找睿宗，提了三点要求：一是把宋王李成器和豳王李守礼外放为州刺史，以免别有用心的人挑唆他们和太子的关系；二是剥夺岐王李隆范和薛王李隆业对羽林军的控制权，让他们分别出任太子左右卫率，辅佐太子；三是将太平公主夫妇搬离长安，安置于东都。

夹在妹妹和儿子中间，睿宗煞是为难。但终究还是骨肉情大过了兄妹情，他想了许久，拿定了主意："朕更无兄弟，惟太平一妹，岂可远置东都！诸王惟卿所处。"这就相当于接受了宋璟他们的前两点要求。行吧，能做到66%已经很不错了！

但只要公主还在长安，这事就没完。很快又有人进谗言，说太子准备政变夺权。睿宗又信了，叮嘱张说、姚元之等人："有术士告诉朕，近期宫中将有兵乱，你们要替朕小心防备！"

张说那也是力挺李隆基的，当即回道："这肯定是有人故意进谗言离间陛下和太子。只要陛下让太子监国，流言不攻自破！"

姚元之马上点赞支持："张说所言，社稷之至计也。"

睿宗只是优柔寡断，但并不糊涂，这是他强于七哥李显的地方。二月，他正式下诏，将李成器、李守礼外放为刺史，褫夺岐王李隆范和薛王李隆业的军权，将太平公主一家安置于蒲州（今山西运城永济市）；随后又宣布由太子李隆基监国，"六品以下除官及徒罪以下，并取太子处分"。可见，对早先宋璟和姚元之提的三条要求，睿宗已经落实了99%，只不过将太平的安置地由东都变成了蒲州而已。为啥改成了蒲州呢？因为蒲州离长安近啊！

## 05. 隆基践祚

太平虽然遵令去了蒲州，但立即发动了反击。先是指使崔湜的兄弟殿中侍御史崔涖和太子中允薛昭素上书睿宗，要求恢复斜封官。睿宗此前采纳姚元之和宋璟的建议，罢免了所有的斜封官，这不仅断了公主的财路，也使她失去了一个笼络人的途径。现在崔涖和薛昭素说了："斜封官是先帝中宗允许的，而且数量已经很大了。如果陛下听信姚元之等人的话，取缔斜封官，那就相当于说先帝办了错事，外面的人会怀疑陛下您的动机。我们担心会生出祸乱！"睿宗耳根子软，居然又恢复了斜封官。

随后，又是崔湜出主意，让太平致信李隆基，指责他忘恩负义、离间兄妹。这招儿非常高，太平是长辈，李隆基即便心里再恨她，也断然不敢白纸黑字地撅她，只能被迫表态，上奏睿宗说姚元之和宋璟离间兄妹、姑侄，其罪当死。睿宗随即将姚宋罢相，外放为州刺史，还将刘幽求罢为户部尚书，并收回了将李成器、李守礼外放的成命。

太平的这拨反击很有力度，完全挫败了李隆基。在公主的提携下，窦怀贞还回到了朝中，很快就成为宰相。

但公主一党势力的急遽膨胀也让睿宗起了戒备之心，说到底，妹妹和儿子谁更亲，这是秃子头上的虱子——明摆着的。四月，他召见三品以上大臣，提出要传位太子李隆基。李隆基只能坚决推辞。太平当然极力反对。睿宗退而求其次，进一步交权，下制："凡政事皆取太子处分。其军旅死刑及五品已上除授，皆先与太子议之，然后以闻。"

睿宗的态度却让李隆基极为惶恐，因为他搞不清父亲到底是真心相让，还是在假意试探。为了自证，他不得不违心地提出将太子之位让给大哥李成器，并请求将太平公主召回长安。睿宗没有同意他的第一个请求，却从蒲州召回了太平。

公主一回朝，马上投桃报李，又将崔湜推上了宰相宝座。崔湜一贯掩藏得很好，以致李隆基都没有察觉出他和公主的关系。

这时，窦怀贞已经坐稳了太平公主二号谋主的位置，一面积极与太平通谋，每天退朝后，他肯定要先去太平府上汇报今天的朝廷动向；另一方面，他想方设法讨好睿宗。李隆基的同母妹妹金仙公主和玉真公主都是女道士。睿宗想给两个女儿在长安建道观。群臣大多反对，唯有窦怀贞极力赞成，还主动请缨监工。他霸占大量民居和土地，花费数百万缗，将道观建得华丽非常。睿宗和两位公主都十分满意，又让窦怀贞任了侍中。当时的人们挖苦窦怀贞，说他"前为皇后阿父，今为公主邑司"。

说起女道士，大家别以为她们只是一心求道的小仙女。唐朝人讲究男女平等，有些个性极强的女孩子不愿为婚姻所束缚，又想过自由自在的生活，就以女道士作为身份掩护。这样做，一是不用落发，二是社会风评较好，一说起来都是求仙问道的高雅名媛，三是女道士可以自由接待男客。名声又好，能保住头发，还能打着自由恋爱的幌子找美男，简直不要太爽！懿宗朝貌美女文青鱼玄机就是走的这条路子。

太平公主步步为营，又召回外放的萧至忠，任为刑部尚书。

睿宗三年（712年）七月，天象生变，有彗星出现于西方，经轩辕星进入太微垣，消失于大角星。

公主大喜，立即指使术士上言："彗所以除旧布新，又帝座及心前星皆有变，皇太子当为天子。"她其实是想传话给睿宗，八哥，三郎这小子要强行当皇帝了，你抓紧采取措施吧！但没想到这一次她弄巧成拙了，睿宗听了，却认为让李隆基当皇帝是上天的旨意，顿时坚定了传位的决心："传德避灾，吾志决矣！"不管太平一党如何反对，李隆基如何谦让，睿宗就是不听，于二十五日传位于李隆基。

所以，你要说太平公主聪明吧，她是真聪明；可你要说她傻蛋，她也是真傻蛋。人家不传儿子传你，那除非有病！

八月初三，李隆基终于登上了梦寐以求的皇帝宝座，尊父亲为太上皇。睿宗又一次大幅度交权，制名："三品以上除授及大刑政决于上皇，余皆决于皇帝。"三品以下，三郎说了就算！

初七，李隆基大赦天下，改延和元年为先天元年[①]。因为他后来的庙号是玄宗，所以后人一般称其为唐玄宗。清朝人为避康熙帝之名玄

---

① 先天元年（712年），先天二年（713年）。

烨，采李隆基的谥号"至道大圣大明孝皇帝"，多称其为"唐明皇"。顺便说一句，李隆基是中国古代唯一的玄宗。

玄宗虽然做了皇帝，但朝中宰相大多是太平公主的人，日夜与公主谋划，打算政变扳倒他。形势万分危急。还是刘幽求胆子大，和右羽林将军张暐商量好了，建议玄宗抢先发动政变，诛杀太平一党。玄宗同意了。孰料张暐嘴不严，将计划泄露给了太平一党的侍御史邓光宾。

还是崔湜，捅咕太平上告睿宗，说刘幽求等人与太子图谋不轨。玄宗被搞得十分狼狈，为了自保，不得不甩锅刘幽求，并将其下入大牢。太平不依不饶，非要睿宗处死刘幽求。玄宗则以刘幽求是唐隆政变的功臣为由，向睿宗求情。最终，睿宗各打五十大板，将刘幽求、张暐、邓光宾等人流放广东。

这时就越发显得崔湜人品低劣了，他居然致信表哥广州都督周利贞，让周利贞杀掉救命恩人刘幽求。杀人是周利贞的强项，当年他处置敬晖、袁恕己、桓彦范三人的残忍手段，我们是见识过的。眼看刘幽求危在旦夕，亏得有桂林都督王晙将他留在了桂林。周利贞多次发文求取刘幽求，王晙置若罔闻。刘幽求非常感动，但也真心为王晙着想："王公你为了保护我一个流人而得罪了当朝执政，我怕你会受到牵连呀！"王晙却说："没事儿，即便因为保护你而获罪，我也决不后悔！"

后来刘幽求复起，多次向玄宗举荐王晙。至于周利贞，则被赐死于桂州驿站。

针尖麦芒之势已成，眼看唐廷又要陷入一场巨大的动乱当中，一件外事却迟滞了动乱的发生。

## 06. 冷陉之战

睿宗元年（710年）十月，李旦宣布了一项任职命令，创设了一个新的官职：以左武卫大将军兼幽州都督薛讷为幽州镇守经略节度大使。唐朝历史上著名的"节度使"一职就此登上历史舞台。

节度的字面意思就是节制调度。节度作为官名，始创于三国时代的孙吴，当时的职权是掌管军粮调度，其实是一个后勤干部。睿宗给节度后面加了一个"使"，变成了领兵官，相当于初唐的统军一职。薛讷由此成为历史上第一个节度使。

薛讷何许人也？他是薛仁贵的长子，靠门荫入仕，受到武则天重用，一路官至左武卫大将军兼幽州都督，担负着守卫帝国东北边境、控御两番的重任，迄今已有二十余年，累建功勋。但在睿宗退位前的三月份，薛讷被调走了，转任并州长史。

怎么回事呢？当时，燕州（治今北京顺义）刺史李琎[①]和薛讷不对付，走了刘幽求的门路，想把薛讷搞走。刘幽求向睿宗举荐了左羽林将军孙佺。睿宗就任命孙佺为幽州大都督，接替薛讷。

孙佺刚上台，干劲很足，想建大功劳。自武周七年契丹李尽忠、孙万荣起兵造反至今，营州一直没能收回来，始终被契丹人控制着。孙佺就想主动出击，把营州收回来。应该说，他想干事的心思是好的，但属实没那个能力。当年六月，即睿宗逊位前一月，孙佺和奚族酋长李大酺[②]在今内蒙古赤峰市巴林右旗西北坝的冷陉地区打了一仗，

---

[①] 琎，音进。
[②] 酺，音仆。

全军覆没。

当时，孙佺率步兵两万、骑兵八千深入塞外攻击两番。他让燕国公李楷固的女婿李楷洛率四千骑兵作为前驱。李楷洛部遭遇八千奚族骑兵阻击，失利。可笑孙佺口气大胆子小，不仅不敢上前救援，还匆忙回撤。李大酺率军反扑，穷追不舍。

孙佺退至冷陉地区，看实在跑不掉了，只得命令部队依山布阵。李大酺遣使质问孙佺："朝廷不是已经和我们和亲了吗，如今怎么突然派大军来了？"孙佺当然不敢说是来收复营州的，就扯谎说："我是奉诏来此招谕你们的，但李楷洛等人不听我的号令，所以我才带兵向他们问罪来了。误会啊，纯属误会！这样吧，我斩了李楷洛，就当给你们赔个不是了！"李大酺自然不信，又派人来问："哦，既然是奉诏招谕我们的，那朝廷肯定有信物啊，拿出来给我看看！"孙佺无奈，只得将军中布帛万余段和自己的紫袍、金带、鱼袋等物充作信物，赠予李大酺。李大酺为求在运动中歼灭唐军，便佯装答应："的确是误会！这样吧，你们就南撤吧，咱们互不干扰。"

消息传到唐营，人心士气瞬间就崩了，各部争相逃命，乱作一团。李大酺发挥骑兵机动快速的特点，对唐军进行包抄合围。经过激战，除李楷洛、乌可利等少数将领突围，其余唐军全部被歼，孙佺和副将周以悌被俘。李大酺随后将二人献于突厥。默啜可汗很果断地处死了二人。

默啜为啥要处死二人呢？因为他现在正在气头上。睿宗二年（711年）正月，默啜遣使入唐，请求和亲。睿宗当时答应了，而且已经确定将李成器的女儿金山公主嫁给默啜。默啜高兴坏了，这事儿要是成了，他可就是第一个娶到大唐公主的突厥可汗了，阿史那祖先泉下有知，都得在坟头上蹦迪了！没想到睿宗突然逊位，新上台的玄宗绝口不提和亲之事。默啜那个气啊，所以才杀了孙佺和周以悌泄愤，给玄宗一个下马威。

被孙佺这么一搅和,已经降附的两番又开始闹腾了。年底,两番入寇渔阳(今北京密云)。新任幽州都督宋璟是个文官,闭门不出。两番狠狠劫掠了一番才退去。太上皇睿宗也很着急,就让玄宗巡视边疆,从西到东沿着边境走一圈,选将练兵。此时玄宗和太平的搏杀已进入白热化,当然不敢出去,出去怕回不来,就申请改在八月再巡边。睿宗同意了。

对付太平确实紧要,但对两番也不能纵容啊!经过研究磋商,玄宗决定拉拢大震国国王大祚荣,从背后牵制两番。其实早在神龙元年,中宗为了对付后突厥,已经拉拢过大祚荣了。当时大祚荣很高兴地同意了,与大国结盟当然是好事,还主动派儿子大门艺入唐为质。中宗准备册封大祚荣,可惜消息泄露,契丹人、突厥人严查死守,唐使过不去,就没册封成。

现在因为两番的威胁,玄宗又想起这茬儿了,于先天二年(713年)三月册封大祚荣为左骁卫员外大将军、渤海郡王,在震国设置忽汗州,以大祚荣为都督。大祚荣政权就此归附唐朝,并以"渤海"自称。渤海国实际上保有极大的自主性,是唐朝的一个藩属国。

这是一个明智的决策,有大祚荣牵制,两番就不敢轻举妄动了。

这时,玄宗和姑妈太平公主的斗争也已到了摊牌的最后时刻。

## 07. 决战在即

七月初,玄宗单独召见崔湜。崔湜出发前,弟弟崔涤特意提醒他:"皇帝不管问你什么,你都不要隐瞒。"崔家人的基本立场都是支持正统继承人李隆基。但崔湜并未听从。见面后,玄宗明确表示要他站到自己一边来,还说准备诛杀太平的心腹萧至忠等人。崔湜佯装从命,下来后却马上汇报给了太平公主。

太平一党大惊,决意抢先动手。崔湜又献上妙计,说玄宗每天早晨都会服用一盅赤箭粉,而他认识一个姓元的宫人,可以让元氏在赤箭粉中下毒,毒死玄宗。赤箭粉其实就是天麻草研磨成的颗粒,有祛风除湿、轻身增年之功效。天麻的茎笔直如箭杆,呈红色,所以唐人称之为"赤箭"。一伙儿人经过合谋,确定于七月四日政变,先毒死玄宗,再诛杀其亲信。

形势万分危急,远在洛阳的张说派人送给玄宗一把刀,暗示他当断不断,反受其乱。荆州长史崔日用回京奏事,也劝说他先发制人。但玄宗很犹豫,除了姑妈,只怕不好向父亲交代。崔日用说:"使四海安宁,这才是天子应有的大孝。如果让太平公主他们得了志,江山社稷就会成为丘墟了!"玄宗这才定下了决心,并立即将崔日用调回朝中任吏部侍郎。

关键时刻,公主一党的魏知古反水,将太平拟于七月四日动手的消息透露给了玄宗。玄宗大惊,立即与弟弟岐王李范[①]、薛王李业、兵部尚书郭元振、龙武将军王毛仲、殿中少监姜皎、太仆少卿李令问、尚乘奉御王守一、内给事高力士、果毅李守德等,商定抢先动手。

这些人中,有两个人我要作重点介绍。

首先是王毛仲。此人是入唐的高句丽人后裔,幼时因父亲犯法被没为官奴,成了李隆基的小跟班,因聪明伶俐、骁勇善射,深受李隆

---

[①] 玄宗即位后,诸兄弟中名字带"隆"的,如李隆基、李隆业,为避讳,都去掉了"隆"字。

基的器重和赏识。唐隆政变前,他积极与万骑将领葛福顺、陈玄礼、李仙凫等人交往,成功将他们争取到玄宗一边,为政变成功做出了突出贡献。但王毛仲本人并未参与政变,而是借故躲了出去,因为他担心政变万一失败,自己将会受到牵连。不过,玄宗并未责备他,反而在政变后一再提拔他。

然后是唐朝第一个知名宦官高力士。

在很多人的印象里,宦官就等于苦出身,欲进此宫,必先自宫,不到山穷水尽、万不得已,谁舍得对自己下这么狠的手?!应该说,绝大多数情况下,这个等式是成立的,历朝历代为宦者多为家境贫寒的草根子弟。但凡事总有例外,比如高力士。

高力士其实是他后来的姓名,人家本姓冯,名元一,其家族赫然是南朝至隋唐间岭南地区的头号名门望族——冯氏家族。

岭南土著多为越人,冯氏一族却是汉人,当然是外来户,祖籍河北衡水。衡水冯氏始祖是十六国中的北燕末代国君冯弘。公元436年,北燕为北魏所灭,冯弘被迫逃亡高句丽。寄人篱下的滋味不好受啊,所以他不久就派儿子冯业带三百人渡海归顺了南朝刘宋。这么做是对的,因为两年后冯弘即为高句丽所杀。

冯业归顺刘宋后,被举族打发到了荒芜的番禺(今广东广州番禺区)地区。这一支冯氏从此在岭南落了脚。冯业的孙子冯融当了南梁的罗州(今广东茂名化州市、湛江廉江市一带)刺史,冯氏家族由此复兴,逐渐成为岭南望族。冯融的儿子冯宝娶了高凉地区(今广东茂名高州市)越族大姓冼家的女儿为妻。这位冼小姐就是大名鼎鼎的冼夫人。通过这门亲事,冯氏家族事实上成了高凉地区越族的首领。也正因为能够领导越族,所以不管后来朝代如何更迭,冯氏家族始终屹立不倒,一边给越人当头儿,一边当着南朝的大官。

冯宝与冼夫人生子冯仆,冯仆传子冯盎。这时,隋朝已经终结南北朝，实现了大一统。冯盎拥护隋朝，帮助平定岭南越民叛乱，还曾追随隋炀帝讨伐高句丽。但隋朝太短命了！适逢中土大乱，群雄竞起，冯盎没有角逐天下的野心和实力，便投靠了占据江西、福建的割据势力林士弘。

高祖武德四年（621年）十月，唐朝灭亡伪梁萧铣。次月，唐岭南道抚慰大使李靖越过南岭，分道招抚岭南各路势力。唐平萧铣之战早已震动岭南各界，冯盎审时度势，在次年七月归附唐朝。

冯盎其实纳了很大很大一个投名状。他虽然没有全据岭南，但也是岭南实力最强、影响最大的势力。他一带头，其他地方势力纷纷效仿。李靖得以兵不血刃连下九十六州，得民户六十余万，"岭南悉平"。唐高祖李渊一路加封冯盎为上柱国、耿国公。冯氏一族的荣宠就此达到了巅峰。

太宗贞观二十年（646年），冯盎病逝，被朝廷追赠为左骁卫大将军、荆州都督。根据史料记载，他至少有三十个儿子。其中有个叫冯智玳的，官居潘州（高州在唐代的称呼）刺史。冯智玳的孙子冯君衡娶了隋朝名将麦铁杖的曾孙女，生了三个儿子。老三正是冯元一，生于睿宗文明元年（684年）。

从冯智玳到冯君衡，祖孙三代世袭潘州刺史。那怎么到冯元一这儿就沦落成宦官了呢？这就要从武周朝最大的政治惨案——六道流人案说起了。

武周四年（693年），武则天派遣刘光业、王德寿、万国俊、鲍思恭、王大贞、屈贞筠等人奔赴六道屠杀流人，斩杀殆尽。其中，与来俊臣合著《罗织经》的酷吏万国俊，在抵达广州后即诬告岭南道流民谋反，系统性屠杀流人两千余人。

冯氏家族也遭万国俊构陷，有官职者皆坐罪处死。传承两百多年的岭南冯氏一朝覆灭。十岁的冯元一也在一夜之间成了罪人之子。

武周九年（698年），岭南招讨使李千里进献了两个阉割的小孩给女皇婶婶当宦官。这俩孩子，一个被叫作金刚，一个被叫作力士。没错，力士正是冯元一，这一年他15岁。

所以，这里面就有问题了，到底是谁阉割了冯元一？他是在父亲定罪后就被阉割了，还是李千里把他阉割的？这又是一笔历史的糊涂账，但冯元一的人生却因李千里而发生了千里式的改变：他被迫离开老家，来到了千里之外的神都洛阳。

冯力士入宦官行的起点很高，他人长得漂亮，性格又机敏，被女皇收为贴身宦官。但没过多久，他就遭遇了职场生涯的第一个大坎儿，因为犯了一点小过，不仅被女皇赏了一顿皮鞭，还被赶出了皇宫。

一个岭南人在洛阳无产无业、举目无亲的，又是个半大孩子，皇宫不要他，他最终的宿命就是饿死街头了。但冯力士触底即反弹，马上遇到了一个贵人。此人名叫高延福，是梁王武三思府上的一名宦官，他看冯力士实在可怜，便将其收为义子，并带入梁王府。为了回报高延福的大恩大德，冯力士从此改姓为高。

后来，武则天又想起高力士了，将其重新召回宫中，负责传达诏令。

一个偶然的机会，高力士认识了相王李旦的第三子临淄王李隆基。他比李隆基大一岁，二人年纪相仿、性情相投，居然处成了不以朋友相称的好朋友。

在电视剧《唐明皇》中，高力士参与了李隆基诛除韦氏的唐隆政变。但唐史三大典均无相关记载，所以他大概率并未参与此次政变。政变后，李隆基成为太子，高力士也入职太子内坊局，从此常伴李隆基左右。

## 08. 先天政变

七月初三，玄宗诏命公主党执掌军权的左羽林大将军常元楷、知右羽林将军事李慈、左金吾将军李钦入朝，将三人就地斩杀，控制了羽林军。随后，全城搜捕公主余党。宰相岑羲、萧至忠以及中书舍人李猷、右散骑常侍贾膺福等人被杀。窦怀贞想逃没逃掉，自缢而死。薛稷也被赐死。太平公主仓皇出逃，躲入终南山中的一座寺庙里。这场政变因为发生在先天二年，所以被称为"先天政变"。

宫中的睿宗知道后十分紧张，亲临承天门楼讯问。郭元振出面解释，皇帝只是诛杀太平一党，别无其他。睿宗大惊，十分担心妹妹的安危，但也无可奈何，只得承认既定事实。初四，他再次下发诰书，彻底交权："自今军国政刑，一皆取皇帝处分。朕方无为养志，以遂素心。"

太平公主在山里躲了三天，自知无力回天，只得出降。哪里还有活命的可能？被玄宗赐死于家。这真是机关算尽太聪明，反误了卿卿性命！公主的驸马武攸暨已经亡故，算是躲过了杀身之祸，但他的两个儿子武崇敏和武崇行均被处死。太平和薛绍的长子薛崇胤为求活命，以王羲之的真迹向岐王李范求情。次子薛崇简参与唐隆政变有功，且多次反对母亲对付玄宗。所以这两兄弟都未受牵连，但都被玄宗赐姓"李"。薛崇胤从此不见于史书，大概率是病死了。薛崇简则很快就被外放为蒲州别驾，但实际上被变相软禁于溪州（今湖南湘西龙山县）。开元十二年（724年）九月，薛崇简在袁州（今江西宜春袁州区）别驾任上郁郁而终。

姑姑跌倒，侄子吃饱。有司抄没太平公主的府邸，金银财宝堆得跟山一样，使用的器物毫不逊色于宫中，至于蓄养的牛马、出租的地钱，收上几年都收不完。公主余党如胡僧慧范等数十人也先后被杀。

唯独崔湜，只是被判流放广东茂名信宜。玄宗气他，公主要搞政变，这么大的事你不提前和我说一声，但即便如此，他对崔湜也没有起杀心。

眼看崔湜又要躲过一劫了。偏偏公主党的新兴王李晋在受死前说了一句："给太平搞策划的是崔湜，我只不过是个小人物，如今我要死了，崔湜却活得好好的，这也太冤了！"随后，姓元的宫人又供出在赤箭粉中下毒是崔湜的主意。玄宗勃然大怒，马上派人去赐死崔湜。

此时，崔湜已经走到了荆州。这天他做了一个梦，梦到自己坐在地上，一边听法，一边照镜子。梦醒后，崔湜问门客张猷此梦主何事。张猷大惊："这是大凶之兆啊！坐在地上听法，法是从上而来的。镜字是金字旁加个竟字，难道崔郎你今日大限将至？！"话音刚落，玄宗派来的中使就到了。

崔湜只能自尽，时年仅43岁。可叹崔大才子历张氏、武氏、韦氏、太平，当了那么大的官，害了那么多的人，终于还是引火自焚了。老话说，不信抬头看，苍天饶过谁，不是没有道理的。

紧跟着崔湜，人在桂林的宋之问也走到了人生的终点。玄宗可没有忘记他党附韦武、迫害王同皎的罪恶，赐宋之问、宋之逊兄弟和冉祖雍自尽。

《新唐书》记载了宋大才子人生的最后时刻。使者拿着赐死的诏书，就等着宋之问自裁了。宋之问舍不得死，左右徘徊，磨磨蹭蹭。一旁的冉祖雍倒很坦然，还替宋之问向使者求情："宋之问有妻儿，您看能不能让他先和家人诀别，把后事安顿好？"使者同意了。但宋之问的精神已经崩溃了，根本没法和家人说话。冉祖雍呵斥他："你有负国家，早就该死了，现在还拖拖拉拉干吗？上路吧！"宋之问还是不肯死。冉祖雍不管他，饱餐一顿，还洗了个热水澡，然后便自杀了。宋之问这才哭哭啼啼地自杀了。

宋之逊被流放后，有人曾问他："来俊臣这个人如何?"宋之逊讲了个寓言故事："从前有只狮王在深山里捕到一只豺，要吃掉它。豺说:'我愿为大王送上两头鹿来救赎。'狮王大喜，同意了。可一年过后，豺什么也没送来。狮王说:'你杀死的众生已经够多的了，今天轮到你了，你还有什么可说的?!'豺默然无声。于是，狮王就把豺吃掉了。唉，来俊臣之流与豺狼有什么两样呢?!"言下之意，来俊臣是凶残狡猾的豺狼，但武则天却是狠毒的狮子。

你不知道得挺清楚的嘛，怎么还要干为虎作伥的事呢?

有人倒霉，就有人欢笑。刘幽求和钟绍京被召回朝中，一个当了宰相，一个当了户部尚书。崔日用也被擢升为户部尚书。张说晋升中书令，成为宰相。郭元振晋封代国公，加官御史大夫、天下行军大元帅。

不过，玄宗对人事有了新的想法。郭元振虽然有大功，但他是前朝旧臣，服侍过武则天、中宗、睿宗，玄宗不想再用他了。唐隆三杰搞政变是能手，但治国能力属实一般。他想起用明于政事的姚元之和宋璟。

十月，玄宗在骊山举行军演，征兵二十万，旌旗连亘五十余里，并亲自擂鼓助威。郭元振突然出班奏事，打乱了军演。玄宗很生气，立即命人将郭元振斩首。刘幽求、张说劝谏道："郭元振有大功于社稷，不能杀啊!"玄宗赦免了郭元振的死罪，宣布将其流放广东云浮新兴。

怒气冲冲的玄宗还杀了给事中唐绍。两位大臣得罪，军队都很慌乱。只有左军节度薛讷和朔方道大总管解琬的部队岿然不动。玄宗就开心了，"深叹美，慰勉之"。当年底，郭元振被起复为饶州（今江西鄱阳）司马。但他经此挫折已是万念俱灰，在赴任途中病逝，终年58岁。

郭元振身上还有一段传奇，他有一位薛姓外国姬妾。此女是扶余国开国之王金东明的后裔。金东明的一个儿子被封于薛地，从此改姓薛。薛氏一族后来流落新罗，世代不与金氏联姻。薛氏的父亲薛承冲跟随新罗质子金仁问入唐，后来都没能回去。薛氏15岁时，其父去世，她便出家为尼。21岁，她邂逅了郭元振，一见倾心，写了一首古体诗《谣》表白："化云心兮思淑贞，洞寂灭兮不见人。瑶草芳兮思芬蒀，将奈何兮青春。"郭元振对她也很上头，展开猛烈追求。当年，薛氏便还俗嫁给了郭元振。可惜天不假年，武周四年，薛氏因病在通泉县去世。此事见于陈子昂为薛氏所写《馆陶郭公姬薛氏墓志铭》，当为事实。

玄宗之所以踢开郭元振，其实是为了给姚元之腾位置。十四日，他跑到渭川打猎。说是打猎，实际上是想征召时任同州刺史的姚元之为相。张说素来和姚元之不对付，就捅咕姜皎向玄宗进言："听说陛下正在为河东总管的人选而发愁，臣今天想到了一个合适人选。"玄宗问是谁。姜皎说："姚元之文武全才，这个岗位太适合他了！"玄宗听了很不高兴："这是张说的意思吧？你敢当面欺君，其罪当死！"把个姜皎吓得磕头如捣蒜。然后，玄宗立即派人召姚元之赴行在[①]。

姚元之来了以后，与玄宗议论天下大事。二人侃侃畅谈，不知疲倦。玄宗很高兴，提出要让他当宰相。姚元之开了个条件，说我这里有十条意见，陛下你要是都能采纳，我就做这个宰相；要是不能采纳，那我就不当。玄宗让他说说看。姚元之就问了十个问题：

---

① 行在，专指天子巡行所到之地。

垂拱以来，以峻法绳下；臣愿政先仁恕，可乎？朝廷覆师青海，未有牵复之悔；臣愿不倖边功，可乎？比来壬佞冒触宪网，皆得以宠自解；臣愿法行自近，可乎？后氏临朝，喉舌之任出阉人之口；臣愿宦竖不与政，可乎？戚里贡献以自媚于上，公卿方镇浸亦为之；臣愿租赋外一绝之，可乎？外戚贵主更相用事，班序荒杂；臣请戚属不任台省，可乎？先朝亵狎大臣，亏君臣之严；臣愿陛下接之以礼，可乎？燕钦融、韦月将以忠被罪，自是诤臣沮折；臣愿群臣皆得批逆鳞，犯忌讳，可乎？武后造福先寺，上皇造金仙、玉真二观，费钜百万；臣请绝道佛营造，可乎？汉以禄、莽、阎、梁乱天下，国家为甚；臣愿推此鉴戒为万代法，可乎？

陛下你能否施行仁政？能否不再贪图边功？能否对亲信的不法行为严加制裁？能否不让宦官参政？能否在租赋之外不收大臣公卿的礼物？能否不任命亲属出任公职？能否以严肃的态度和应有的礼节对待大臣？能否允许大臣们"批逆鳞，犯忌讳"？能否禁止营造佛寺道观？能否接受汉朝王莽等乱天下的教训而禁止外戚内宠专权？

以上就是后世史家概括的《十事要说》。毛泽东主席曾经评价道："大政治家、唯物论者姚崇，如此简单明了的十条政治纲领，古今少见。"

玄宗很高兴，这十条切中要害，直指武则天以来的政治弊端，确是治世良方，当即表示接受。第二天，他就任命姚元之为兵部尚书、宰相。

十二月初一，玄宗宣布大赦天下，改元"开元"①。姚元之为了避讳，又更名为姚崇。

明君贤相一组 CP，开元的时代就来临了！

---

① 开元元年（713 年），开元二年（714 年），开元三年（715 年），开元四年（716 年），开元五年（717 年），开元六年（718 年），开元七年（719 年），开元八年（720 年），开元九年（721 年），开元十年（722 年），开元十一年（723 年），开元十二年（724 年），开元十三年（725 年），开元十四年（726 年），开元十五年（727 年），开元十六年（728 年），开元十七年（729 年），开元十八年（730 年），开元十九年（731 年），开元二十年（732 年），开元二十一年（733 年），开元二十二年（734 年），开元二十三年（735 年），开元二十四年（736 年），开元二十五年（737 年），开元二十六年（738 年），开元二十七年（739 年），开元二十八年（740 年），开元二十九年（741 年）。

# 附录

# 附录一 唐朝十四世二十一帝（含武则天）概况

| 庙号 | 姓名 | 生卒 | 登基年龄 | 在位 | 主要宰相 | 死因 | 年号 | 陵寝 |
|---|---|---|---|---|---|---|---|---|
| 高祖 | 李渊 | 566—635 | 53岁 | 618—626 | 裴寂、刘文静、萧瑀 | 寿终 | 武德 | 献陵 |
| 太宗 | 李世民 | 599—649 | 28岁 | 626—649 | 萧瑀、陈叔达、李靖、封德彝、长孙无忌、杜如晦、房玄龄、岑文本、魏征、刘洎、马周、褚遂良、王珪、李勣 | 丹药中毒 | 贞观 | 昭陵 |
| 高宗 | 李治 | 628—683 | 22岁 | 649—683 | 长孙无忌、褚遂良、李勣、柳奭、韩瑗、来济、李义府、许敬宗、上官仪、刘仁轨、李敬玄、裴炎 | 病死 | 14个：永徽、显庆、龙朔、麟德、乾封、总章、咸亨、上元、仪凤、调露、永隆、开耀、永淳、弘道 | 乾陵 |

续表

| 庙号 | 姓名 | 生卒 | 登基年龄 | 在位 | 主要宰相 | 死因 | 年号 | 陵寝 |
|---|---|---|---|---|---|---|---|---|
|  | 武曌 | 624—705 | 67岁 | 690—704 | 刘仁轨、姚崇、裴炎、武承嗣、傅游艺、狄仁杰、李昭德、娄师德、王孝杰、杨再思、宗楚客、武三思、吉顼、张柬之、魏元忠、刘祎之 | 寿终 | 14个：天授、如意、长寿、延载、证圣、天册万岁、万岁登封、万岁通天、神功、圣历、久视、大足、长安、神龙 | 乾陵 |
| 中宗 | 李显 | 656—710 | 29岁 | 684年1—2月 705—710 | 武三思、崔玄暐、杨再思、张柬之、桓彦范、敬晖、魏元忠、韦巨源、宗楚客、纪处讷、韦嗣立、崔湜、郑愔 | 被弑 | 3个：嗣圣、神龙、景龙 | 定陵 |
| 睿宗 | 李旦 | 662—716 | 23岁 | 684—690 710—712 | 张仁愿、韦嗣立、韦安石、唐休璟、崔湜、刘幽求、姚崇、宋璟、郭元振、张说、窦怀贞 | 病死 | 8个：文明、光宅、垂拱、永昌、载初、景云、太极、延和 | 桥陵 |

续表

| 庙号 | 姓名 | 生卒 | 登基年龄 | 在位 | 主要宰相 | 死因 | 年号 | 陵寝 |
|---|---|---|---|---|---|---|---|---|
| 玄宗 | 李隆基 | 685—762 | 28岁 | 712—756 | 刘幽求、韦安石、崔湜、窦怀贞、张说、姚崇、卢怀慎、源乾曜、宋璟、苏颋、张嘉贞、张九龄、李林甫、李适之、杨国忠 | 绝食而死 | 3个：先天、开元、天宝 | 泰陵 |
| 肃宗 | 李亨 | 711—762 | 46岁 | 756—762 | 韦见素、张镐、第五琦、元载、房琯 | 病死 | 3个：至德、乾元、上元 | 建陵 |
| 代宗 | 李豫 | 726—779 | 37岁 | 762—779 | 元载、李辅国、刘晏、王缙、杜鸿渐 | 病死 | 4个：宝应、广德、永泰、大历 | 元陵 |
| 德宗 | 李适 | 742—805 | 38岁 | 779—805 | 杨炎、卢杞、马燧、李晟、张延赏、李泌、陆贽、张镒、浑瑊 | 病死 | 3个：建中、兴元、贞元 | 崇陵 |
| 顺宗 | 李诵 | 761—806 | 45岁 | 805 | 杜佑、韦执谊、杜黄裳 | 病死 | 永贞 | 丰陵 |
| 宪宗 | 李纯 | 778—820 | 28岁 | 805—820 | 韦执谊、杜佑、杜黄裳、武元衡、李吉甫、李绛、皇甫镈、令狐楚、李逢吉、裴度 | 被弑 | 元和 | 景陵 |
| 穆宗 | 李恒 | 795—824 | 26岁 | 820—824 | 裴度、令狐楚、段文昌、崔植、元稹、杜元颖、王播、李逢吉、牛僧孺、皇甫镈 | 丹药中毒 | 长庆 | 光陵 |
| 敬宗 | 李湛 | 809—827 | 16岁 | 824—827 | 李逢吉、牛僧孺、裴度 | 被弑 | 宝历 | 庄陵 |

续表

| 庙号 | 姓名 | 生卒 | 登基年龄 | 在位 | 主要宰相 | 死因 | 年号 | 陵寝 |
|---|---|---|---|---|---|---|---|---|
| 文宗 | 李 昂 | 809—840 | 18岁 | 826—840 | 韦处厚、杨嗣复、李珏、李宗闵、段文昌、宋申锡、李德裕、李固言、郑覃、王涯、李训、贾𬤇、舒元舆、李石、陈夷行、李逢吉、王播、牛僧孺 | 病死 | 2个：太和、开成 | 章陵 |
| 武宗 | 李 炎 | 814—846 | 27岁 | 840—846 | 李固言、李石、杨嗣复、牛僧孺、李德裕、陈夷行、李绅、李让夷、杜悰、李回、郑肃、李珏 | 丹药中毒 | 会昌 | 端陵 |
| 宣宗 | 李 忱 | 810—859 | 37岁 | 846—859 | 白敏中、韦琮、马植、魏谟、崔慎由、夏侯孜、令狐绹 | 丹药中毒 | 大中 | 贞陵 |
| 懿宗 | 李 漼 | 833—873 | 27岁 | 859—873 | 白敏中、夏侯孜、杜悰、徐商、路岩、于琮、韦保衡 | 病死 | 咸通 | 简陵 |
| 僖宗 | 李 儇 | 862—888 | 12岁 | 873—888 | 郑畋、卢携、王铎、韦昭度、杜让能 | 病死 | 5个：乾符、广明、中和、光启、文德 | 靖陵 |
| 昭宗 | 李 晔 | 867—904 | 22岁 | 888—904 | 韦昭度、孔纬、杜让能、张濬、崔昭纬、崔胤、李磎 | 被弑 | 7个：龙纪、大顺、景福、乾宁、光化、天复、天祐 | 和陵 |
| 哀帝 | 李 柷 | 892—908 | 13岁 | 904—907 | 柳璨 | 被弑 | 沿用天祐 | 温陵 |

1. 寿命前三甲：武则天 82 岁，玄宗 78 岁，高祖 70 岁。寿命后三名：哀帝 17 岁，敬宗 19 岁，僖宗 27 岁。

2. 登基年龄前三甲：武则天 67 岁，高祖 53 岁，肃宗 46 岁。后三名：僖宗 12 岁，哀帝 13 岁，敬宗 16 岁。

3. 死因分布：寿终 2 人（高祖李渊、武则天），丹药中毒 4 人（太宗、穆宗、武宗、宣宗），病死 9 人（高宗、睿宗、肃宗、代宗、德宗、顺宗、文宗、懿宗、僖宗），被弑 5 人（中宗、宪宗、敬宗、昭宗、哀帝），绝食而死 1 人（玄宗）。

4. 年号数量前五名：高宗 14 个，武则天 14 个，睿宗 8 个，昭宗 7 个，僖宗 5 个。"上元"是唯一使用两次的年号，高宗和肃宗都用过。武则天使用了 3 个四字年号：天册万岁、万岁登封和万岁通天。

5. 几个唯一：睿宗、玄宗、肃宗、顺宗、懿宗、僖宗 6 个庙号是中国历史的唯一。唐高宗是中国历史上唯一的天皇。武则天是中国唯一的天后、唯一的女皇。德宗是唐朝唯一图形凌烟阁的皇帝。穆宗是中国唯一有 3 个皇后、3 个儿皇帝的皇帝。

# 附录二　唐朝世系表

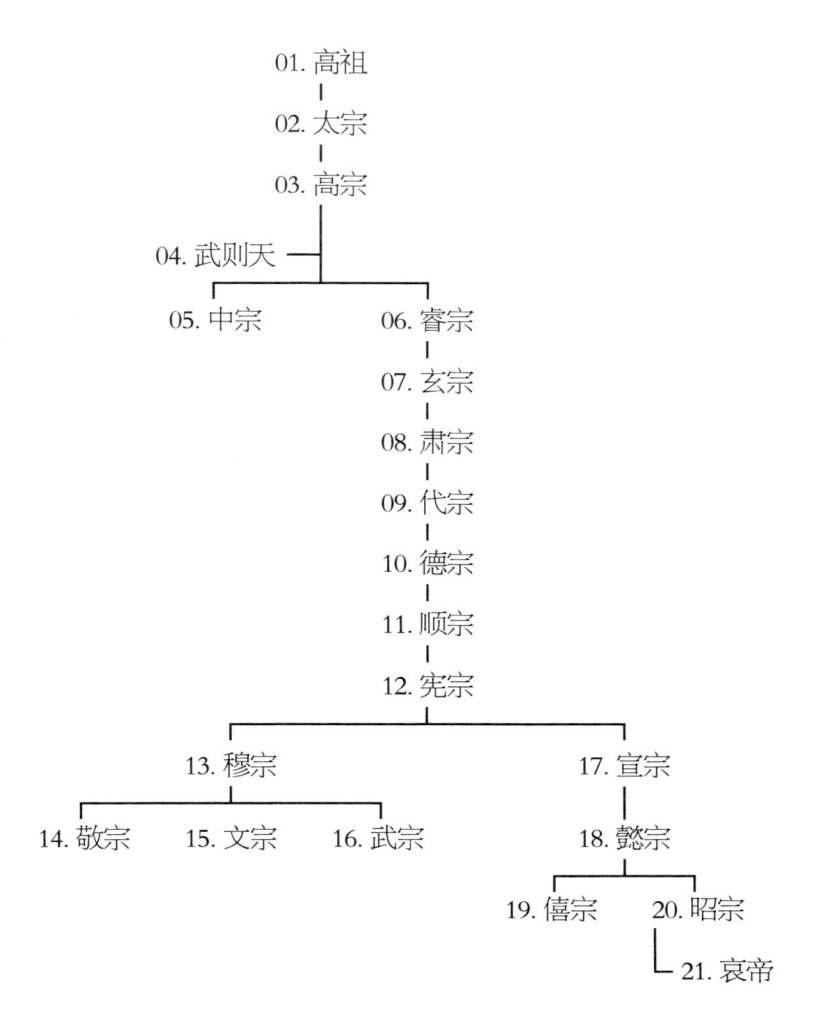

```
                01. 高祖
                  │
                02. 太宗
                  │
                03. 高宗
                  │
        04. 武则天─┤
                  │
        05. 中宗   06. 睿宗
                   │
                  07. 玄宗
                   │
                  08. 肃宗
                   │
                  09. 代宗
                   │
                  10. 德宗
                   │
                  11. 顺宗
                   │
                  12. 宪宗
         ┌─────────┴─────────┐
        13. 穆宗            17. 宣宗
   ┌─────┼─────┐              │
14. 敬宗 15. 文宗 16. 武宗    18. 懿宗
                        ┌─────┴─────┐
                      19. 僖宗    20. 昭宗
                                    │
                                  21. 哀帝
```

# 附录三 六大强敌世系表

## 1. 东突厥（唐时期）世系表

| 序号 | 主政者 | 在位 | 同期唐帝 | 姓氏 |
|---|---|---|---|---|
| 01 | 始毕可汗 | 609—619 | 高祖 | 阿史那氏 |
| 02 | 处罗可汗 | 619—620 | 高祖 | |
| 03 | 颉利可汗 | 620—630 | 高祖、太宗 | |

## 2. 西突厥（唐时期）世系表

| 序号 | 主政者 | 在位 | 同期唐帝 | 姓氏 |
|---|---|---|---|---|
| 01 | 统叶护可汗 | 617—630 | 高祖、太宗 | 阿史那氏 |
| 02 | 莫贺咄可汗 | 630 | 太宗 | |
| 03 | 肆叶护可汗 | 630—632 | 太宗 | |
| 04 | 咥利邲咄陆可汗 | 632—634 | 太宗 | |
| 05 | 沙钵罗咥利失可汗 | 634—639 | 太宗 | |
| 06 | 乙毗沙钵罗叶护可汗 | 639—641 | 太宗 | |
| 07 | 乙毗咄陆可汗 | 638—653 | 太宗、高宗 | |
| 08 | 乙毗射匮可汗 | 642—653 | 太宗、高宗 | |
| 09 | 沙钵罗可汗 | 650—658 | 高宗 | |

### 3. 后突厥世系表

| 序号 | 主政者 | 在位 | 同期唐帝 | 姓氏 |
|---|---|---|---|---|
| 01 | 骨咄禄可汗 | 682—691 | 高宗、中宗、睿宗、则天 | 阿史那氏 |
| 02 | 默啜可汗 | 691—716 | 则天、中宗、睿宗、玄宗 | |
| 03 | 拓西可汗 | 716 | 玄宗 | |
| 04 | 毗伽可汗 | 716—734 | 玄宗 | |
| 05 | 伊然可汗 | 734 | 玄宗 | |
| 06 | 登利可汗 | 734—741 | 玄宗 | |
| 07 | 骨咄叶护可汗 | 741—742 | 玄宗 | |
| 08 | 乌苏米施可汗 | 742—744 | 玄宗 | |
| 09 | 白眉可汗 | 744—745 | 玄宗 | |

### 4. 吐蕃世系表

| 序号 | 主政者 | 在位 | 同期唐帝 | 姓氏 |
|---|---|---|---|---|
| 01 | 松赞干布 | 629—650 | 太宗、高宗 | 悉勃野氏 |
| 02 | 芒松芒赞 | 650—676 | 高宗 | |
| 03 | 赤都松赞 | 676—704 | 高宗、中宗、睿宗、则天 | |
| 04 | 赤德祖赞 | 704—755 | 则天、中宗、睿宗、玄宗 | |
| 05 | 赤松德赞 | 755—797 | 肃宗、代宗、德宗 | |
| 06 | 牟尼赞普 | 797—798 | 德宗 | |
| 07 | 牟如赞普 | 798（约20天） | 德宗 | |
| 08 | 赤德松赞 | 798—815 | 德宗、顺宗、宪宗 | |
| 09 | 彝泰赞普 | 815—838 | 宪宗、穆宗、敬宗、文宗 | |
| 10 | 达玛 | 838—842 | 文宗、武宗 | |

## 5. 回纥（回鹘）世系表

| 序号 | 主政者 | 姓名 | 在位 | 同期唐帝 | 姓氏 |
|---|---|---|---|---|---|
| 01 | 怀仁可汗 | 骨力裴罗 | 744—747 | 玄宗 | 药罗葛氏 |
| 02 | 英武可汗 | 磨延啜 | 747—759 | 玄宗、肃宗 | |
| 03 | 牟羽可汗 | 移地健 | 759—780 | 肃宗、代宗、德宗 | |
| 04 | 武义成功可汗 | 顿莫贺达干 | 780—789 | 德宗 | |
| 05 | 忠贞可汗 | 多逻斯 | 789—790 | 德宗 | |
| 06 | 奉诚可汗 | 阿啜 | 790—795 | 德宗 | |
| 07 | 怀信可汗 | 骨咄禄 | 795—805 | 德宗、顺宗 | 跌氏 |
| 08 | 滕里野合俱录毗伽可汗 | | 805—808 | 顺宗、宪宗 | |
| 09 | 保义可汗 | | 808—821 | 宪宗、穆宗 | |
| 10 | 崇德可汗 | | 821—824 | 穆宗 | |
| 11 | 昭礼可汗 | 曷萨特勒 | 824—832 | 敬宗、文宗 | |
| 12 | 彰信可汗 | | 832—839 | 文宗 | |
| 13 | 不详 | 特勤 | 839—840 | 武宗 | |
| 14 | 乌介可汗 | 阖馺之弟 | 841—846 | 武宗 | |
| 15 | 遏捻可汗 | | 846—848 | 武宗、宣宗 | |
| 16 | 怀建可汗 | 庞特勤 | 848—？ | 宣宗 | |

## 6. 南诏世系表

| 序号 | 主政者 | 在位 | 同期唐帝 | 姓氏 |
|---|---|---|---|---|
| 01 | 皮罗阁 | 728—748 | 玄宗 | 蒙氏 |
| 02 | 阁罗凤 | 748—778 | 玄宗、肃宗、代宗 | |
| 03 | 异牟寻 | 778—808 | 代宗、德宗、顺宗、宪宗 | |
| 04 | 寻阁劝 | 808—809 | 宪宗 | |
| 05 | 劝龙晟 | 809—816 | 宪宗 | |
| 06 | 劝利晟 | 816—824 | 宪宗、穆宗 | |
| 07 | 劝丰祐 | 824—859 | 穆宗、敬宗、文宗、武宗、宣宗 | |
| 08 | 世隆 | 859—877 | 宣宗、懿宗、僖宗 | |
| 09 | 隆舜 | 877—897 | 僖宗、昭宗 | |
| 10 | 舜化贞 | 897—902 | 昭宗 | |

# 参考文献

1. （唐）魏徵. 隋书 [M]. 中华书局, 1973.
2. （唐）张鹭. 朝野佥载 [M]. 上海古籍出版社, 2012.
3. （唐）段成式. 酉阳杂俎 [M]. 上海古籍出版社, 2012.
4. （唐）郑处海. 明皇杂录 [M]. 中华书局, 1994.
5. （唐）温大雅. 大唐创业起居注笺证 [M]. 中华书局, 2022.
6. （唐）李林甫等. 唐六典 [M]. 中华书局, 2014.
7. （唐）刘肃. 大唐新语 [M]. 中华书局, 1984.
8. （唐）吴兢. 贞观政要译注 [M]. 上海古籍出版社, 2016.
9. （唐）玄奘. 大唐西域记译注 [M]. 中华书局, 2019.
10. （唐）杜佑. 通典 [M]. 中华书局, 2016.
11. （唐）杜环. 经行记笺注 [M]. 中华书局, 2000.
12. （唐）李肇. 唐国史补校注 [M]. 中华书局, 2021.
13. （唐）刘知几. 史通 [M]. 上海古籍出版社, 2015.
14. （唐）苏鹗. 杜阳杂编 [M]. 商务印书馆, 1979.
15. （唐）樊绰. 蛮书校注 [M]. 中华书局, 2018.
16. （五代）刘昫等. 旧唐书 [M]. 中华书局, 1975.
17. （五代）孙光宪. 北梦琐言 [M]. 中华书局, 2002.
18. （五代）王仁裕. 开元天宝遗事十种 [M]. 上海古籍出版社, 2012.
19. （宋）欧阳修, 宋祁等. 新唐书 [M]. 中华书局, 1975.
20. （宋）司马光等. 资治通鉴 [M]. 中华书局, 1956.

21.（宋）司马光. 资治通鉴考异 [M]. 上海人民出版社 ,2022.

22.（宋）李昉. 太平广记 [M]. 中华书局 ,2013.

23.（宋）王溥. 唐会要 [M]. 中华书局 ,2017.

24.（宋）王谠. 唐语林校证 [M]. 中华书局 ,2018.

25.（宋）王钦若等. 册府元龟 [M]. 中华书局 ,2020.

26.（宋）宋敏求. 唐大诏令集 [M]. 中华书局 ,2008.

27.（宋）计有功. 唐诗纪事 [M]. 上海古籍出版社 ,2013.

28.（宋）乐史. 太平寰宇记 [M]. 中华书局 ,2007.

29.（元）辛文房. 唐才子传 [M]. 中州古籍出版社 ,2021.

30.（明）熊大木. 唐书志传通俗演义 [M]. 中国文史出版社 ,2003.

31.（清）王夫之. 读通鉴论 [M]. 中华书局 ,2013.

32.（清）董诰 , 阮元 , 徐松等. 全唐文 [M]. 中华书局 ,1983.

33.（清）彭定求. 全唐诗 [M]. 中华书局 ,2018.

34.（清）王鸣盛. 十七史商榷 [M]. 上海古籍出版社 ,2016.

35.（清）赵翼. 廿二史劄记校证 [M]. 中华书局 ,2016.

36.（清）吴廷燮. 唐方镇年表 [M]. 中华书局 ,2003.

37.（清）顾祖禹. 读史方舆纪要 [M]. 中华书局 ,2020.

38.（清）徐松. 唐两京城坊考 [M]. 中华书局 ,2019.

39. 蔡东藩. 唐史演义 [M]. 中央编译出版社 ,2008.

40. 陈寅恪. 唐代政治史述论稿 [M]. 上海古籍出版社 ,2020.

41. 范文澜. 中国通史简编 [M]. 商务印书馆 ,2010.

42. 岑仲勉. 隋唐史 [M]. 上海古籍出版社 ,2020.

43. 吕思勉. 隋唐五代史 [M]. 中华书局 ,2020.

44. 钱穆. 中国历代政治得失 [M]. 生活·读书·新知三联书店 ,2020.

45. 张国刚. 唐代藩镇研究 [M]. 中国人民大学出版社 ,2010.

46. 王尧. 敦煌本吐蕃历史文书 [M]. 中国藏学出版社, 2012.

47. 王仲荦. 隋唐五代史 [M]. 上海人民出版社, 2021.

48. 李锦绣. 唐代财政史稿 [M]. 北京大学出版社, 2001.

49. 索南坚赞. 西藏王统记 [M]. 西藏人民出版社, 1985.

50. [英] 崔瑞德. 剑桥中国隋唐史 [M]. 中国社会科学出版社, 1990.

51. [美] 斯塔夫里阿诺斯. 全球通史：从史前史到 21 世纪 [M]. 北京大学出版社, 2006.

52. [日] 筑山治三郎. 唐代政治制度研究 [M]. 创元社, 1967.

53. [日] 圆仁. 入唐求法巡礼行记校注 [M]. 中华书局, 2019.

图书在版编目（ＣＩＰ）数据

显微镜下的全唐史 . 第四部, 女皇则天 / 北溟玉著 . —— 北京：中国文史出版社, 2024.8. -- ISBN 978-7-5205-4757-4

Ⅰ . K242.09

中国国家版本馆 CIP 数据核字第 2024X2V363 号

责任编辑：梁玉梅

| | |
|---|---|
| 出版发行： | 中国文史出版社 |
| 社　　址： | 北京市海淀区西八里庄路 69 号院　邮编：100142 |
| 电　　话： | 010-81136606　81136602　81136603（发行部） |
| 传　　真： | 010-81136655 |
| 印　　装： | 北京科信印刷有限公司 |
| 经　　销： | 全国新华书店 |
| 开　　本： | 700mm × 980mm　1/16 |
| 印　　张： | 18.5 |
| 字　　数： | 228 千字 |
| 版　　次： | 2025 年 2 月北京第 1 版 |
| 印　　次： | 2025 年 2 月第 1 次印刷 |
| 定　　价： | 56.00 元 |

文史版图书，版权所有，侵权必究。

文史版图书，印装错误可与发行部联系退换。